高等院校网络教育精品教材—— 交通运输类

铁路通信信号

李映红 编著

西南交通大学出版社
·成 都·

内容简介

本书全面、系统地介绍了铁路通信信号的基本概念、基本知识和设备原理。全书共 8 章，包括：信号、铁路信号基础设备、区间闭塞设备、车站联锁设备、调度集中与调度监督、驼峰信号设备、道口信号、通信设备等。

本书可作为铁路大中专院校铁路运输和铁路信号专业及相关专业的教材，也可供铁路运输、电务和通信等相关专业技术人员参考。

图书在版编目（CIP）数据

铁路通信信号 / 李映红编著. 一成都：西南交通大学出版社，2011.1（2021.8 重印）
高等院校网络教育精品教材. 交通运输类
ISBN 978-7-5643-0970-1

Ⅰ. ①铁… Ⅱ. ①李… Ⅲ. ①铁路信号－高等教育：远距离教育－教材 Ⅳ. ①U284

中国版本图书馆 CIP 数据核字（2010）第 238091 号

高等院校网络教育精品教材 —— 交通运输类
铁路通信信号
李映红 编著
*
责任编辑 李芳芳
特邀编辑 宋彦博
封面设计 墨创文化
西南交通大学出版社出版发行
四川省成都市二环路北一段 111 号西南交通大学创新大厦 21 楼
邮政编码：610031 发行部电话：028-87600564
http: //www.xnjdcbs.com
四川森林印务有限责任公司印刷
*
成品尺寸：175 mm × 230 mm 印张：14.75
字数：265 千字
2011 年 1 月第 1 版 2021 年 8 月第 7 次印刷
ISBN 978-7-5643-0970-1
定价：37.00 元

前　言

铁路通信信号是我国铁路保证列车运行安全和提高运输效率的重要技术设备。铁路信号已经由一般的信号、联锁和闭塞发展到列车超速防护、调度集中、进路程序控制和驼峰调车综合自动化等各个方面，并且由单纯的保证行车安全功能向提高运输效率和改善运输质量方面推进。铁路通信设备的功能越来越完善，在保证行车安全和提高运输效率方面发挥着重要作用。铁路通信信号已成为铁路现代化必不可少的技术设备之一。

本书结合我国铁路通信信号的相关技术和设备，全面系统地介绍了我国铁路通信信号的主要内容和原理。全书共分 8 章：第一章介绍铁路信号的概念，固定信号机的分类、设置和作用；第二章首先系统介绍继电器的分类、结构和工作原理，其次全面介绍电动转辙机的构成及其原理，最后深入介绍轨道电路的分类、结构、原理和应用；第三章介绍闭塞的概念、半自动闭塞设备的组成及其原理、自动闭塞设备的分类和原理、机车信号系统；第四章介绍联锁的概念、电气集中设备的构成及其原理、微机联锁的组成及其功能；第五章介绍调度集中和调度监督的概念、分散自律调度集中的结构和功能；第六章介绍驼峰信号设备的布置、驼峰信号设备的构成及其原理、驼峰自动化系统的组成及其原理；第七章介绍道口信号设备的构成及其原理；第八章介绍铁路专用通信业务的组成、铁路专用通信设备的构成及原理、调度通信网络的组成、GSM-R 的组成及原理。

在本书编写过程中，作者参考了许多文献资料，由于参考的文献资料较多，只能将其中主要的列于书后。在此，谨向这些文献资料的作者和出版单位表示衷心的感谢。

尽管作者试图将本书写得系统和完善，但限于作者的水平和时间，书中难免有疏漏、偏颇和不当之处，恳请专家和读者批评指正。

作　者

2010 年 10 月

目 录

第一章　信　号

学习指导

【学习目标】

（1）了解铁路信号的意义及其种类；
（2）掌握固定信号机的分类；
（3）掌握各种固定信号机的作用及其设置；
（4）掌握主要固定信号机的显示意义；
（5）了解信号显示的基本要求；
（6）了解信号表示器及信号标志。

【学习建议】

（1）学习时间：5 ~ 6 小时
第一节建议学习时间：3 小时
第二节建议学习时间：1 小时
第三节建议学习时间：1 小时
（2）学习方法
① 点播学习网络课程第一章的内容；
② 参加在线导学直播；
③ 阅读教材列出的参考资料中有关信号机和信号显示的内容。

【学习重难点】

（1）信号的意义及其种类；
（2）各种固定信号机的作用及其设置位置；
（3）信号表示器。

铁路信号是指挥列车运行和调车作业的命令。它的职能是确保行车安全，提高运输效率，改善行车工作人员的劳动条件。随着科学的发展，我国铁路信号大量采用新技术、新元件，为铁路运输的自动控制、远程控制提供了条件。本章重点介绍信号的一般概念、信号种类及其显示意义，以及固定信号机的设置位置及其作用等内容。

第一节　信号的一般概念

一、信号的意义

装设铁路信号，是为了迅速、准确地组织列车运行和保证调车作业的安全，从而提高运输效率，改善行车工作人员的劳动条件。利用各种信号机的显示，能向列车或调车车列发出指示运行条件、线路状况、列车或车辆的位置等信息。

铁路信号是指挥列车运行及调车工作的命令，有关行车工作人员必须严格执行，以便安全地按计划组织列车运行。

铁路信号的显示方式及使用方法，应按《铁路技术管理规程》的规定执行。《铁路技术管理规程》规定以外的信号显示方式未经铁道部批准不得采用。

二、信号的种类

铁路信号从广义上可分为视觉信号和听觉信号两大类。号角、口笛、响墩发出的音响，机车和轨道车的鸣笛都是听觉信号；信号机、信号灯、信号旗、信号牌、火炬等显示的信号是视觉信号。

视觉信号按其性质可分为：固定信号、移动信号、手信号、信号表示器、信号标志等。手提式信号灯、信号旗或直接用手臂发出的信号叫手信号。在地面上临时设置的信号叫移动信号。固定安装在一定位置的信号叫固定信号。

三、固定信号机的分类

（一）按用途分

1. 进站信号机

进站信号机是在车站入口处，为了防护车站并指示列车能否由区间进入车站而设置的信号机，如图 1.1 所示。

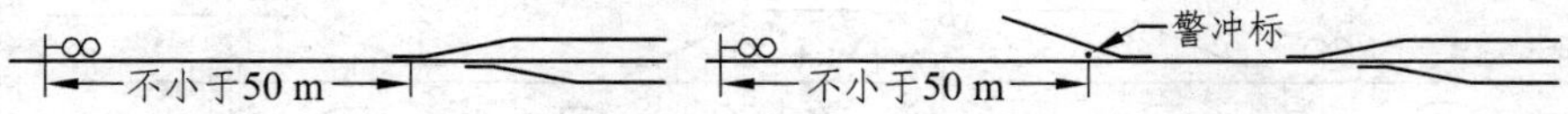

图 1.1 进站信号机

2. 出站信号机

出站信号机是为了防护区间，在车站的发车线上指示列车能否进入区间而设置的信号机，如图 1.2 所示。

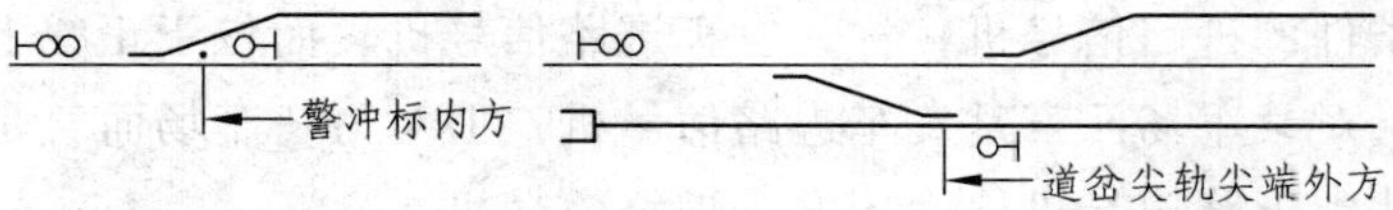

图 1.2 出站信号机

3. 通过信号机

通过信号机是为了防护闭塞分区或所间区间，并指示列车能否进入所防护的闭塞分区或所间区间而设置的信号机，如图 1.3 所示。

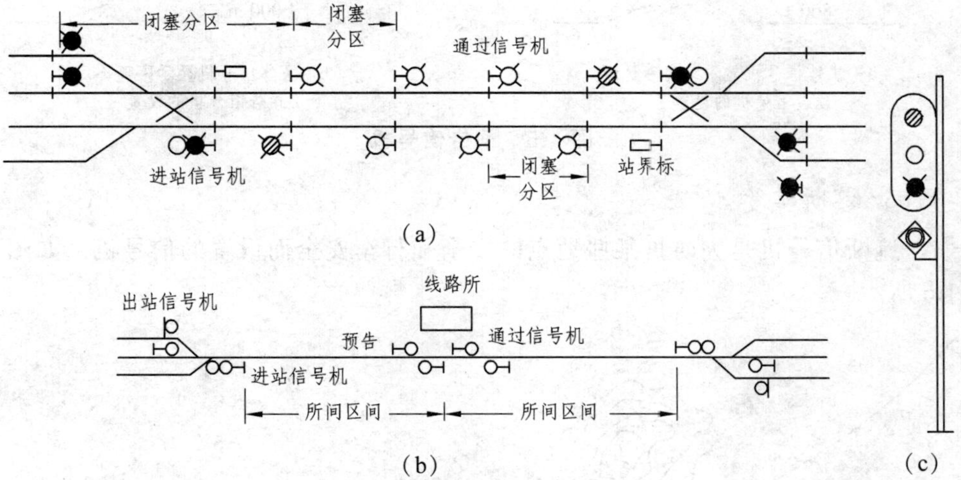

图 1.3 通过信号机

4. 进路信号机

进路信号机是在有几个车场的车站上指示列车能否由车站的一个车场开往另一个车场而设置的信号机，如图 1.4 所示。

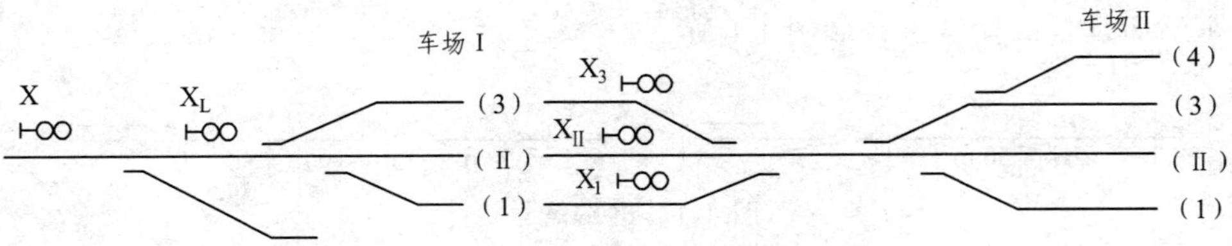

图 1.4　进路信号机

X_L—接车进路信号机；X_1、X_3—发车进路信号机；X_{II}—接发车进路信号机

进路信号机分为接车进路信号机、发车进路信号机、接发车进路信号机。对到达列车指示运行条件的进路信号机，称为接车进路信号机；对出发列车指示运行条件的进路信号机，称为发车进路信号机；而位于正线上的有些进路信号机，对某车场而言是发车进路信号机，但对另一车场而言是接车进路信号机，此类进路信号机称为接发车进路信号机。

5. 预告信号机

预告信号机是在主体信号机前方，为预告主体（进站、通过、遮断）信号机等的显示状态而设置的信号机，如图 1.5 所示。

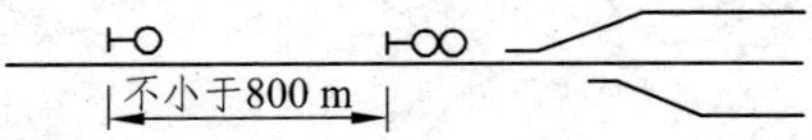

（a）主体信号机显示距离满足时预告信号机的设置

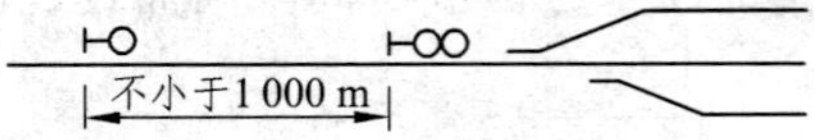

（b）主体信号机显示距离不足时预告信号机的设置

图 1.5　预告信号机

6. 遮断信号机

遮断信号机是为防护某些地点的安全和行车安全而设置的信号机，如图 1.6 所示。

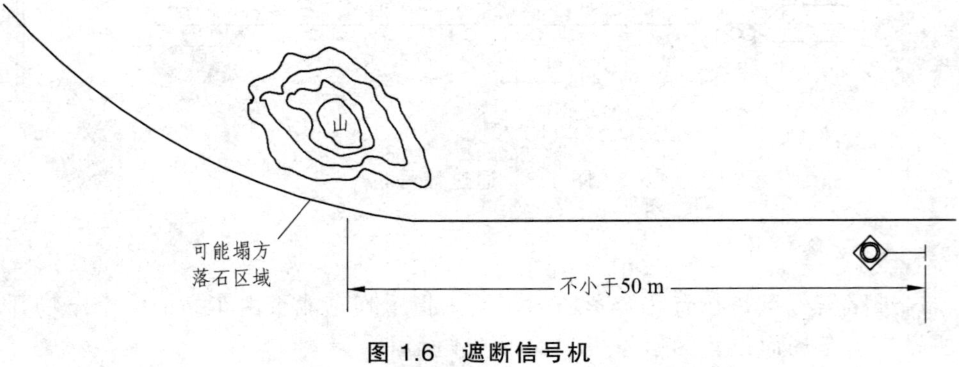

图 1.6　遮断信号机

7. 驼峰信号机

驼峰信号机是设在驼峰调车场的峰顶平台处，用来指示调车车列能否向峰顶推送，或越过峰顶向峰下调车场进行溜放作业的信号机，如图 1.7 所示。

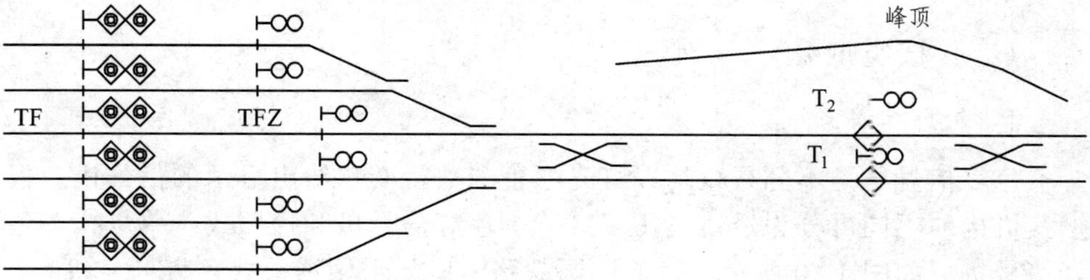

图 1.7　驼峰信号机

T_1，T_2—驼峰信号机；TFZ—驼峰辅助信号机；TF—驼峰复示信号机

8. 驼峰辅助信号机

当推峰机车顶送车列前进时，了解峰顶的驼峰信号机显示会有一定困难。驼峰辅助信号机就是为解决这一问题而设置的信号机，如图 1.7 所示。

驼峰辅助信号机也兼作出站或发车进路信号机，根据需要可装设进路表示器。

9. 复示信号机

复示信号机是当进站、出站、进路、调车、驼峰等信号机因地形、地物的影响达不到规定的显示距离时，而设置的信号机，如图 1.8 所示。

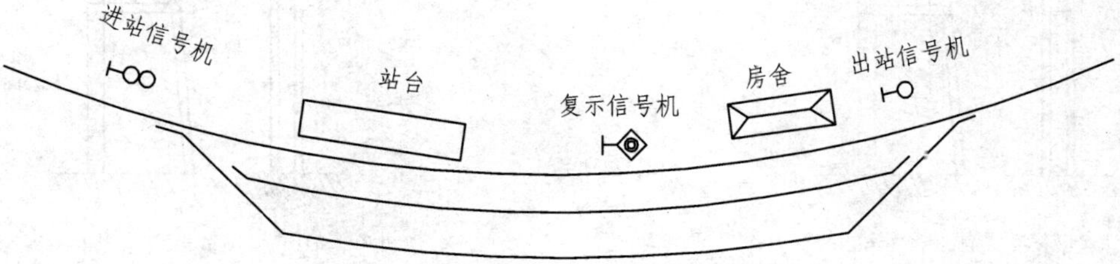

图 1.8　复示信号机

10. 调车信号机

调车信号机是在电气集中车站上，为防护调车进路，指示调车车列能否进入调车进路而设置的信号机，如图 1.9 所示。

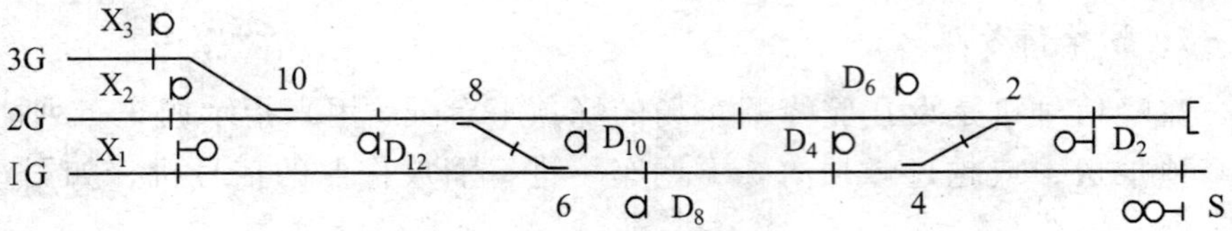

图 1.9 调车信号机

（二）按类型分

1. 色灯信号机

色灯信号机是不分昼夜均以灯光颜色和数目变化给出显示的信号机。根据其机构的不同可分为透镜式（多灯式）色灯信号机和探照式（单灯式）色灯信号机，如图 1.10 所示。目前我国铁路上广泛采用透镜式色灯信号机。

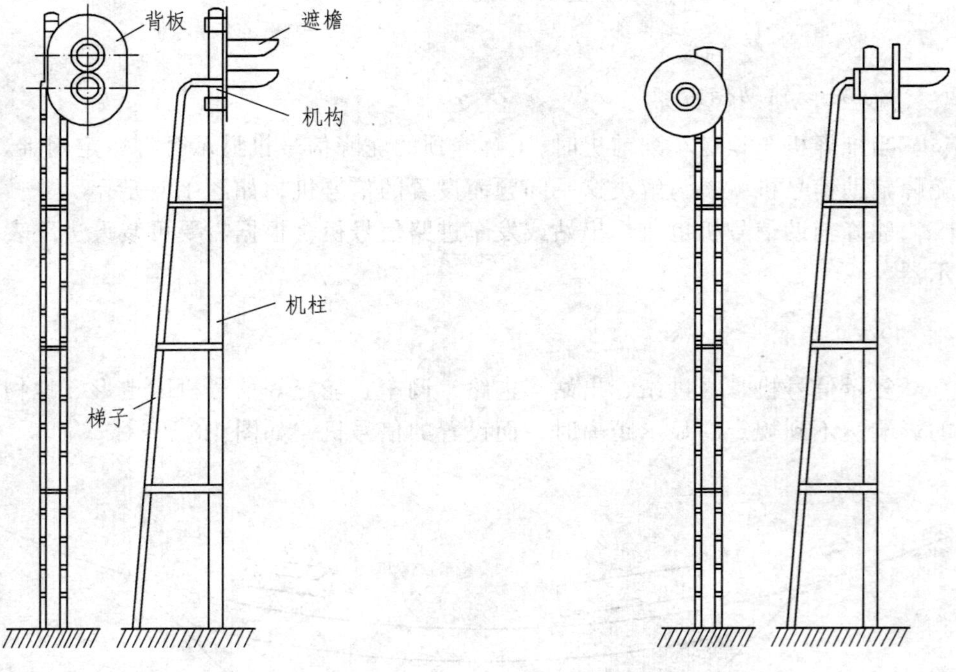

（a）透镜式色灯信号机　（b）探照式色灯信号机

图 1.10 色灯信号机

2. 臂板信号机

臂板信号机是昼间用臂板颜色、形状、位置及数目，夜间用灯光的颜色、数目给出显示的信号机。

3. 机车信号机

机车信号机是为了便于司机瞭望信号、改善司机驾驶条件而设置在机车司机室内的信号机。它能自动反映列车运行前方地面信号机的显示状态和运行条件，指示列车运行。

四、固定信号机的设置

（一）信号机设置原则

（1）信号机设置在线路的左侧还是右侧，这主要取决于采用的是左侧行车制还是右侧行车制，这两种行车制在世界铁路上都有采用。我国铁路采用的是左侧行车制，机车司机的位置统一设在左侧，为了便于司机瞭望信号，规定所有信号机均应设在列车运行方向的左侧。

如两线路之间的距离不足以装设信号机时，可以采用信号桥或信号托架。装设在信号桥或信号托架上的信号机，可以在线路的左侧，也可以在其所属线路的中心线上空，如图 1.11 所示。

在线路左侧没有装设信号机的条件或因地形地物等影响显示时，可以将信号机设置于线路右侧，但需经铁路局批准。在右侧设置信号机时，应考虑是否有被邻线列车误认或被邻线列车挡住的可能，若有这种可能，应该避开这种地点。

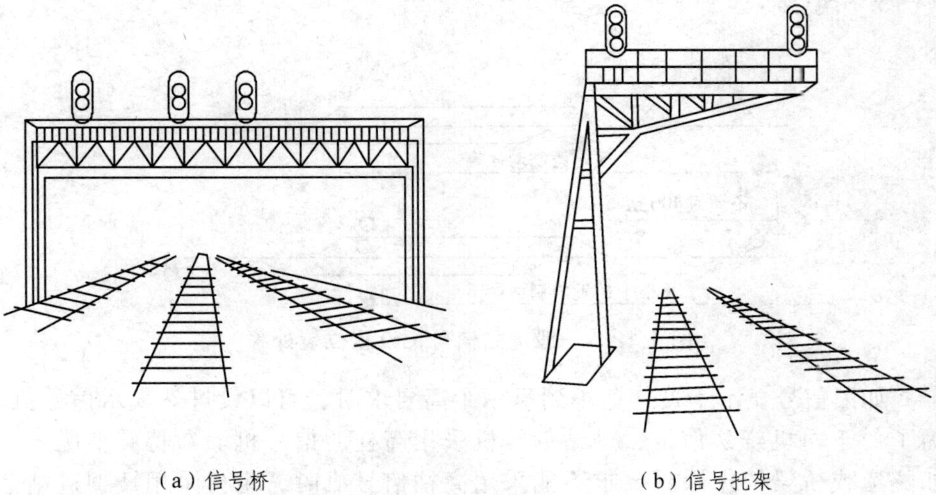

（a）信号桥　　　　（b）信号托架

图 1.11　信号桥与信号托架

（2）信号机设置位置离开线路中心的距离。信号机设置离线路中心近些，有利于司机辨认和观察信号，但不利于行车、调车作业。若考虑信号机设置不得侵入建筑限界这一原则，将信号机设置得离线路中心远些，这样虽不会侵入建筑限界，安全程度高，但又不利于观察、辨认信号。因此基本原则是在建筑界限外，近一点好，但要为运送超限货物留有余地。此外在站内还要分别考虑两条线路限界。

（3）信号机设置地点与防护地点的距离。要考虑不致因停车位置不当而引起危险，也要考虑不致引起线路运用方面受到限制或给办理行车或调车作业带来麻烦，另外还要考虑到信号显示距离及改善运营人员的劳动条件等其他因素，对不同用途的信号机应具体考虑。

信号机设置地点对信号显示距离、司机确认信号和行车安全等都有很大影响。所以设置信号机的地点要由电务会同运输、机务及工务等有关部门共同研究确定，须经铁路局许可。

（二）信号机设置位置

1. 进站信号机

在车站的每个方面入口处均应设置进站信号机。具体位置是列车进站时，距遇到的第一个对向道岔轨尖端（顺向为警冲标）不小于 50 m 的地点，如图 1.1 所示。

如因调车作业和制动距离的需要，可以将设置位置外移，但不得超过 400 m，如图 1.12 所示。

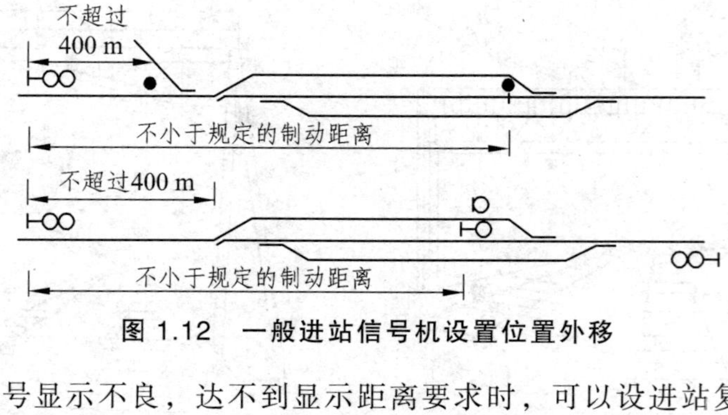

图 1.12　一般进站信号机设置位置外移

如因信号显示不良，达不到显示距离要求时，可以设进站复示信号机。为了便于司机辨认信号，进站信号机采用高柱的信号机。在特殊情况下，如隧道或桥梁依据限界要求不能采用高柱信号机时，也可采用矮型进站信号机。

2. 出站信号机

在车站的正线和到发线上的警冲标内方（对向道岔为尖轨尖端外方）适当地点设置出站信号机，如图 1.2 所示。

设置出站信号机时，除尽量不影响股道有效长度外，还应考虑以下情况：

（1）在未设轨道电路的车站上，出站信号机在不侵入建筑接近限界的条件下，应尽量缩小与警冲标的距离，以增加股道的有效长度。

（2）在装有轨道电路的车站上，钢轨绝缘节距警冲标应不小于 3.5 m 和不大于 4 m。出站信号机应设置在与绝缘节同一坐标处，如图 1.13 所示。

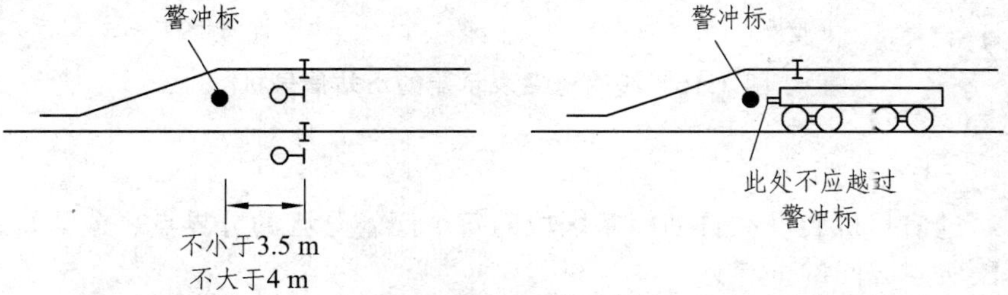

图 1.13 有轨道电路车站出站信号机设置

要求钢轨绝缘节距警冲标不小于 3.5 m，这是因为车辆的最外侧轮对距车辆端部有一段不大于 3.5 m 的长度，如警冲标与钢轨绝缘节对齐时，则车轮虽在钢轨绝缘节的内方，但车辆端部已越出警冲标外方，不能保证邻线行车的安全。要求钢轨绝缘节距警冲标不大于 4 m，是为了不缩短股道的有效长度，以及在列车或车辆已进入警冲标内方停车时，不致因占用道岔区段而影响邻线作业。

（3）在调车场内有两条以上调车兼发车线时，原则上应按发车线处理，分别设置出站信号机。但在发车次数不多的情况下，也可以装设线群出站信号机，同时应按规定装设发车线路表示器，如图 1.14 所示。

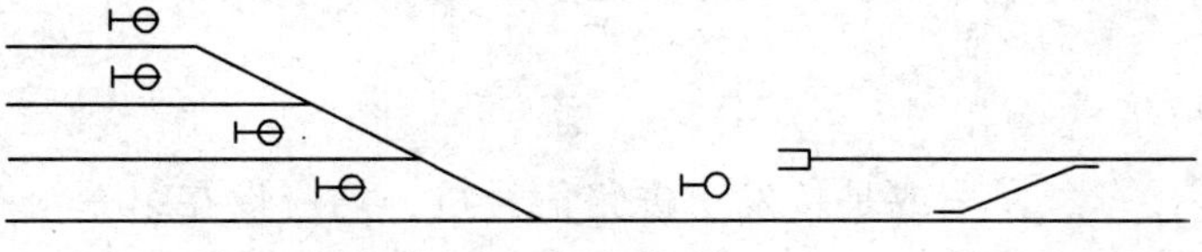

图 1.14 线群出站信号机

⊢⊖ —发车线路表示器；⊢○—线群出站信号机

（4）一架出站信号机控制两个以上发车方向时，为了使有关行车人员在信号机开放后知道列车开往方向，应在该出站信号机柱上装设进路表示器，如图 1.15 所示。但如果以出站信号机显示一个绿色灯光或两个绿色灯光区分进路方向时，则不需要装设进路表示器。

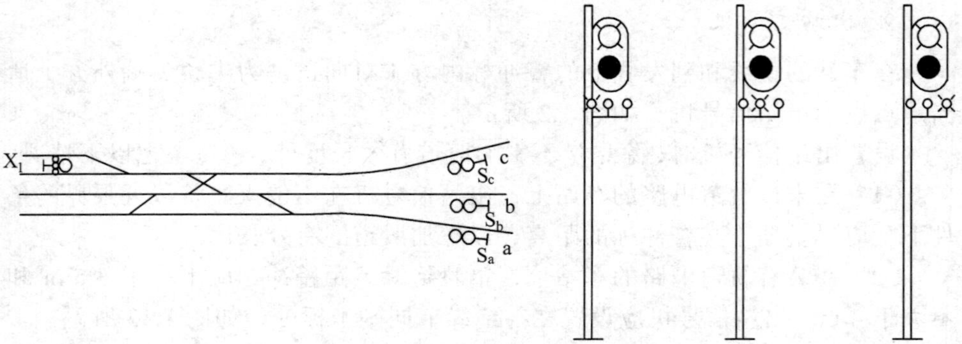

（a）进路表示器　　（b）进路表示器显示方式

图 1.15　装有进路表示器的出站信号机

3. 通过信号机

通过信号机装设在自动闭塞区段的每个闭塞分区的分界点，或非自动闭塞区段所间区间的分界处。

（1）线路所通过信号机的设置。

线路所一般是属于无配线的分界点。采用半自动闭塞设备的较长区间，为了提高区间通过能力，在两站间区间里设立线路所，将一个区间划分为两个（或多个）所间区间。在所间区间的分界点设置通过信号机，指示列车能否进入该所间区间，如图 1.3（b）所示。

（2）自动闭塞通过信号机的设置。

通过信号机设置在闭塞分区的分界点处。配置区间通过信号机时，首先要保证行车安全和满足通过能力。为了保证行车安全，同方向的通过信号机之间的距离应大于列车制动距离。通过能力是依据国民经济计划所规定的客货运量及该区段的限制坡度和机车类型所确定的。

4. 进路信号机

不论是接车、发车或是接发车进路信号机，均应设在第一个对向道岔尖轨尖端前（顺向为警冲标内方）的适当地点，如图 1.4 所示。

进路信号机与进站、出站信号机间的距离原则上不得小于 800 m。

5. 预告信号机

预告信号机的作用是预告主体信号机的显示状态。因为地面信号经常受到地形和气候条件的影响，以至信号显示距离有时难以满足运营要求，尤其是对进站、通过、遮断等主要信号机显示的影响更大，进而直接影响到行车的安全和效率，也增加了乘务人员瞭望信号的难度。所以在非自动闭塞区段未装设机车信号，且进站信号机符合下列条件之一时应装设预告信号机：

（1）不能连续显示 1 000 m；

（2）常有降雾、暴风雨雪及其他不良条件足以缩短显示距离时；

（3）在运输繁忙的线路上，铁路局认为有必要安装时；

（4）进站信号机为色灯信号机时。

在非自动闭塞区段，未装设机车信号的通过、遮断信号机均应设置预告信号机。

规定预告信号机与主体信号机的安装距离不得小于 800 m，以满足列车制动距离的要求。当预告或主体信号机的显示距离不足 400 m 时，为了让司机预先有足够的时间确认信号，规定预告信号机距主体信号机不得小于 1 000 m，如图 1.5 所示。

6. 遮断信号机

遮断信号机应设置在繁忙道口，有人看守的较大桥隧、建筑物和可能危及行车安全的坍方落石地点外方不小于 50 m 处，如图 1.6 所示。

在自动闭塞区段，遮断信号机应与通过信号机有联系。当遮断信号机与前方相邻的通过信号机之间的距离小于 800 m 时，则通过信号机应重复遮断信号机红色灯光显示；当遮断信号机与前方相邻的通过信号机之间的距离大于 800 m 时，则通过信号机应为该遮断信号机的预告信号机。

在自动闭塞区段，遮断信号机不应设在停车后启动困难的地点。

遮断信号机显示一个红色灯光时，表示不准许列车越过信号机；不亮灯时，不起信号作用。为了与其他信号机相区别，遮断信号机特采用方形背板，并在机柱上涂上黑白斜线。

7. 驼峰信号机

驼峰信号机设置在驼峰调车场每条推送线的峰顶平台处，如图 1.7 所示。

8. 驼峰辅助信号机

驼峰辅助信号机设置在到达场每条发车线上适当地点，如图 1.7 所示。

9. 复示信号机

色灯复示信号机统一采用方形背板。

（1）出站、发车进路复示信号机。

因为出站、发车进路信号机都设在站内，极易受建筑物及各种设备的影响，往往达不到规定的显示距离。在这种情况下，为了便于司机确认信号显示，在适当地点装设复示信号机，如图 1.8 所示。

（2）进站复示信号机。

当进站信号机显示距离达不到规定要求时，在进站信号机前方适当地点设置进站复示信号机，如图 1.16 所示。

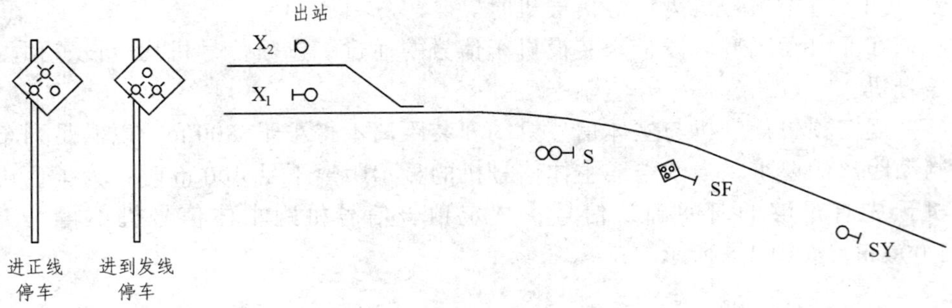

图 1.16　进站复示信号机设置

S—进站信号机；SF—进站复示信号机；SY—进站预告信号机

（3）调车复示信号机。

设在车站岔线（厂矿专用线）入口处的调车信号机达不到规定的显示距离时，根据需要可设调车复示信号机，如图 1.17 所示。

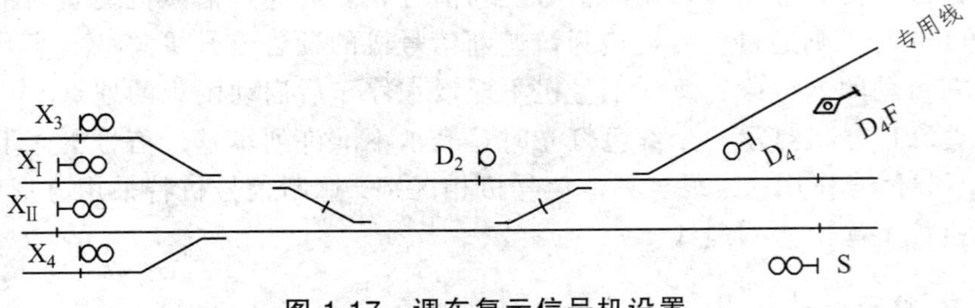

图 1.17　调车复示信号机设置

（4）驼峰复示信号机。

在驼峰辅助信号机的显示距离不能满足推峰作业要求时，根据需要可在驼峰辅助信号机前方适当地点装设驼峰复示色灯信号机，如图 1.7 所示。

10. 调车信号机

调车信号机的设置原则是最大限度地满足调车作业的需要，提高作业效率，尽量缩短机车车辆的走行距离，最大限度地满足各种平行作业的要求。

调车信号机设置方法：首先设置集中区域交界处的防护用信号机、转线作业用信号机；其次设置为进行平行作业起阻挡作用的信号机，减少调车车列走行距离的中途返回用的信号机；最后考虑特殊情况需要设置调车信号机的地点。

下面说明设置调车信号机应考虑的几种情况：

（1）在尽头线、机车出入库线、机待线、岔线、牵出线及编组线等通向集中区入口处都应设置调车信号机进行防护，如图 1.9 中 D_2 为集中区入口处调车信号机。

（2）在咽喉区接车方向道岔岔尖处，为了满足转线的需要应设调车信号机，如图 1.9 中 D_{12} 为转线作业的调车信号机。

（3）为减少调车车列走行距离而设置的调车信号机，如图 1.9 中 D_8 为中途返回调车信号机。

（4）为满足平行作业而设置的阻挡信号机，如图 1.9 中，2G 和 IG 之间利用 D_8 进行转线作业时，此时没有开放 D_4，D_4 起到了阻挡作用。但此时仍可以排列 D_2 至 D_{10} 的调车进路。

（5）在两个背向道岔之间可以构成不小于 50 m 的无岔区段时，应设置调车信号机。可利用无岔区段进行增减轴，机车待避、转头作业。

（6）股道中间出岔设电动转辙机时，应设调车信号机防护。

（7）正线上有调车作业时，应在进站信号机内方无岔区段相应地设置机车返回运行的调车信号机。

（8）出站及接发车进路信号机可设有调车信号的显示，即出站兼调车信号机。

第二节 信号显示

一、信号显示的基本要求

铁路信号是指示列车运行及调车工作的命令。因此对信号显示有如下基本要求：

（1）信号显示应力求简单明了，使行车人员易于确认。

（2）信号显示要有适当的显示数目来反映各种不同的运行条件，以确保行车安全和提高运输效率。

（3）信号应有足够的显示距离，以便行车人员准确和及时地辨认信号，使司机有把握地驾驶列车。

（4）信号机应符合“故障-安全”原则。当信号设备发生故障时，信号机应能自动地显示最大限制信号。

二、信号显示方式

我国铁路固定信号机主要有两种基本类型：色灯信号机和机车信号机。

1. 色灯信号机的显示方式

红、黄、绿是信号的三种基本颜色。在具体应用时三种基本颜色不够分配，所以必须采用灯光的其他特征，如数目特征、闪光特征、位置特征等，以表示不同的意义。在我国铁路上，主要是采用颜色特征和数目特征并部分采用了闪光特征（如驼峰信号）。

2. 机车信号机的显示方式

我国机车信号分为连续式机车信号、接近连续式机车信号、点式机车信号三种。

三、信号的颜色及其显示意义

信号颜色用于指示列车运行的速度，因此很重要。光源（电灯）发出的光，是具有红、橙、黄、绿、青、蓝、紫等颜色的光带，物理学上称为光谱。各种颜色的光的波长是不同的，其中红光的波长最长，而紫光的波长最短。波长越长，穿过周围介质的能力越强。在光度相同的条件下，红光比蓝光显示距离要远得多，同时人们对红色也较敏感，所以采用红色作为停车信号颜色。黄光的波长仅次于红光，黄色玻璃透过光线的能力最强，显示距离较远。但由于用黄色作为信号颜色时的辨认正确率差一些，不如橙黄色高，所以采用橙黄色作为注意或减速运行的信号颜色。绿色和红色的区别很大，易于辨认，其显示距离也较远，所以将其作为按规定速度运行的信号颜色。蓝色玻璃的透过系数非常低，显示距离近，因此蓝色和白色一样，只能作为辅助信号颜色之用。

我国铁路规定红色、黄色、绿色为信号的基本颜色，月白色（两种颜色的混合光）和蓝色为调车信号和辅助信号的颜色。

各种颜色的信号显示意义如下：

（1）红色：表示要求停车。

（2）黄色：表示要求注意或减速运行，限制运行速度不得超过规定的速度，并准备在下一个显示停车信号前停车。

（3）绿色：表示准许按规定速度运行，发出按规定速度运行的命令信号。

（4）月白色：用于调车信号机时，表示准许调车；用于进站或进路色灯信号机上作为引导信号时，表示准许在进站或进路信号机显示红色灯光的情况下用来代替引导员，指示列车在该信号机前不停车，以不超过 15 km/h 的速度进站，并需准备随时停车；用于驼峰色灯信号机时，表示准许调车机到峰下作业。

（5）蓝色：用于调车信号机时，表示禁止调车；用于自动闭塞区段通过信号机柱上时，为容许信号，即准许列车在通过信号机显示红色灯光的情况下不停车，按不超过 20 km/h 的速度到达下一通过信号机前按其显示要求运行。

（6）白色：用于进路表示器上，表示列车运行方向；用于发车线路表示器上，表示该线路上的列车可以发车。

（7）紫色：用于道岔表示器上，夜间以紫色灯光表示道岔置开通于直向位置。

固定信号机的显示方式及意义见表 1.1。

表 1.1　信号机显示方式及意义

信号名称		色灯信号机	臂板信号机	信号显示			信号显示的意义
				臂板信号机		色灯信号机	
				白天	夜间		
进站信号机	半自动闭塞及三显示自动闭塞区段		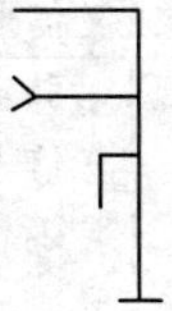				不准列车越过该信号机
							准许列车经道岔直向位置，进入站内正线准备停车
							准许列车经道岔侧向位置，进入站内准备停车
							准许列车经过 18 号及以上道岔侧向位置，进入站内越过下一架已经开放的信号机
							按规定速度由正线通过
							准许列车经道岔直向位置进入站内越过下一架已经开放的接车进路信号机准备停车
							引导信号，准许列车在该信号机前方不停车，以不超过 15 km/h 的速度进站或通过接车进路，并须准备随时停车

续表 1.1

信号名称		色灯信号机	臂板信号机	信号显示			信号显示的意义
				臂板信号机		色灯信号机	
				白天	夜间		
进站信号机	四显示自动闭塞区段						不准列车越过该信号机
							准许列车按限速要求越过该信号机，经道岔直向位置进入站内正线准备停车
							准许列车按限速要求越过该信号机，经道岔侧向位置进入站内准备停车
							准许列车经过18号及其以上道岔侧向位置，进入站内越过下一架已经开放的信号机
							准许列车按规定速度经道岔直向位置进入或通过车站，表示运行前方至少有三个闭塞分区空闲
							准许列车按规定速度越过该信号机，经道岔直向位置进入站内，表示下一架信号机已经开放黄灯
							引导信号，准许列车在该信号机前方不停车，以不超过 15 km/h 速度进站或通过接车进路，并须准备随时停车
出站信号机	半自动闭塞区段	 		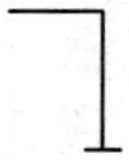			不准列车越过该信号机
							准许列车由车站出发
							准许列车由车站出发，开往次要线路

续表 1.1

信号名称		色灯信号机	臂板信号机	信号显示：臂板信号机 白天	信号显示：臂板信号机 夜间	信号显示：色灯信号机	信号显示的意义
出站信号机	三显示自动闭塞区段	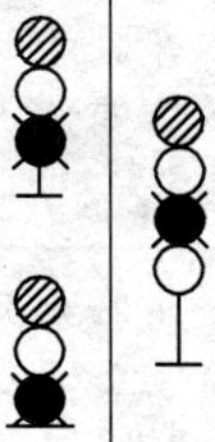					不准列车越过该信号机
							准许列车由车站出发，表示运行前方有一个闭塞分区空闲
							准许列车由车站出发，表示运行前方至少有两个闭塞分区空闲
							准许列车由车站出发，开往半自动闭塞区间
	四显示自动闭塞区段	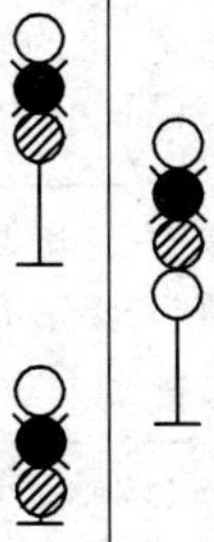					不准列车越过该信号机
							准许列车由车站出发，表示运行前方有一个闭塞分区空闲
							准许列车由车站出发，表示运行前方有两个闭塞分区空闲
							准许列车由车站出发，表示运行前方至少有三个闭塞分区空闲
							准许列车由车站出发，开往半自动闭塞区段
预告信号机			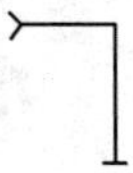				表示主体信号机在关闭状态
							表示主体信号机在开放状态
通过信号机	半自动闭塞区段						不准列车越过该信号机
							准许列车按规定速度运行

续表 1.1

信号名称		色灯信号机	臂板信号机	信号显示			信号显示的意义
				臂板信号机		色灯信号机	
				白天	夜间		
通过信号机	三显示自动闭塞区段						列车应在该信号机前停车
							要求列车注意运行，表示运行前方有一个闭塞区间空闲
							准许列车按规定速度运行，表示前方至少有两个闭塞分区空闲
	四显示自动闭塞区段						列车应在越过该信号机前停车
							减速，按规定限速要求越过该信号机，表示运行前方有一个闭塞分区空闲
							列车按规定速度运行，注意减速，表示运行前方有两个闭塞分区空闲
							列车按规定速度运行，表示前方至少有三个闭塞分区空闲

注：▨—黄灯；○—绿灯；●—红灯；◎—白灯；▨●—亮灯；▨●—闪光。

四、信号显示距离

在《铁路技术管理规程》中对铁路信号显示距离有明确要求。下面介绍对各种信号机在正常情况下的显示距离的规定，并进行简要说明。

（1）进站、通过、遮断信号机的显示距离不得小于 1 000 m；

（2）出站、进路、预告、驼峰、驼峰辅助信号机的显示距离不得小于 400 m；

（3）调车、矮型出站、矮型进路、复示信号机，容许、引导信号的显示距离均不得小于 200 m。

（4）因地形、地物影响显示的地方，进站、通过、预告、遮断信号机的显示距离在最坏条件下不得小于 200 m。

上述规定主要是依据信号显示距离应大于列车制动距离的原则，并结合各种具体条件制定的。

规定进站、通过、遮断信号机显示距离不得小于 1 000 m，是因为列车计算制动距离一般规定为 800 m，其余 200 m 是为司机确认信号和开始制动所预留的距离。如列车以 70 km/h 速度运行时，200 m 的走行时间为 10 s 左右，这 10 s 可供司机确认信号和开始制动之用。

出站和进路信号机的前方已有进路和进站信号机能起到预告的作用，又因它们是设在站内受到站内地形、地物的影响，妨碍了瞭望信号的视线，所以对其显示距离规定得近一些，但不得小于 400 m。

对于驼峰、驼峰辅助信号机，站内调车的速度比较低；对于预告信号机，其本身没有停车信号显示，仅仅是预告其主体信号机的显示状态。所以，对驼峰、驼峰辅助、预告信号机的显示距离的要求可以近些，规定不小于 400 m。

第三节　信号表示器及信号标志

不同用途的信号机给出的信号显示，有时需要附加一种特殊的含义。例如出站信号机给出的绿色灯光，当前方有三个发车方向时，需要附加说明所给出的准许发出信号，是向哪个方向发车的。又如，进站、出站等信号机给出的红色灯光，是绝对的停车信号，不准许列车越过它，而自动闭塞区间的通过信号机给出的红色灯光，又是容许的停车信号，一旦在红灯前停车两分钟后，仍准许以限制的速度继续运行，所以绝对信号机应与容许信号机在外形结构上有所区别，即需要有一种特殊的容易识别的标志。

一、信号表示器

在我国铁路上采用的信号表示器有：进路表示器、线路表示器、发车表示器、调车表示器、道岔表示器等。

1. 进路表示器

在我国，进路表示器只用于出站信号机上。当出站信号机在开放的条件下，进路表示器亮一个月白色灯，指示发车的方向。如图 1.18 所示，出站信号机亮一个绿灯，进路表示器亮左边的月白色灯，指示准许向前方左边的那个区间发车。表示器并排有三个灯，哪个灯亮灯，再配合一个绿灯，便指示准许向哪个区间发车。

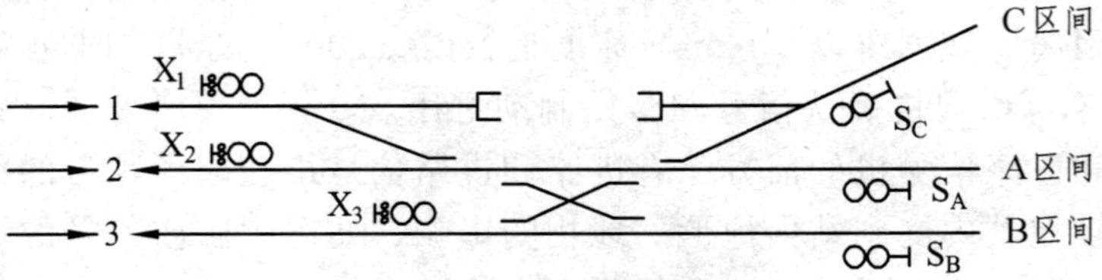

图 1.18 进路表示器举例

如果前方只有两个发车方向，就用亮一个绿灯和亮两个绿灯来代替进路表示器：亮一个绿灯，准许向前方的主要干线发车；亮两个绿灯，准许向前方的次要干线发车。

2. 线路表示器

线路表示器用于设有线群出站信号机的地方。如图 1.19 所示，在编组线群的外方，设有线群共用的出站信号机，叫做线群出站信号机，而在每一发车线警冲标内方适当地点，设有线路表示器。当线群出站信号机在开放的条件下，哪个线路表示器亮一个月白色灯，即表示在该线路停留的列车可以发车。这些并排的线路表示器，同时只准许点亮一个月白色灯，而且只有在线群出站信号机开放后，它才能亮灯。很显然，这样可以避免在发车前再转线，从而使得在编组线上把列车编好后就可以直接发车。

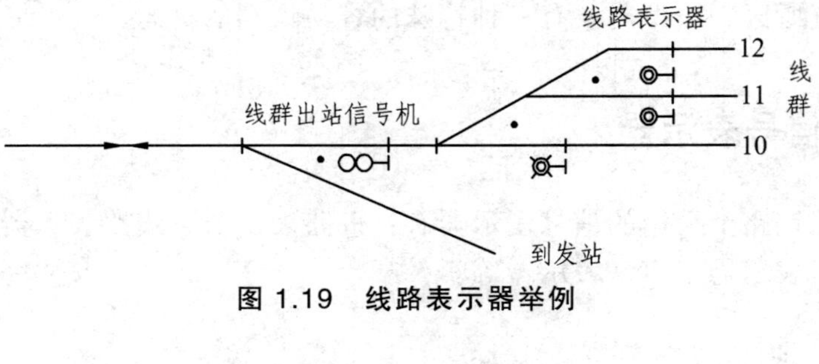

图 1.19 线路表示器举例

3. 发车表示器

列车发车除了要看出站信号外，还要确认车长是否给出准许发车的手信号。在弯道和旅客多的大站上，司机往往看不到车长发出的准许发车的手信号，这时需要在列车停车位置前适当地点装设一个发车表示器。发车表示器受值班站长和车长的双重控制，在出站信号机开放的条件下，当值班站长和车长都按下同意发车按钮时，发车表示器即亮一个月白色灯，司机便可遵照此指令发车。

4. 调车表示器

在繁忙的编组场上，因地形、地物影响，调车机车司机瞭望调车人员的手信号有困难时，可设置调车表示器，用以代替调车人员的手信号。

调车表示器向前、后两个方向均能单独给出显示：一方面向调车区，一方面向牵出线。当面向调车区或面向牵出线方向，显示一个月白色灯光时，表示准许机车车辆自调车区向牵出线或自牵出线向调车区运行。当面向牵出线方向显示两个月白色灯光时，表示准许机车车辆自牵出线向调车区溜放。

调车表示器只能由调车指挥人员操纵，以保证调车作业的安全。

5. 道岔表示器

在接发车进路上的手动道岔上，以及由非联锁区向联锁区的入口处的电动道岔上，均装有道岔表示器，用以反映道岔所处的状态，以方便行车人员办理调车作业。联锁区域内的电动道岔，由于可利用调车信号机调车，所以不设道岔表示器。

如图 1.20 所示，道岔表示器的鱼尾形黄色标板（带有两条黑线）顺着线路方向显示，昼间沿着线路方向看不到标板，夜间显示一个蓝色灯光时，则反映该道岔开向直股（即定位）；若上述的标板横着线路方向显示，沿着线路方向昼间能看到鱼尾形黄色标板，夜间显示一个黄色灯光时，则反映该道岔开向弯股（即反位）。

道岔表示器有带柄（用以转换道岔）和无柄两种，并有大型和小型之分。车站最外方的道岔应选用大型的，其余均应选用小型的。道岔表示器与道岔尖轨相连，用它直接反映出道岔所处的状态。带柄道岔表示器可代替道岔握柄，一般只用于非联锁的道岔上。

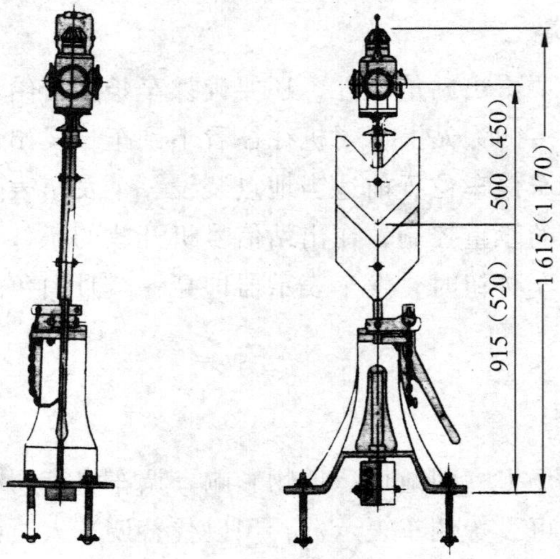

（a）

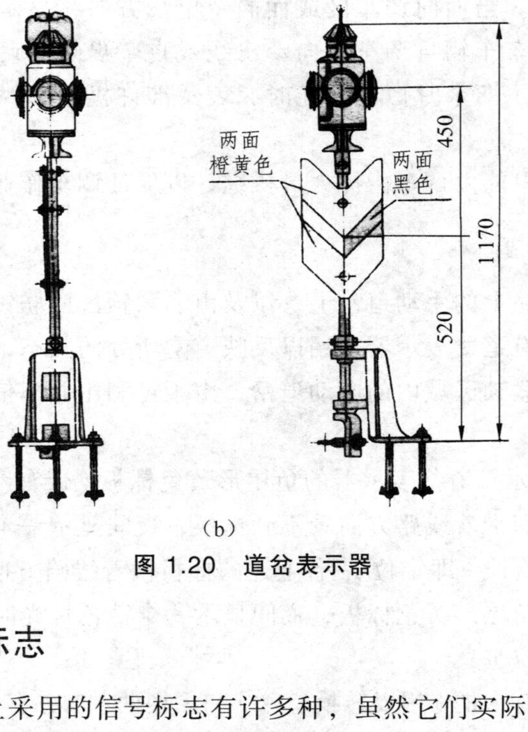

（b）

图 1.20 道岔表示器

二、信号标志

在我国铁路上采用的信号标志有许多种，虽然它们实际上是起着标志的作用，但在很多情况下它们不叫做标志。

1. 绝对信号机与容许信号机的区别标志

进站、出站、进路、防护、通过（指防护所间区间的）等固定信号机，它们显示的停车信号，是绝对的停车信号，如不给出引导信号，则绝对地禁止列车越过它。但在自动闭塞区间设置的防护闭塞分区的通过信号机，它给出的停车信号却是容许的停车信号，一旦在红灯前停车两分钟后，即使不给出引导信号，也容许列车以规定的限制速度越过它继续运行（由于这些通过信号机都是自动动作的，无人操纵，一旦设备发生故障又不能及时修复时，不容许列车越过红灯就会将整个区间的线路堵塞）。以上停车信号，都是显示一个红灯，有的是绝对停车信号，有的是容许停车信号，所以必须用一种特殊的标志加以区别。

首先从地理位置上区分。出站、进路信号机都设在站内，而防护闭塞分区的通过信号机都设在区间，所以列车司机可以利用地理位置的不同加以区别，而这个地理位置即起到了标志的作用。另外，在防护闭塞分区的通过信号机机柱上，还装有公里及百米号码牌，也是其与其他用途的信号机相区别的标志之一。

其次是从线路区段的闭塞方式上区分。防护所间区间的通过信号机，一般都设在半自动闭塞区间或人工闭塞区间，而防护闭塞分区的通过信号机又都设在自动闭塞区间，所以就可利用区间闭塞方式的不同加以区别了，即不同的闭塞方式起到了标志的作用。

那么，同样设在自动闭塞区间内的防护闭塞分区的通过信号机与防护闭塞分区内有分歧道岔的通过信号机（后者显然应是绝对信号），以及与设在区间与车站边界上的进站信号机又如何区别呢？显然，用地理位置和不同的闭塞方式都不行，因此采用单机构（指色灯信号机机构）与多机构作为区分的标志，见表 1.2。

表 1.2 绝对信号机、容许信号机及容许信号标志的区别

信号机及标志的名称 / 设置地点	绝对信号机	容许信号机	容许信号标志
设于区间或区间与车站的交界	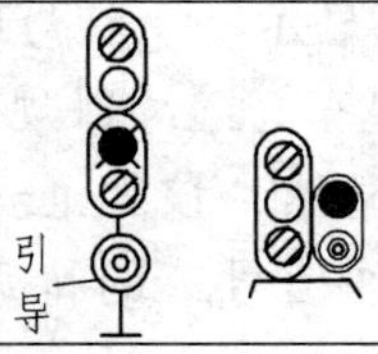	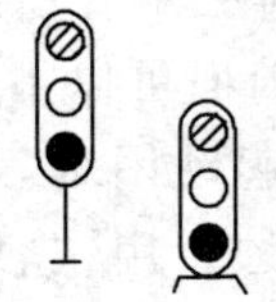	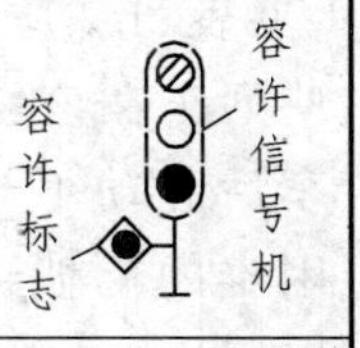
设于站内	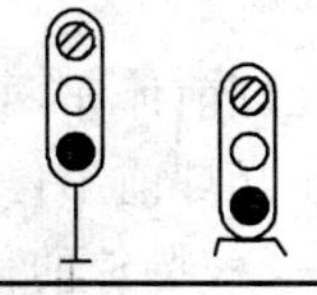	无	无

从表 1.2 中可以看出：单机构而且设置在区间的是容许信号机，而单机构且设置在站内的和多机构的则是绝对信号机。

2. 单显示信号机的区别标志

单显示信号机，如遮断信号机和复示信号机，平时没有显示（即无灯光）时不起信号作用；而多显示信号机，如进站信号机，信号机灭灯时又应按停车信号处理。因此两者必须有明显的标志加以区别。复示信号机只复示主体信号机在开放状态（点一个绿色灯光），而且一般采用矮型信号机，所以只用方形背板区别即可；而遮断信号机是显示停车信号（红灯）的，要求列车停在它的前面，所以不仅用方形背板加以区别，而且要在机柱上涂以黑白相间的标志线。遮断预告信号机的标志与遮断信号机的标志相同，当遮断信号机显示红灯时，遮断预告信号机显示一个黄灯。

3. 预告信号机的区别标志

预告信号机预告其主体信号机是在关闭状态还是在开放状态，它没有停车信号显示，最大限制的显示是注意运行，预告其前方的主体信号机在关闭状态。因此，预告色灯信号机在机柱上涂三条黑白相间的标志线，用以和其他用途的信号机相区别。

4. 引导及容许信号的标志

“引导信号”与进站信号机或接车、接发车进路信号机设在同一机柱上，采用小型单机构（见表 1.2），是个很明显的标志。它附属于上述的主体信号机，当主体信号机点亮一个红灯，而它点亮一个月白色灯时，即为“引导信号”显示，准许列车越过红灯以规定的限制速度向前运行，并随时准备停车。

这时所说的“容许信号”是指装设在通过信号机上的一个小型单机构（见表 1.2）。在其主体信号机显示一个红灯时，它显示一个蓝灯，指示某些列车在该红灯前面可以不停车，继续以规定的限制速度运行，以避免停车后起动不了或起动困难。显然，该架通过信号机是迫不得已设在起动困难的上坡道上的，用“容许信号”的特殊标志来与其他通过信号机加以区别。

“容许信号机”容许列车在红灯前停车两分钟后继续以规定的限制速度运行，而“容许信号”容许列车在红灯前不停车继续以规定的限制速度运行。显然，“容许信号”在这里是起一种特殊的信号标志的作用。

复习思考题

1. 简述铁路信号的作用。
2. 简述固定信号机的分类。
3. 说明进站信号机的作用及其设置位置。
4. 说明出站信号机的作用及其设置位置。
5. 信号显示的基本要求有哪些?
6. 简述我国铁路信号的颜色及其显示意义。
7. 我国铁路采用的表示器有哪些?
8. 简述“故障-安全”原则。

第二章　铁路信号基础设备

学习指导

【学习目标】

（1）了解各种色灯信号机的结构及其原理；
（2）了解继电器的概念及其结构；
（3）掌握各种类型继电器的工作原理；
（4）掌握继电器的应用；
（5）了解动力转辙机的基本要求；
（6）掌握 ZD6 型电动转辙机的结构及其工作原理；
（7）了解新型电动转辙机的结构及其原理；
（8）掌握轨道电路的概念、构成和基本工作状态；
（9）掌握各种轨道电路的组成和工作原理；
（10）掌握各种道岔区段轨道电路的构成和原理；
（11）掌握计轴设备的组成、原理和应用。

【学习建议】

（1）学习时间：15～18 小时
第一节建议学习时间：2 小时
第二节建议学习时间：4 小时
第三节建议学习时间：3 小时
第四节建议学习时间：6 小时
（2）学习方法
① 点播学习网络课程第二章的内容；
② 参加在线导学直播；
③ 阅读教材列出的参考资料中有关色灯信号机结构、继电器、电动转辙机和轨道电路的内容。

【学习重难点】

（1）各种继电器的结构、工作原理和应用；
（2）电动转辙机的构成及其原理；
（3）轨道电路的作用和基本工作状态；
（4）各种轨道电路的构成及其原理；
（5）道岔区段轨道电路的构成和原理；
（6）计轴设备原理及应用。

第一节　色灯信号机

色灯信号机根据其光学系统的不同，可分为透镜式和探照式两种，无论是哪一种，都必须具备以下基本技术要求：

（1）以天空为背景设置在高柱上的信号机构，对于红色、黄色和绿色灯光，在夏季晴天中午的显示距离不得小于 1 000 m（指进站、通过、遮断信号机）；矮型信号机的显示距离不得小于 200 m。

（2）色灯信号灯光，在所属线路的制动距离起点至色灯信号机前 10 m 的范围内，都能使司机连续地瞭望到清晰的信号显示。

（3）为了能辨认出色灯信号机上同时显示两个灯光的信号，要求这两个灯的距离不得小于所规定的显示距离的 1/500。

（4）必须能完全防止阳光或人为光源的反射，以免造成幻影显示。

（5）高柱色灯信号机的背景一般都是天空，为了提高信号显示的清晰程度，色灯信号机构应具备提高信号与背景亮度比功能的装置。

一、透镜式色灯信号机

我国铁路的色灯信号机目前主要采用的是 XS 型系列透镜式色灯信号机。它有高柱型和矮型之分，不论是高柱型还是矮型，它们的机构还要分单显示、二显示和三显示机构。这些不同类型的机构，由信号设计部门根据需要选用或组合使用。

不同显示数目的信号机构，显示的原理都是相同的，其结构也是相似的，只是灯室数目不同，整个机构大小不同，因此，这里只对高柱型和矮型的二显示色灯信号机构作简要介绍。

高柱型二显示色灯信号机构如图 2.1 所示，整个色灯信号机构用上部托架 1 和下部托架 4 固定在水泥柱上，点灯电线通过蛇管接头 2 和蛇管 3 从水泥柱内引入机构的箱体 7 内，6 为箱盖，背板 5 用来增大色灯信号与周围背景的亮度比，遮檐 9 用来防止外来光线的干扰。机构的主要部件是透镜组 8，如图 2.2 所示，它由一块外径为 139 mm 的有色外棱梯透镜和一块外径为 212 mm 的无色内棱梯透镜，通过透镜框组装而成，透镜框上还装有可调灯座。可调灯座可以进行上、下、前、后、左、右六个方向的调整，经过精心调试，可使灯泡主灯丝准确地置于透镜组主光轴的焦点上。灯丝光源发出的光，经过有色外棱梯透镜和无色内棱梯透镜前后两次折射后，形成近似平行的有色光束，射向规定显示范围的前方。

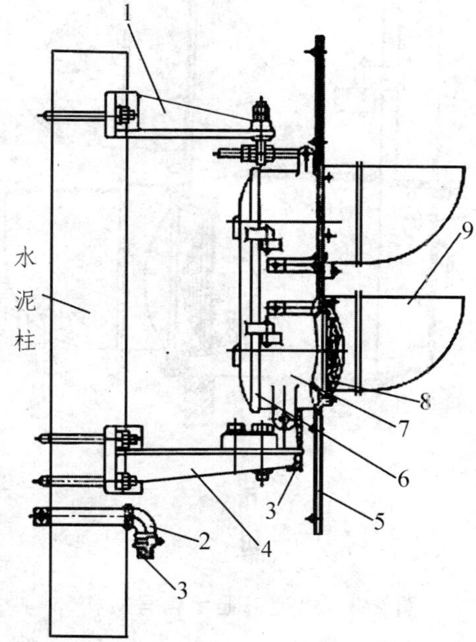

图 2.1　高柱二显示信号机构

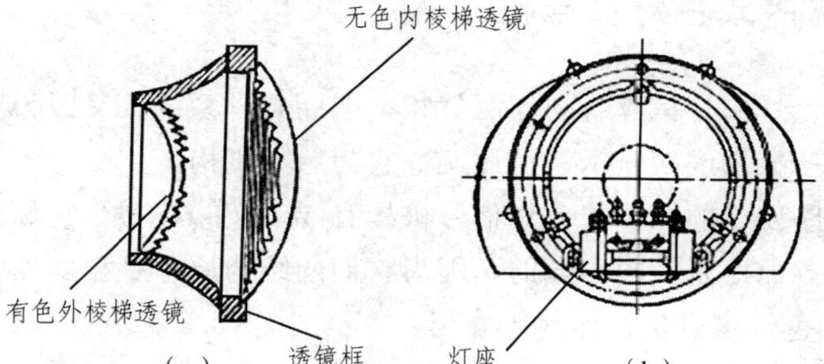

图 2.2　透镜组

矮型信号机构大都作为站线出发信号机和调车信号机用，其结构如图 2.3 所示。它的机构直接用基础螺钉固定在水泥基础上。为了使机车上的司机能瞭望到矮型信号机的信号显示，信号机构面部向上有－5°仰角。矮型信号机的箱体比较大，所以在箱盖内可装信号变压器和灯丝转换继电器。透镜组中的无色内棱梯透镜的外径较高柱型的小一些，为 163 mm。

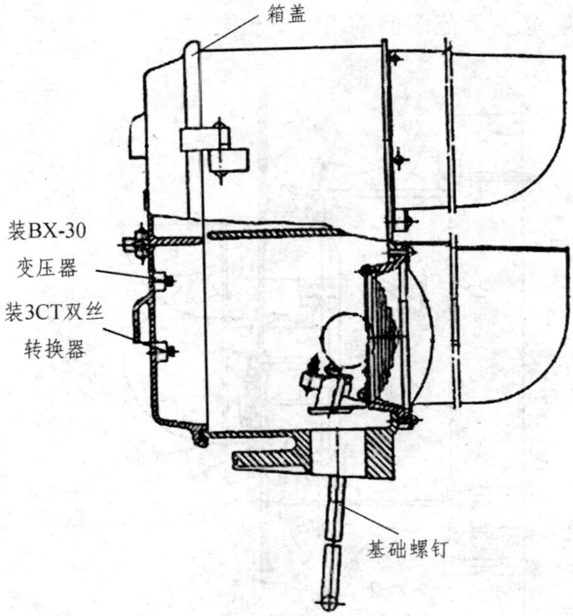

图 2.3　矮型二显示信号机构

二、探照式色灯信号机

探照式色灯信号机具有与探照灯相类似的光学系统，又因为它只用一个灯就能实现三显示或四显示，因此又称它为单灯机构。

我国铁路使用的探照式色灯信号机构有 58 型和 60 型。它们都是三显示机构，结构方面也是大同小异的。因为它们的结构原理是相同的，这里只对 60 型探照式色灯信号机构作简单介绍。

60 型探照式色灯信号机构的结构如图 2.4 所示。它主要由外壳，直径为 101.4 mm、外表面涂银的玻璃椭圆球面反射镜 7，直径为 113 mm、中央厚为 23 mm 的小平凸无色透镜（小透镜）5，直径为 212 mm、中央厚 40 mm 的大平凸无色透镜（大透镜）3，直径为 56 mm 的近光镜 4，继电器 8，透镜框 6，背板 1 及遮檐 2 等部件组成。

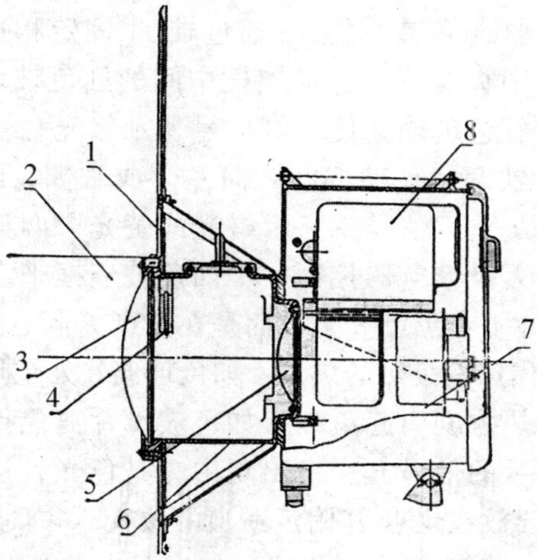

图 2.4 60 型探照式色灯信号机构

三显示探照式色灯信号机构的结构原理如图 2.5 所示。灯泡的灯丝中心置于椭圆球面反射镜 7 的第一焦点 A 上，第二焦点 B 处放置滤光器（色玻璃片）框 10，这样光源发出的光线由反射镜会聚到第二焦点处，通过色玻璃片射向小透镜 5，经过小透镜折射到大透镜 3，再经大透镜折射后，成为近似平行的色光束射向前方。显示三种色光（红、黄、绿），是利用由继电器控制转动的三色玻璃框来实现的。这种继电器是一个特殊的桥式磁路三位式有极继

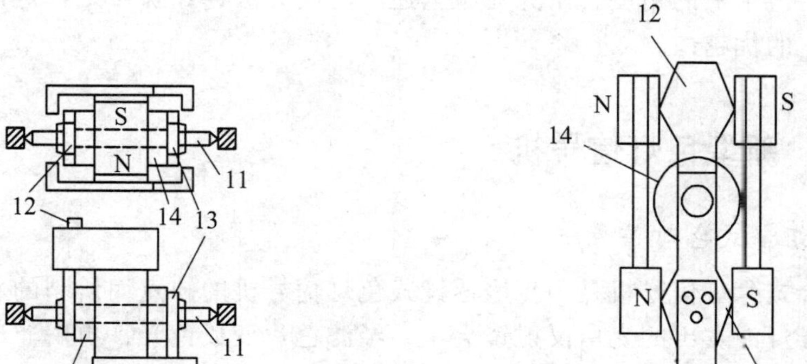

图 2.5 三显示探照式色灯信号机构的结构原理

电器，它的衔铁 12、13 与色玻璃框 10 通过轴 11 固定相连。线圈 14 无电时，衔铁和色玻璃框处于中央位置，色玻璃框中间的红色玻璃（H）正处在第二焦点 *B* 上，光线透过红色玻璃，使色灯信号显示红光；当继电器线圈通以正向或反向电流时，衔铁和色玻璃框就转向左侧或右侧，绿玻璃（L）或黄玻璃（U）转移到焦点 *B* 上，信号就显示绿光或黄光。四显示探照式色灯信号机构，可由两个直流无极继电器控制一个四色玻璃框来实现。

实际上色玻璃片并不在焦点 *B* 上，而是在焦点 *B* 附近适当的位置，因为第二焦点 *B* 不仅是光的焦点也是热的焦点，如色玻璃片处在焦点 *B* 上或离焦点太近，会使色玻璃片受热太剧引起龟裂；如色玻璃片离焦点过远，不是全光束都通过色玻璃片，显示的信号光束会出现中央是色光，边缘一圈是白光的情况。为此，色玻璃框要放在焦点 *B* 附近适当的位置，并且为了防止色玻璃仍有受热龟裂的可能，有些色玻璃片（如绿、蓝和月白等色片）可以预先切开。

与透镜式色灯信号机构相比，探照式色灯信号机构除了具有一个光学系统能实现多种显示的优点之外，还具有显示距离远、省电（10 V，10 W）等优点，但它的结构比较复杂，工艺要求比较高。由于探照式色灯信号机构容易存在质量问题，在使用过程中可能发生轴承卡死、色玻璃框回复不到中央位置等故障，危及行车安全。因此，我国目前已逐步停止使用探照式色灯信号机，并以透镜式色灯信号机来替代，信号工厂也已停止生产探照式色灯信号机构。实际上探照式色灯信号机构的光学系统是很完善的，我们可以从不断提高工艺水平的角度，研究克服上述问题的方法，让探照式色灯信号机重新发挥它的优越性。

三、新型色灯信号机

1. 组合式色灯信号机

组合式色灯信号机是为克服透镜式色灯信号机的缺点而研制的新型信号机。信号灯泡发出的光由反射镜会聚，经滤色片变成色光，再由非球面镜聚成平行光束，经偏散镜折射偏散，从而能保证信号显示在曲线区段上的连续性。由于其信号机构采用组合形式，一个灯位为一个独立单元，配一种颜色，使用时根据需要进行组合，故称为组合式色灯信号机。

XS 型透镜式色灯信号机构的光系统射出的平行光线，两侧分别只有 2° 的散角，覆盖面很窄，在曲线区段上只能在局部范围内看到显示，即使加了偏光镜，也很难在整个曲线范围内得到连续显示。为解决曲线区段信号显示连续性的问题，从德国引进了 V136 型信号机构，并据此研制了适合我国铁路需要的新型组合式信号机构，它是信号机比较理想的更新换代产品。

组合式色灯信号机适用于瞭望困难的线路，适用于曲线半径为 300～20 000 m 的各种曲线和直线轨道上，可在距信号机 5～1 000 m 的距离内得到连续信号显示。该信号机光系统设计合理，光能利用率高，显示距离远，主光源显示距离可达 1 000 m，如不加偏散镜可达 1 500 m；曲线折射性能强，偏散角度大，可见光分布均匀，能见度高，有利于司机瞭望。

组合式色灯信号机每个机构只有一个灯室，使用时可根据信号显示要求分别组装成二显示、三显示及单显示机构。灯室间无窜光的可能。组合式色灯信号机构按非球面透镜的直径分为 XSZ-135 型、XSZ-150 型和 XSZ-200 型几种，其中应用得最早、最多的是 XSZ-135 型。

组合式色灯信号机构由光系统、机构壳体、遮檐、瞄准镜、捶孔五部分组成。

2. AG 型透镜式色灯信号机

列车提速后，增加了制动距离，对信号显示质量有更高的要求，不仅需要增加显示的信息量，而且要求延长显示距离。延长显示距离的关键是提高色灯信号机的光学性能，为此，研制了 AG 型透镜式色灯信号机光系统。它由组合焦距短、阶梯对应好、有效孔径大的 AT 型透镜及灯丝形状好、发光效率高、光分布合理的 C 型信号光源组成。该系统安全可靠、无幻影显示、光利用率高、显示距离远（超过 1 400 m，可达 1 600 m）。

AT 型透镜组，从消除透镜各阶梯高度的中心光线球面像差入手，改善内梯透镜和外梯透镜的阶梯对应性，使光束分布更趋合理；减小了两透镜的间距，改变各球面曲率半径以减小球面像差；缩短组合焦距，增大透镜组的有效孔径，提高了光源利用率；尽可能使各球面球心同轴，各阶梯顶部及底部分别位于同一假想球面上，使透镜形状较为规则，便于加工和质量控制。AT 型透镜分为 AT139 外梯透镜和 AT212、AT163 内梯透镜等，分别组成高柱型信号机透镜组和矮型信号机透镜组。

第二节 继电器

一、继电器概述

（一）继电器的定义

继电器是一种自动控制与远程控制系统必不可少的元件。这种元件的特

性是当输入量 x 达到一定值时，输出量 y 发生突变。如图 2.6 所示，当输入量 x 从零增大到 x_2 时，输出量 y 从 y_1 突然增大到 y_2，此后如 x 再增大，输出量 y 保持不变；当输入量 x 从大于或等于 x_2 减小到 x_1 时，输出量 y 突然从 y_2 减小到 y_1，此后，如 x 再继续减小至零，y 仍保持在 y_1 大小。如上所述的二值特性，就称为继电特性，具有继电特性的元件，称为继电器。对于有接点的继电器，它的继电特性与图 2.6 所示的继电特性相比有些区别，即 $y_1 = 0$，如图 2.7 所示。继电器线圈回路为输入回路，继电器接点所构成的回路为输出回路。当线圈中电流 I_x 增加到某一定值 I_{x2} 时，继电器衔铁动作，接点闭合，接点回路中的电流从零突然增大到 I_{y2}，如线圈中电流 I_x 继续增大，由于接点回路中的电阻不变，所以接点回路中的输出电流 I_{y2} 保持不变；当线圈中电流减小到 I_{x1} 时，继电器衔铁释放（落下），输出电流 I_y 突然减小到零，此后 I_x 再减小到零时，I_y 仍保持不变。

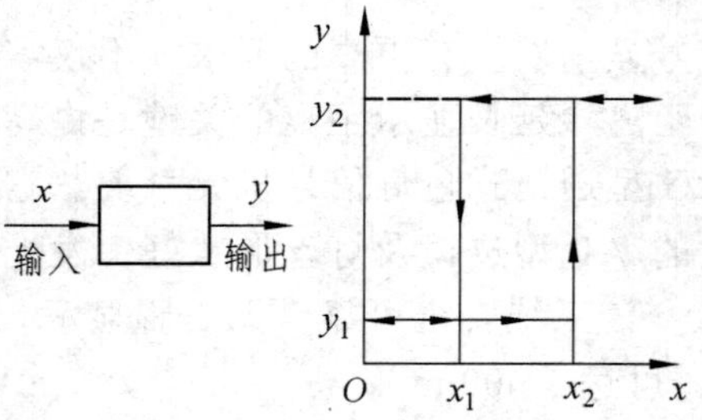

图 2.6　继电特性曲线

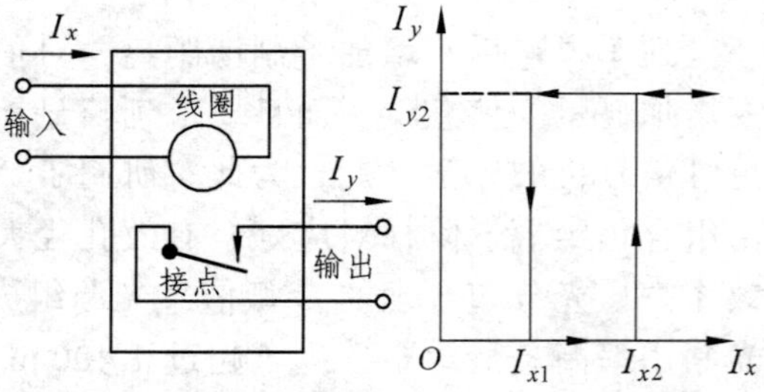

图 2.7　有接点继电器的工作原理及继电特性曲线

由此可见，继电器是一种当控制参数变化时，能引起被控制参数突然变化的电器元件。它能以极小的电信号来控制执行电路中功率相当大的对象，并且能控制数个对象或数个回路，以此来完成由人工难以实现的具有复杂的逻辑关系的控制过程。由于继电器具有这样的基本功能，故成为自动控制与远程控制必不可少的器件。所以，继电器广泛地应用于国民经济各个部门的生产过程和国防系统的自动化与远动化之中。在铁路系统中，铁路信号设备也大量地应用铁路信号专用的各种类型继电器（如信号安全型继电器）及其他类型继电器。

（二）继电器的分类

继电器的种类繁多，分类方法也是多种多样的。

按其用途可分为：保护继电器（电力系统继电保护用）、控制继电器（用于工业自动控制系统）、通信用继电器、航空用继电器、航海用继电器、铁道信号用继电器等。通常一种继电器在不同场合，可有数种不同的用途。因此，按照用途分类已逐渐失去意义。

按其输入量的物理性质可分为：电流继电器，反映电流的变化；电压继电器，反映电压的变化；功率继电器，反映功率的变化；频率继电器，反映交流的频率变化；非电量继电器，反映非电量的继电器，有温度、压力、速度等继电器。

按其工作电流的种类可分为：直流继电器、交流继电器与交直流继电器。

按其执行部件的构造原理（有、无接点）可分为：有接点继电器和无接点继电器（如铁磁继电器和半导体继电器等）。

按其动作原理可分为：电磁继电器，其原理是通过继电器线圈中的电流在磁路的可动部分（衔铁）的气隙中产生电磁力，吸引衔铁，带动接点动作；感应继电器，其原理是利用一个交变磁场与另一交变磁场在可动翼片中感应产生的涡流相互作用，使翼片产生转矩，带动接点动作；热力继电器（双金属片继电器），其原理是利用两种膨胀系数不同的金属片加热后单向弯曲的物理特性，使接点动作。

按其动作时间可分为：快动作继电器、正常动作继电器、缓动作继电器。

（三）继电器的参数

不同类型继电器的特性，可以用继电器的参数来反映。因此，在选用继电器时通常要查阅继电器的参数。继电器的主要参数如下：

（1）额定值——继电器在正常工作时的电压或电流值；

（2）吸起值——使继电器动作（动接点与前接点接触）所需要的最小电流或电压值；

（3）工作值——使继电器前接点全部闭合，并满足规定的接点压力所需的最小电流或电压值；

（4）释放值——使继电器前接点断开的最大电压或电流值

（5）转极值——有极继电器的动接点由定位转换到反位或由反位转换到定位所需要的电压或电流值；

（6）过负载值——继电器允许接入的最大电压或电流值（一般为工作值的 4 倍），接入过负载值后，线圈不受损伤，电气特性亦不变化；

（7）吸起时间——从继电器线圈接通规定的电压或电流时起至全部前接点闭合的时间；

（8）释放时间——切断供以规定的电压或电流的电源时起至全部动接点与后接点闭合的时间；

（9）安全系数——额定值与工作值之比；

（10）返还系数——释放值与工作值之比。此值一般为 0.2～0.99，铁道信号用的 AX 型系列继电器的返还系数为 0.2～0.5，在实际应用中对继电器的返还系数有一定的要求。返还系数的大小与继电器的结构、牵引特性与机械特性的配合及磁路的磁性材料的质量等有关。

二、几种主要的铁路信号继电器

继电器的类型很多，性能各有不同，结构形式也是多种多样。但是，无论其结构如何复杂，形状如何变化，它们都是由电磁系统和接点系统两大主要部分组成的。电磁系统由磁路和线圈组成，是继电器的感受机构，专门用来接收输入物理量并反映该物理量的性质。接点系统是继电器的执行机构，用来实现控制功能。

作为确保铁路运输安全与提高运输效率的铁路信号设备，必须首先保证“安全”，因此，铁路信号设备的工作性能必须可靠。而信号继电器又是铁路信号设备中最主要的且又被大量采用的元件之一，所以要求信号继电器必须安全可靠。信号继电器的安全可靠性，主要体现在利用“重力恒定”原则和确保接点不熔结，这就给信号继电器的结构提出了一个高标准的要求：衔铁要加重，接点材料要采用熔点高和不会熔结而导电性能又好的材料。为了满足这些要求，初期的信号继电器比较大而且笨重，如我国 20 世纪 50 年代初采用的各种类型的座式继电器和50年代末到60年代采用的大插入型继电器。这些继电器不仅体积大、笨重、结构复杂，而且有色金属消耗多。并且座式继电器还存在施工、维修不方便等缺点，因此这些继电器现已被淘汰，并停止生产。随着生产力的发展，技术水平的提高，在 20 世纪 60 年代中期，我国技术人员和工人自已设计制造了一种体积较小的直流 24 V 的 AX 型（安全型）信号继电器系列，由于这系列继电器结构比较新颖、重量较轻、安全可靠、性能稳定，能满足铁路信号设备对继电器所提出的各种要求，因此，目前已成为我国铁路信号继电器的主要定型产品。

（一）JWX 型直流无极电磁继电器

AX 型继电器为直流 24 V 系列的重弹力式直流电磁继电器，其典型结构为无极继电器，其他各型继电器均为无极继电器的派生类型。因此，它们中的绝大部分零件都能通用。继电器分为插入式（型号中带有字母 C）和非插入式两种。前者多为单独使用，后者常使用于有防尘外壳的组匣式设备中。两者的区别仅在于插入式继电器带有透明性能很好的外罩（聚甲基丙烯酸甲酯），用以密封防尘，同时为了与插座配合使用，插入式继电器安装在酚醛塑料制成的胶木底座上。

AX 型无极继电器的结构如图 2.8 所示，它由直流电磁系统与接点系统两大部分组成。电磁系统的线圈 1 水平安装在铁芯 2 上，分为前圈和后圈，可联结或单独使用。衔铁 3 靠蝶形钢丝卡 4 固定在轭铁 5 的刀刃上，在衔铁的传动部分铆上重锤片 6，以保证继电器衔铁主要靠重力返回。重锤片的数量根据继电器接点系统的结构来确定。

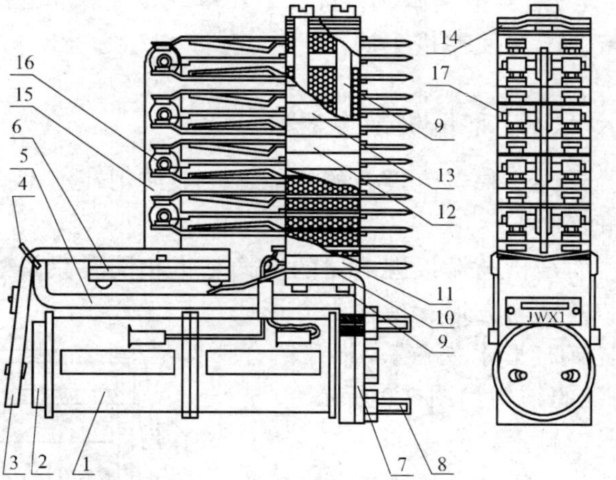

（a）非插入式

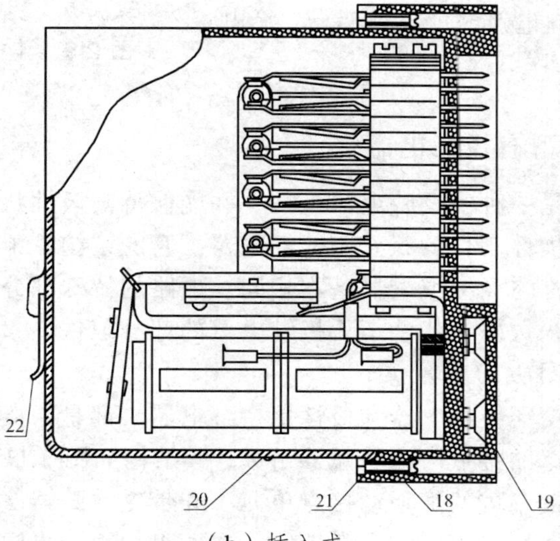

（b）插入式

图 2.8　AX 型无极继电器

接点系统处于电磁系统的上面，通过接点架 7、螺钉 8 紧固在轭铁上，使两者成为一个整体。用螺钉 9 将下止片 10、电源片单元 11、银接点单元 12、动接点单元 13 以及压片按顺序组装在接点架上，在紧固螺钉以前，应将推杆 15、绝缘轴 16、动接点轴与动接点组装好，衔铁通过推杆的传动来带动接点运动。

插入式继电器是通过螺钉 8 将继电器安装在胶木底座 18 内的。外罩 20 通过加封螺钉 21 紧固在胶木底座上。型别盖板 19 通过螺钉 8 固定在胶木底座下端。提把 22 由弹簧钢丝做成，安装于外罩的正面，继电器插在继电器架上时，提把与挂簧配合使插接牢固。

（二）JPX-1000 型偏极继电器

偏极继电器具有反映电流极性的性能，一般使用在道岔表示电路及单复线半自动闭塞电路中。

偏极继电器的结构与无极继电器的结构基本相同，只是磁路系统中有特殊部分，即铁芯极靴为方形，衔铁为方形，方形极靴下端装有 L 形永久磁铁(铝镍钴合金)，其磁路系统的结构如图 2.9 所示。

由于在方形极靴上装有 L 形永久磁铁，继电器的性能就与无极继电器不同了，偏极继电器只能在线圈通入规定方向的电流时吸起，通入反方向电流时就不能吸起，无电流通过时衔铁落下。

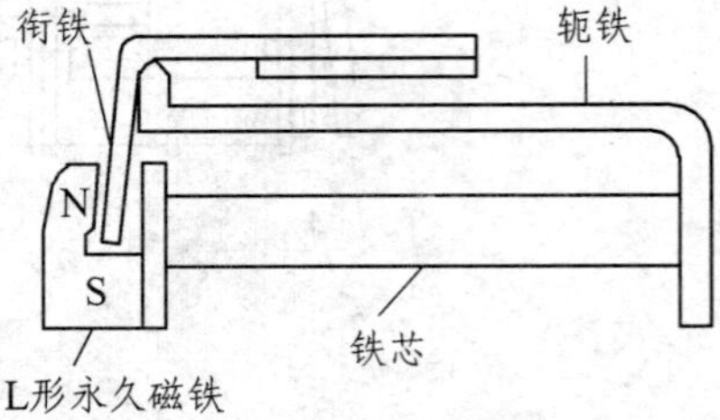

图 2.9 偏极继电器磁路

（三）JYX 型有极继电器

有极继电器是一种能反映电流极性，并能保持其极性状态（切断电流后能保持原来电流极性工作的状态）的继电器。它的结构除了磁路有特殊部分之外，其余部分都与无极继电器基本相同。磁路的特殊部分就是用一块端部呈刀形的长方形永久磁铁代替了无极继电器的部分轭铁，永久磁铁与轭铁间用螺钉联结，如图 2.10 所示。

所有的加强型无极继电器和极性保持继电器，都是指接点系统加强，即接点系统由大功率的接点与磁吹弧器组成，其结构如图 2.11 所示。加强接点组由铆有银氧化镉制成的加强动接点单元 1 和带磁吹弧器 2 的加强接点单元 3 组成。为了防止接点组间的飞弧短路，在两组加强接点间有耐高温且绝缘性能好的云母隔弧片 4，隔弧片铆接在推杆上。

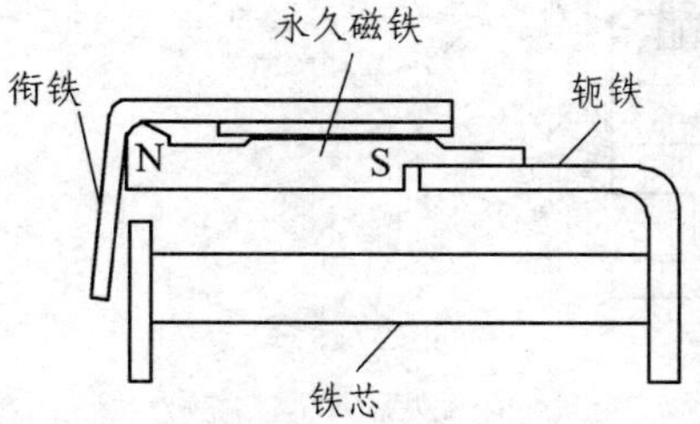

图 2.10　有极继电器磁路

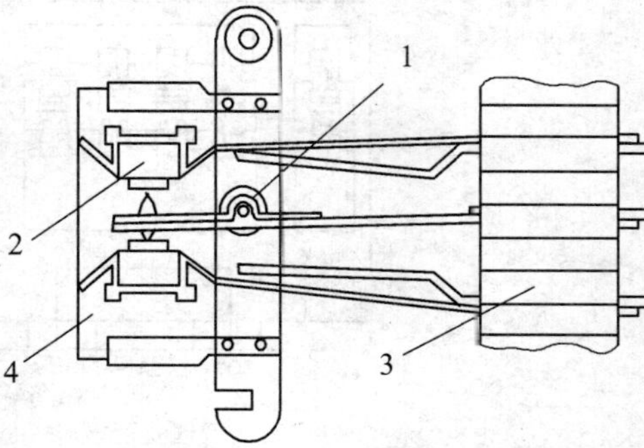

图 2.11　加强型接点系统

（四）JZX 型整流式继电器

JZX 型整流式继电器的结构与无极继电器基本相同，只是为了能将其用于交流电路中，在继电器中安装有半导体半波或全波整流器，将交流电变为直流电，动作直流无极电磁继电器。

随着科学技术的发展，继电器的应用范围也日渐扩大，近年来，随着军事科学技术的迅猛发展，继电器也随之大量应用于导弹、宇宙飞船中，这种发展又反过来推动了继电器的研究工作，其中首要的是继电器的可靠性研究。国外近十几年来，已将继电器的可靠性提高到相当高的水平，其发展方向大体有如下几方面。

1. 缩小体积

前面我们所讲的铁路信号用 AX 型继电器与 20 世纪 50 年代所用的座式继电器相比，其体积约小了 1/3 ~ 1/2。在结构原理方面是从重力式过渡到重弹力式，目前研究的发展方向是从重弹力式向全弹力式过渡，其体积可再缩小。我国铁路信号继电器现在也正在向全弹力式过渡，比 AX 型系列继电器体积小一半以上的全弹力式电磁继电器正在某车站组匣式电气集中设备中试用。当然体积的缩小仍要以能保证原有的技术性能为前提。

2. 改变中间结构

AX 型继电器采用推杆结构，这种结构安全程度低，新结构则采用卡片式，其卡片形式如图 2.12 所示。通过卡片推动接点，能够实现“故障-安全”原则。

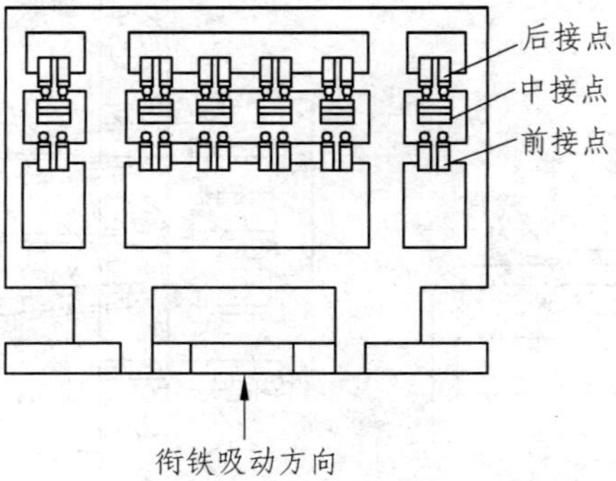

图 2.12　中接点固定的卡片式中间结构

3. 采取密封装配

近年来，为了提高继电器的可靠性，采用了封装措施。密封继电器的设计构思抓住了可靠性问题的实质，是一种治本的办法。从继电器的长期使用中发现：在空气的环境中，继电器的接点不产生任何膜层，所以接触电阻比较稳定，接点寿命也较长；在净化的环境中，继电器接点不被尘埃污染，所以接点的工作可靠性也大大提高。因此采用外罩把继电器密封起来，使外界空气和尘埃不能侵入密封室，在密封室内就形成一个净化的小范围空间，这就从根本上消除了接点被污染的可能性，从而提高了继电器的可靠性。

三、继电器工作原理

（一）直流无极继电器

无极继电器是 AX 型继电器的基本结构，它的大部分零件在各种继电器中都通用。无极继电器的磁路系统如图 2.13 所示。当向继电器线圈通以直流电流后，即产生磁通 $\varPhi$，经过铁芯、轭铁、衔铁和气隙，形成一个闭合磁路。于是铁芯即对衔铁产生吸引力。当增大线圈中的电流时，磁通 $\varPhi$ 也随之增加，因而使铁芯对衔铁的吸引力增大。当此吸引力增大到足以克服重锤片、拉杆等的反作用力时，即能使衔铁吸向铁芯。衔铁运动时，带动拉杆运动，使可动接点向上运动，从而使后接点断开，前接点接通。

前接点接通后，如果减小线圈中的电流，则磁通也随之减少，因而使铁芯对衔铁的吸引力也减小。当电流减小到某一数值，使吸引力不足以克服重锤片和拉杆的重力时，衔铁即落下，从而使可动接点与前接点分离，与后接点接通。

当改变通入线圈中的电流方向时，磁路中磁通方向随之改变，但铁芯对衔铁的吸引力方向是不变的。所以，这种继电器的动作与通过线圈的电流大小有关，而与电流的方向无关，因此称它为直流无极继电器。

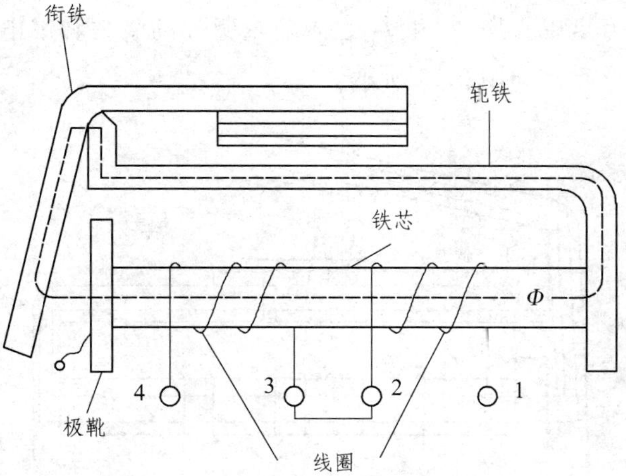

图 2.13　直流无极继电器的磁路系统

（二）有极继电器

有极继电器的接点组结构与无极继电器相同，但磁路系统不同。有极继电器的磁路系统如图 2.14 所示。在轭铁上装有一块长条形永久磁铁，当线圈不通电时，永久磁铁的磁通分布为 Φ_1 和 Φ_2 两个并联径路：Φ_1 从永磁的 N 极出发，经过衔铁、衔铁和铁芯的气隙、铁芯、轭铁回到永磁的 S 极；Φ_2 从永磁铁的 N 极出发，经衔铁上部和重锤片，再经过一个气隙回到永磁铁 S 极。当衔铁在落下位置时，因衔铁和磁芯间的气隙大，则磁阻也大。因此，由 Φ_1 所产生的衔铁和铁芯极靴之间的吸力小于 Φ_2 所产生的对重锤片的吸力和继电器的机械负载，从而使衔铁保持在落下位置。

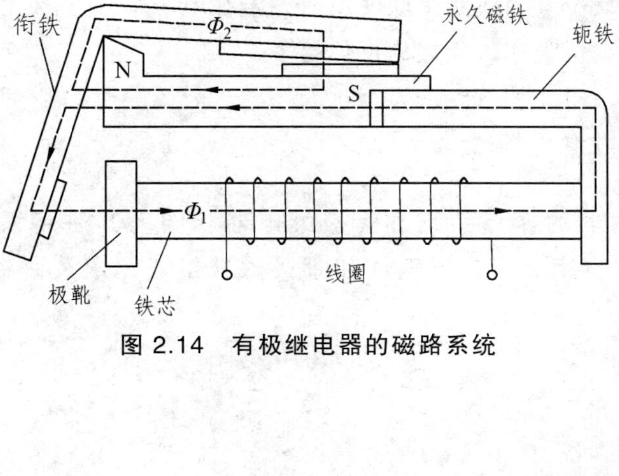

图 2.14　有极继电器的磁路系统

当线圈中通以电流时，铁芯被磁化，如果靠近衔铁的一端为 S 极时，产生的磁通 Φ_3 在铁芯和衔铁之间的主工作气隙中和永久磁通 Φ_1 的方向是一致的。而在衔铁上重锤片尾部气隙处和永久磁通 Φ_2 的方向相反。若 Φ_1 和 Φ_3 之和所产生的吸力足以克服 Φ_2 和 Φ_3 之差对重锤片的吸力和继电器的机械负载时，则衔铁被吸起，如图 2.15 所示。

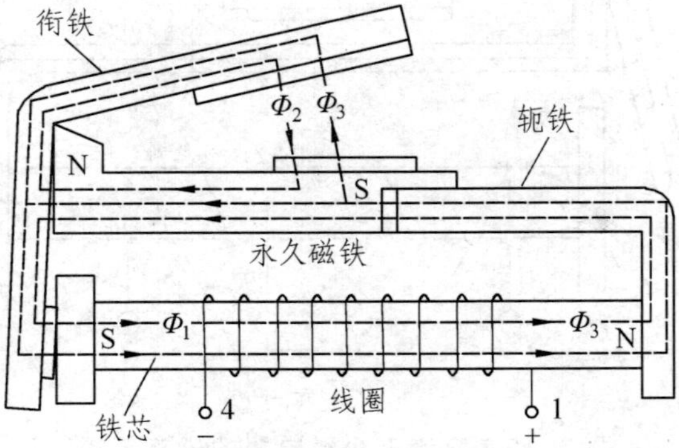

图 2.15　有极继电器磁系统衔铁闭合磁通方向

当线圈断电后，虽然 Φ_3 消失，但因为工作气隙很小，磁阻也小，所以由 Φ_1 产生的吸力较大，从而使衔铁仍保持在吸起位置。

当线圈中通以反方向电流时，永久磁通和电磁通在主工作气隙中方向相反，互相抵消，而在衔铁上重锤片尾部气隙处，永久磁通和电磁通方向相同。所以，衔铁在机械负载和 Φ_2 及 Φ_3 的作用下落下。

为保证有极继电器可靠动作，对它规定了一定的保持力，即在吸起位置线圈无电时，在铁芯中心处测得的衔铁保持力应大于 1.96 N。

规定有极继电器衔铁与铁芯极靴之间间隙最小时的位置为定位，间隙最大时的位置为反位。当线圈串联使用时，若在电源片 1 上接正电源，4 上接负电源，则为定位吸起，反之为反位落下。

（三）偏极继电器

偏极继电器的接点系统和无极继电器相同。其磁路系统如图 2.16 所示，由铁芯、衔铁、L 形轭铁和永久磁铁组成，永久磁铁装在铁靴的前面。

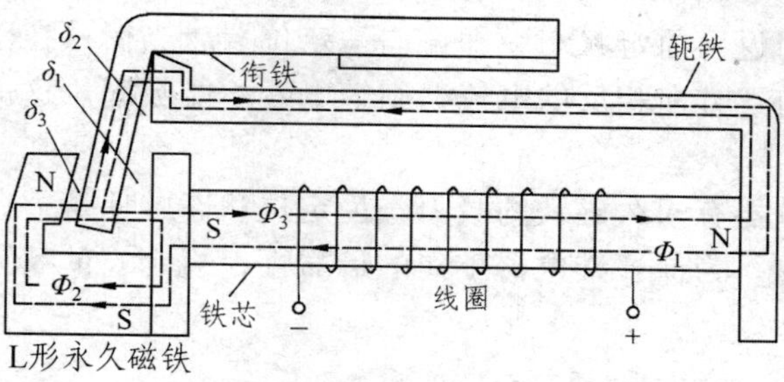

图 2.16　偏极继电器的磁路系统

偏极继电器的磁路系统中有三个工作气隙：δ_1、δ_2 和δ_3。当继电器线圈无电时，永久磁通有两个磁路：Φ_1 从永久磁铁的 N 极出发，经δ_3、衔铁、δ_2、轭铁、铁芯回到永久磁铁 S 极；Φ_2 从永久磁铁的 N 极出发，经δ_3、衔铁、δ_1、铁芯极靴回到永久磁铁的 S 极。由于永久磁铁在工作气隙δ_3 中所产生的吸力和继电器机械负载在衔铁上的向下压力之和大于工作气隙δ_1 和δ_2 中所产生的吸力，所以继电器衔铁处于落下状态。

当线圈通电后，铁芯被磁化，若在靠近衔铁一端为 S 极时，则产生的电磁通Φ_3 和永久磁通Φ_2 在工作气隙δ_1 中的方向相同，如图中Φ_2、Φ_3 所示。而在工作气隙δ_2 中的磁通虽然是Φ_1 和Φ_3 相减，但在气隙δ_1 和δ_2 中的吸力之和在电流增长的过程中逐渐增加，当此吸力大于气隙δ_3 中的吸力和继电器机械负载的作用时，则继电器衔铁被吸起。衔铁被吸起后，因δ_3 较大，所以永久磁通在磁路中变得很弱，因而在线圈中有一定值的电流存在时，继电器就能保持在吸起状态，如图 2.17 所示。

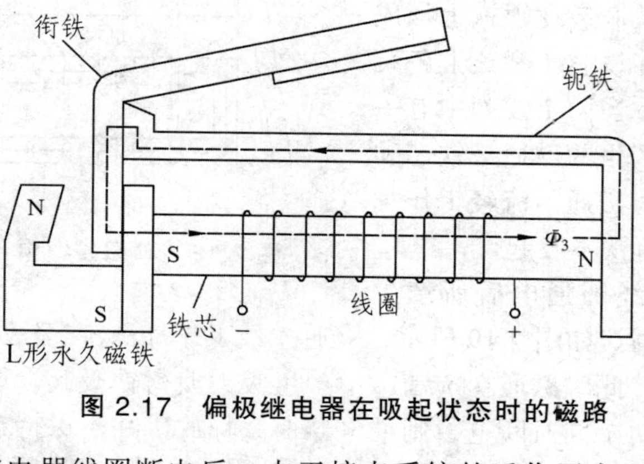

图 2.17　偏极继电器在吸起状态时的磁路

当偏极继电器线圈断电后，由于接点系统的反作用力和机械负载使衔铁释放，在衔铁释放过程中δ_3 越来越小，因而将衔铁向回拉的作用力也越来越大，使衔铁迅速恢复到定位状态，即衔铁在落下位置．它不保留电磁铁有电时的极性位置，而返回原定状态，即偏向一定位置。当衔铁在落下位置时，若线圈中通以和前述方向相反的电流，则继电器不能吸起。这就是偏极继电器的特点。

由于偏极继电器有永久磁铁的吸力作为定位状态的保持力，所以衔铁上仅装有一块重锤片。为保证继电器工作的可靠性，规定它的反方向不吸起电压应大于 200 V。

（四）整流式继电器

铁路信号中，有的电路（如交流轨道电路和信号点灯电路）的供电电源是交流电源。在这些电路中用于记录或监督信号设备状态的继电器就采用整流式继电器。

整流式继电器的工作原理是把控制电源送来的交流电整流后变换为直流电，以此控制直流继电器。因此，这类继电器的结构是在直流无极继电器的基础上，增加了整流器件。为什么要采用这种结构呢？因为采用这样的结构，就避免了 AX 型继电器系列中出现结构形式全然不同的交流继电器，给产品的系列化、通用化、小型化创造了条件，使零部件全部通用。

（五）单闭磁继电器

单闭磁继电器的接点系统与无极继电器的相同。它的磁路系统如图 2.18 所示。

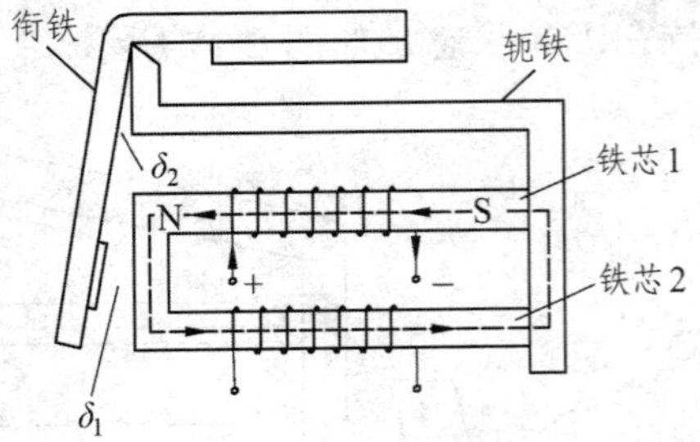

图 2.18 单闭磁继电器磁路系统

磁路系统由 π 形铁芯、L 形轭铁、衔铁组成。π 形铁芯装在轭铁上形成一个闭合磁路，在铁芯 1 和 2 上各装有一个扁形线圈。当两个线圈中有一个通电时，它所产生的磁通被铁芯和轭铁根部所封闭，磁通不流经工作气隙 δ_1 和 δ_2，所以衔铁不吸起。

只有当两个线圈通电后所产生的磁通方向相反时，如图 2.19 所示，磁通才经工作气隙 δ_1、衔铁、δ_2、轭铁、铁芯构成磁通路，此时磁通在 δ_1 和 δ_2 中产生吸力使衔铁吸起。如果此时两个线圈中任一个或两个同时断电，则继电器衔铁释放，并不保持在吸起位置。根据这一特点，我们可以使一个线圈通以固定极性电流，而另一个线圈的电流极性是正负变化的，则单闭磁继电器就成了一个不带永久磁铁的偏极继电器。如果将一个线圈不但通以固定极性的电流，而且经常接通作为局部线圈，而另一个线圈中的电流极性是正负变化的，则单闭磁继电器又可作为线路继电器使用。这种继电器的接点配置和编号与直流无极继电器的接点配置和编号是相同的。

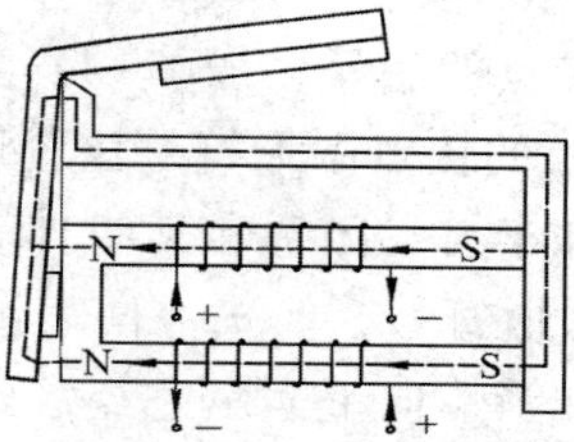

图 2.19　单闭磁继电器双线圈电磁通方向相反

四、继电器的应用

继电器的应用，包括如何使用继电器、如何分析继电器接点电路，以及如何组成和分析继电器电路等。

（一）继电器的图形符号和使用

继电器在电路图中表示出来的只有继电器的线圈和接点两部分。线圈和接点在一个具体的继电器上是装成一个整体的，但在使用时，线圈与接点所构成的电路是互不相关的两种电的回路，彼此间没有联系。在电路图中，为了绘图的方便和需要，继电器的线圈和接点可以分别画在几张不同的图中，但该继电器所代表的名称是相同的。例如信号继电器用汉语拼音字母 XJ 来表示，那么该继电器的线圈和接点都用 XJ 表示，至于不同的接点组，再加上编号就可以了。因此，我们在初学信号继电器接点电路时，必须注意，不要把线圈与接点混淆起来。为此必须搞清楚以下两点：

（1）继电器线圈有电（指通过工作值以上的电流），继电器吸起，则该继电器的所有前接点都闭合，后接点都断开；线圈断电（无电），则该继电器的所有前接点都断开，后接点都闭合。不能错误地理解为有电流通过接点时，该继电器就是吸起的。

（2）继电器吸起，前接点闭合后，不一定有电流通过前接点。因为线圈与接点所构成的电路是两个不同的电的回路，该前接点是否有电流通过，这要看该接点所构成的电路是否构通。如果该接点根本就没有接入电路，那么接点只是类似于不接入电路的开关，扳动一下而已。

图 2.20 所示为我国铁路信号继电器接点的三种表示形式。中接点用 11、21、31…表示，继电器有电吸起时闭合的前接点用 12、22、32…表示，继电器无电落下时闭合的后接点用 13、23、33…表示。由上可知，接点编号中的个位数 1 表示中接点，2 表示前接点，3 表示后接点，编号中的十位数表示接点组的排号。有极继电器接点的编号多加了一个百位数 1，以区别于无极继电器的接点。图 2.20（a）中的接点图形符号比较形象，但绘图较为麻烦，一般用于较为简单的电路，如半自动闭塞和某些自动闭塞电路中。目前用得较广的是图 2.20（b）中的图形符号，箭头方向表示该继电器在整个设备使用时经常所处的工作状态，如箭头向上表示它经常处于吸起状态，反之箭头向下表示它经常处于落下状态；同时，粗线（实线）表示接点闭合，虚线表示接点断开。由此可知，箭头向上时，粗线连接的端子便是前接点（图中用 12 表示），虚线连接的端子便是后接点（图中用 13 表示）。有极继电器接点的工作状态与无极继电器有些相似，粗线表示接点闭合，虚线表示接点断开。当继电器处于定位吸起状态时，闭合的接点为定位接点（图中用 112 表示），断开的接点即为反位接点（图中用 113 表示）；当继电器处于反位落下状态时，闭合的接点为反位接点，断开的接点为定位接点。在信号电路中，有极继电器一般是处于定位状态的，所以它的接点状态也总是处于定位接点的闭合的状态。上述图 2.20（b）中的图形符号在绘图时也是比较麻烦的，简便的图形符号如图 2.20（c）所示，这种图形符号在教学上最常用，有些工程图纸中也曾大量采用过。这种图形符号所表示的意义与图 2.20（b）中的相似，只

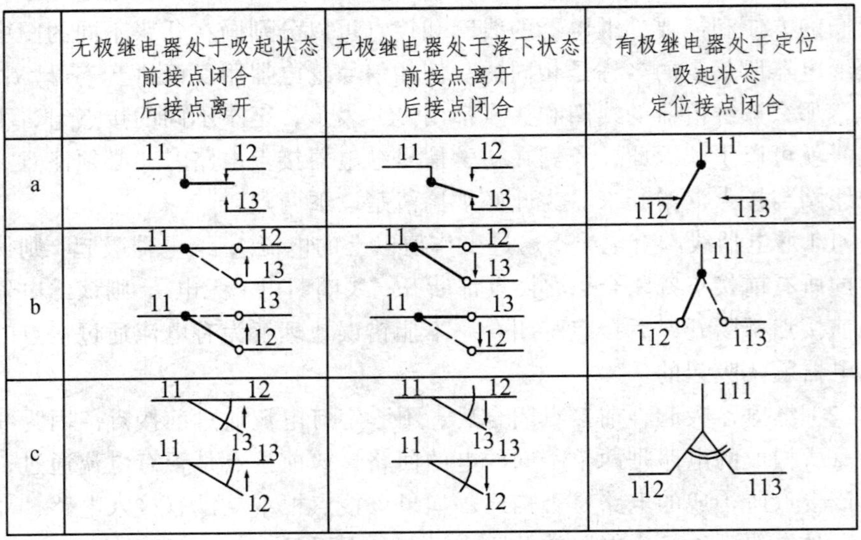

图 2.20　接点图形符号

是用刮弧的交叉与否来代替图 2.20（b）中的虚线和粗线（实线），刮弧不交叉的表示接点闭合，刮弧交叉的表示接点断开，其余的表示意义与图 2.20（b）中的相同。由于这种图形符号的刮弧在绘图或印刷时较易绘错或模糊，从而易造成错觉，所以在现在的工程图纸中采用得比较少。

无论哪一种接点图形符号，在图纸上绘制的工作状态（如前接点闭合或后接点闭合）一般都按照设备经常（或定位）所处的状态来绘制的。如信号继电器（XJ），经常所处的状态是落下的，那么它的接点都按前接点断开的工作状态来绘制的；再如轨道继电器（GJ），经常所处的状态是吸起的，所以它的接点都按前接点闭合的工作状态来绘制的。总之，图纸上所表示出来的各种继电器接点的工作状态都按它们各自经常所处的状态被固定下来，但在运用中的实际信号设备、各种继电器的工作状态是随整个设备工作的需要按一定的逻辑要求而变化的。例如轨道继电器（GJ），经常是吸起的，当列车占用轨道时，该轨道继电器就落下（前接点断开，后接点闭合），但图纸上表示出来的仍是前接点闭合。这时就要求我们要意识到轨道继电器已经落下了，它的接点工作状态已经变了，原来闭合的前接点断开了，而原来断开的后接点闭合了。因此，我们在初学继电器接点电路时，首先要具备这种意识。

如图 2.21 所示为安全型电磁继电器线圈的图形符号，它有 2 个线圈和 4 个引出片（即电源片），电源片 1 和 3 一般为后、前线圈的正极，2 和 4 一般为后、前线圈的负极。

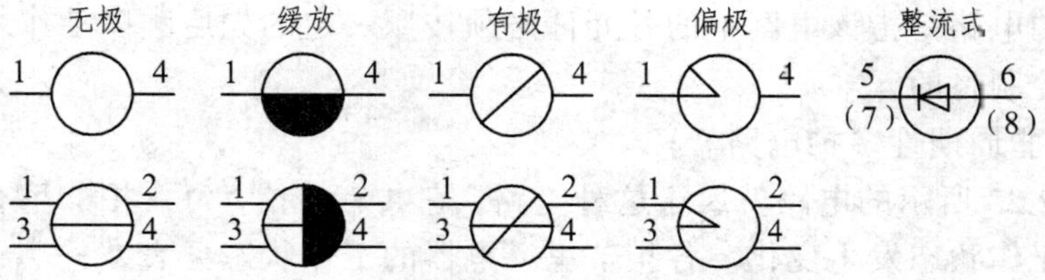

图 2.21　安全型电磁继电器线圈图形符号

对于两线圈参数相同的继电器，可以将两个线圈串联使用（连接电源片 2 和 3，使用电源片 1 和 4），可以将两个线圈并联使用（电源片 1 和 3 相连、2 和 4 相连，使用电源片 1 和 2 或 3 和 4），也可以将两个线圈分别使用或单线圈单独使用。

单线圈使用或两个线圈分别使用时，为了得到与串联使用同样的工作安匝，通过线圈的电流必须比串联使用时的大一倍，所以消耗的功率也要大一倍。由此看来，两个线圈分别使用或单线圈使用时，电源容量要大，同时继电器的线圈也容易发热损坏。因此，使用继电器线圈时，尽可能采用串联使用的方法，但考虑到设计某些特殊电路的需要，也有采用两个线圈分别使用的方法，如大站电气集中的某些电路采用了这种方法。对于两个线圈并联使用的方法，由于这种方法所需的电压比串联使用时的电压低一半，因此它可以用于低电压（如 12 V）电路。

（二）继电器接点电路的几种基本形式

1. 按工作特点分

（1）单拍电路。

单拍电路是指该电路在完成既定的控制任务时，控制过程的结果与组成该电路的各元件的动作顺序无关。如图 2.22 所示是单拍电路的一个示例，用按钮 A 和继电器 BJ、CJ 的接点来共同控制继电器 DJ。要使 DJ 吸起（↑），只要 A 按下，BJ 吸起（↑）和 CJ 吸起（↑）即可，而与它们三个元件动作的先后顺序无关。

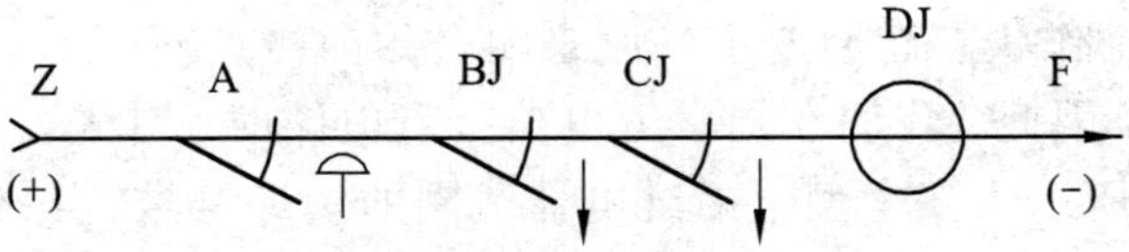

图 2.22　单拍电路

（2）多拍电路。

多拍电路是指该电路中的各元件必须按照一定的先后顺序动作才能达到既定的控制目的。

① 非周期性多拍电路。

图 2.23 所示的电路就属于这种电路，它共有 4 拍，每一拍节里有一个继电器的工作状态发生变化。各拍节里继电器的工作状态见表 2.1。

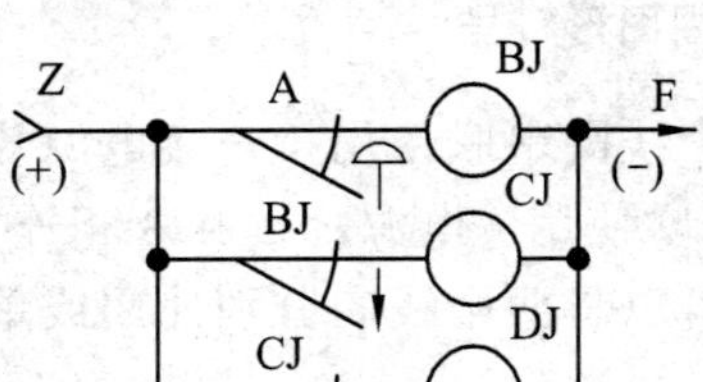

图 2.23　非周期性多拍电路

表 2.1　非周期性多拍电路继电器工作状态

拍节	工作状态		
0	BJ↓	CJ↓	DJ↓
1	BJ↑	CJ↓	DJ↓
2	BJ↑	CJ↑	DJ↓
3	BJ↑	CJ↑	DJ↑

② 周期性多拍电路。

图 2.24 所示的脉动偶电路（即由两个继电器组成的脉冲形成电路）为一

最简单的周期性多拍电路，每一拍节里继电器的工作状态见表 2.2。从 0 拍开始经过 1～3 拍动作后又回到 0 拍，周而复始地动作，利用 AJ 或 BJ 的接点，可以得到一个脉冲输出。

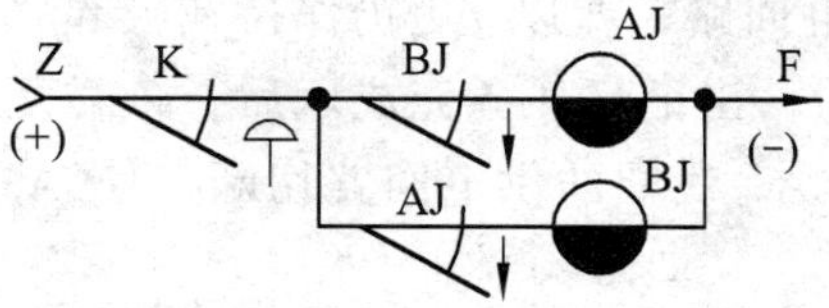

图 2.24　脉动偶电路

表 2.2　脉动偶电路继电器工作状态

拍节	工　作　状　态	
0	AJ↓	BJ↓
1	AJ↑	BJ↓
2	AJ↑	BJ↑
3	AJ↓	BJ↑
4	AJ↓	BJ↓

实际上，由继电器所组成的信号设备电路，差不多都是复杂程度不同的多拍电路，但不管电路有多复杂，它都是由较为简单的单拍电路所组成的，因此，多拍电路都可以分解为若干个简单的单拍电路来研究。例如图 2.24 所示的多拍电路，我们可以把它分解为如图 2.25 所示的两个单拍电路来分析。由此可见，有关单拍电路的基本论点对多拍电路也是正确的。

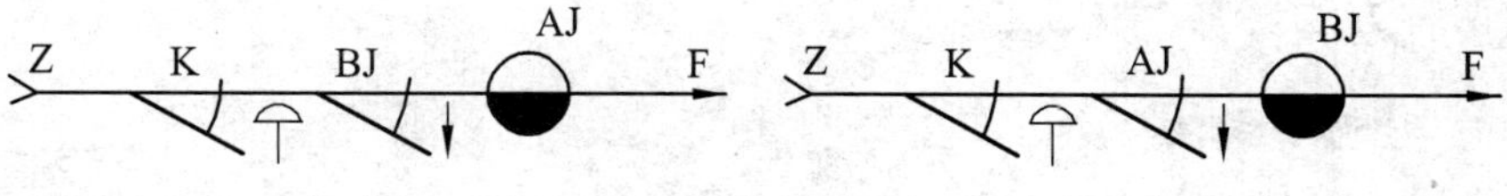

（a）　　　　（b）

图 2.25　脉动偶电路分解

2. 按有无记忆作用分

① 无自闭电路。

如图 2.26 所示为无自闭电路，其中按钮 A 是自复式的，当按下按钮 A 时，AJ 通电吸起，当松开按钮时，按钮自动复原，AJ 电路切断，AJ 落下。这种电路对按钮的动作没有记忆作用，前面所讨论的电路就属于这种电路。

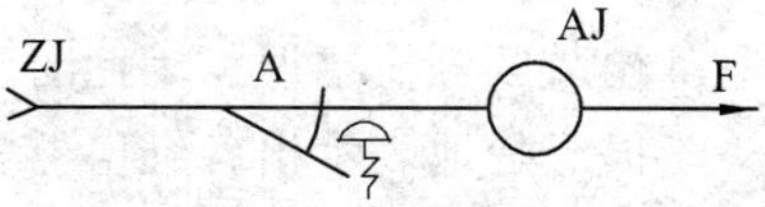

图 2.26　无自闭电路

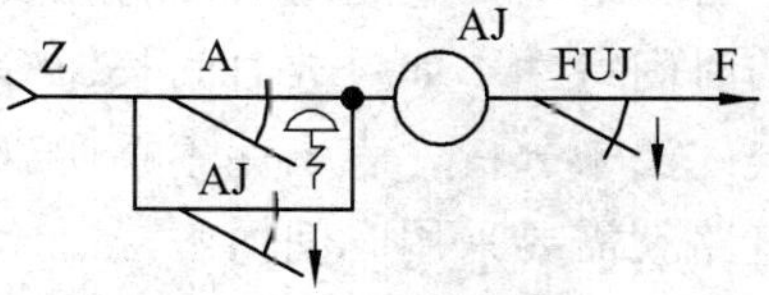

图 2.27　自闭式电路

② 有自闭电路。

凡是有自身前接点参与保持该继电器吸起状态的电路，称为自闭电路。如图 2.27 所示就是用来记录（或保留）按钮动作的自闭电路。当按下按钮 A，AJ 通电吸起，当松开按钮，按钮自动复原，此时虽然按钮接点已断开，但 AJ 自身的前接点已经构成了 AJ 线圈的供电回路，所以 AJ 仍保持在吸起状态，实现了对按钮动作的记忆（记录）作用。当记忆任务完成以后，依靠复原继电器 FUJ 的吸起，其后接点断开，将 AJ 线圈的供电回路切断，使 AJ 落下恢复原状。

（三）继电器接点电路的分析方法

我们在学习新的继电器接点电路的工作原理及设计接点电路时，需要分析接点电路的动作过程。这对于学习来说，能帮助我们进一步认识和掌握电路的工作原理；对于设计来说，有利于我们检查所设计的电路是否符合要求。因此，学习接点电路的分析方法是很有必要的。分析方法一般有以下四种：序列作用图法、接通表法、接通公式法和时间图解法。这四种方法中的前两种相对复杂，尤其是第一种最复杂也最原始，因此很少采用。这里我们仅介绍后两种方法。

1. 接通公式法

接通公式法比较简便，因此得到了广泛的应用。这种方法首先用符号表示出电路中各元件的初始状态（定位状态），以便在分析过程中进行对照，然后用符号依次表示出各元件状态的变化。一般用“↑”表示继电器吸起，用“↓”表示继电器落下。元件之间动作的联系用箭头“→”表示。例如图 2.22 所示的电路，它的动作过程就可以用以下接通公式来表示：

A↓（按钮按下）→BJ↑→CJ↑→DJ↑

A↑（按钮拉出）→BJ↓→CJ↓→DJ↓

2. 时间图解法

有些继电器电路对时间特性要求比较严格，整个电路的动作过程与继电器的时间特性（如缓放时间长短等）密切相关。这种继电器接点电路，用接通公式法来分析，表示就不够明确，而且还可能造成分析错误，因此对于这种电路就需要采用时间图解法。时间图解法能很清楚地表示出各继电器的工作情况、相互关系及时间特性，能正确反映整个电路的动作过程。

这种方法主要是把继电器线圈通电、后接点离开、前接点闭合、线圈断电、前接点离开及后接点闭合的时间都用时间图表示出来，如图 2.28 所示。继电器之间的相互作用关系，在它们的时间图之间用箭头表示。例如图 2.24 所示的脉动偶电路，它的动作过程的时间图解如图 2.29 所示。

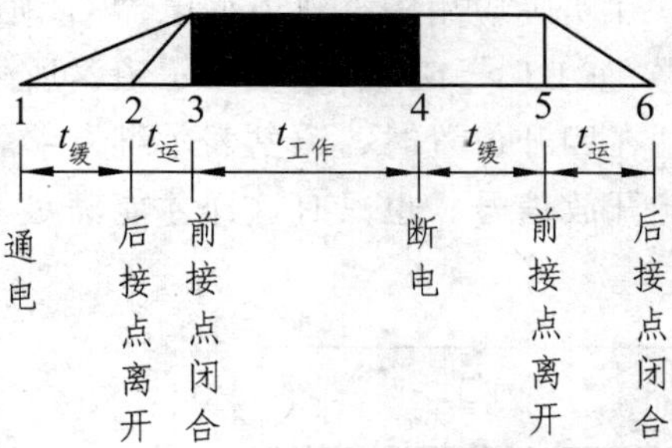

图 2.28　继电器动作时间

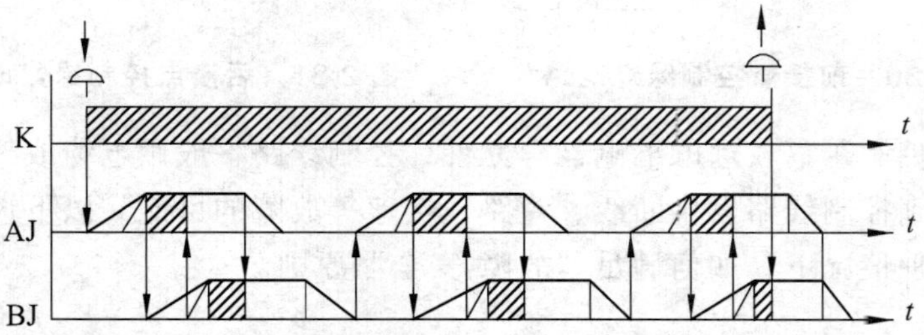

图 2.29　脉动偶电路动作时间图解

（四）继电器电路的基本防护原则

铁路信号设备是保证铁路运输安全的重要设备，因此，其工作必须安全可靠，当设备的元件或系统发生故障时仍能确保行车安全。这即是“故障导向安全”，也就是铁路信号的“故障-安全”原则。

在构成继电器电路时，通常可采取以下措施来满足“故障-安全”原则。

1. 用继电器的励磁状态作为开放信号的条件

继电器有励磁（前接点闭合）与失磁（后接点闭合）两种状态，根据“故障-安全”原则，我们必须选用继电器的励磁状态（前接点闭合）作为信号开放的条件。如图 2.30 所示，信号继电器 XJ 平时处于失磁状态，其后接点构通红灯电路。当手柄旋转接通信号电路时，XJ↑，其前接点构通绿灯电路。一旦线路断线或短路时 XJ↓，信号灯光自动转换为红灯，使设备满足故障-安全原则。如果用继电器的失磁状态作为开放信号的条件，那么信号继电器平时一直处于励磁状态，其前接点构通红灯电路，当要开放信号时，旋转手柄使电路切断 XJ↓，构通绿灯电路，如图 2.31 所示。这样虽然也能达到控制信号的目的，但一旦发生如上所述故障时，使原来显示关闭的红灯信号反而变为开放的绿灯信号（称为信号升级），这是很危险的。

在实际应用中，轨道继电器 GJ 励磁表示轨道空闲（无车）；道岔表示继电器（DBJ 或 FBJ）励磁表示道岔所处位置，当道岔表示电路发生故障，或道岔在四开位置时，道岔表示继电器就失磁。这些继电器都是在励磁状态时才能开放信号，也只有这样才能满足“故障-安全”原则。

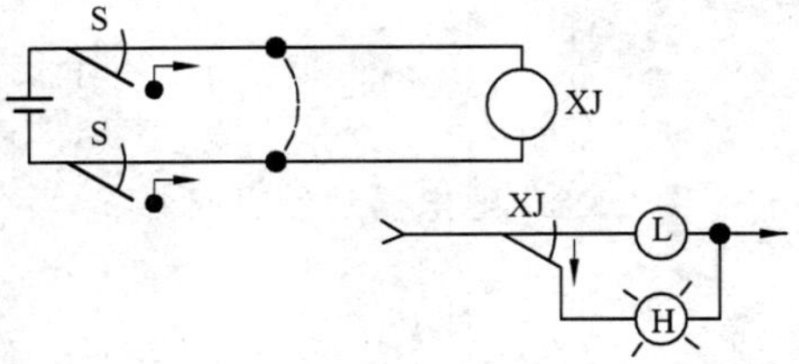

图 2.30　前接点控制绿灯电路

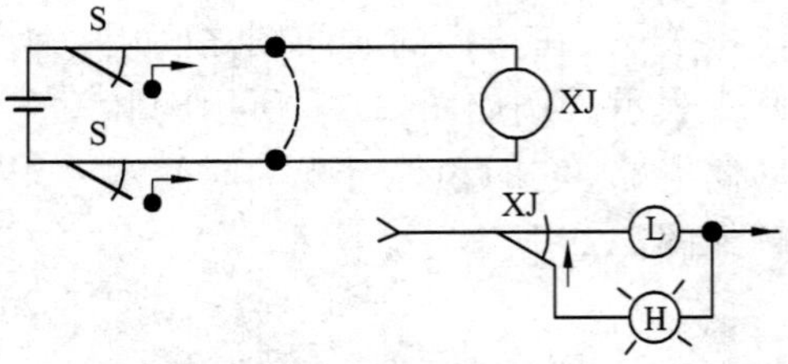

图 2.31　后接点控制绿灯电路

对于控制距离较远的继电器等元件，控制线路一般用电缆或架空线，这就要考虑到控制线路发生断线、短路、接地等故障的可能。以下讨论的就是电路在这种情况下，如何满足“故障-安全”原则。

2. 电源与继电器设在不同端

图 2.32 所示的电路就是将电源与继电器 XJ 设在电路的不同端，这样可在线路发生短路故障时，不致造成 XJ 错误励磁。图中 XJ 原来处于励磁状态，当线路发生短路时 XJ 即自动地由吸起状态转变为落下状态。假设电源与继电器设在同一端，当发生线路短路故障时，尽管手柄接点断开，XJ 也会错误励磁，如图 2.33 所示。

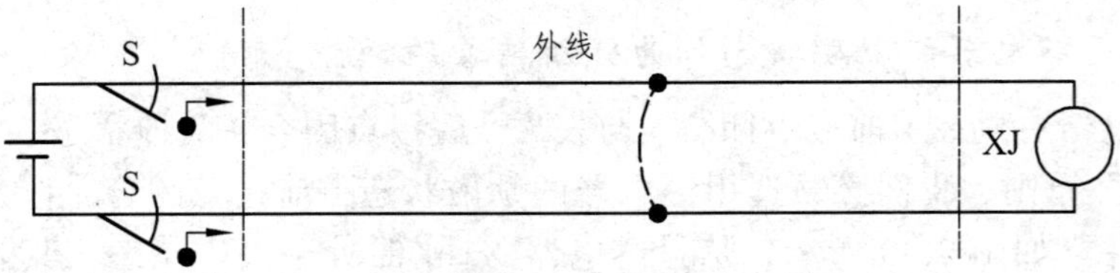

图 2.32　电源与继电器设在不同端

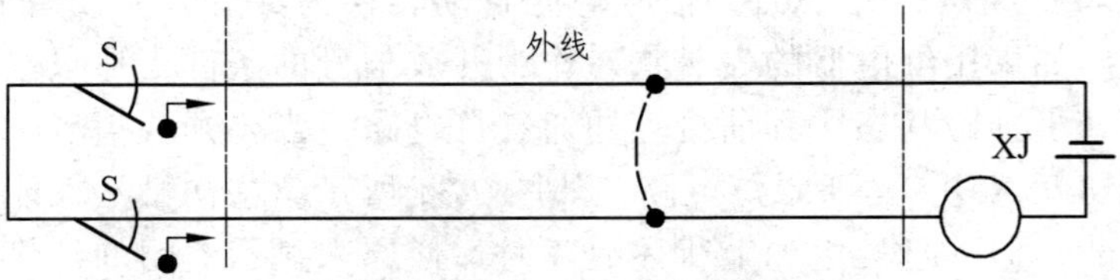

图 2.33　电源与继电器设在同一端

3. 采用双极接通电路

采用双极接通电路就是在控制去线和回线中都串入控制的条件接点。如图 2.34（a）所示，在去线和回线中都串入了某继电器的前接点 J 来控制继电器 XJ。若采用单极接通电路，如图 2.34（b）所示，当 *a*、*b* 两点同时接地或控制的条件接点 J 的引出端子间发生短路故障时，尽管接点 J 没有闭合，也能使 XJ 错误励磁。但采用双极接通电路时，这种错误励磁的可能性就大大减小。

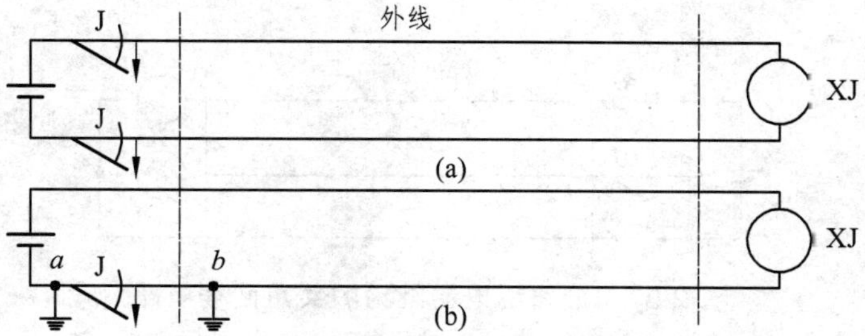

图 2.34 双极接通与单极接通的比较

4. 继电器不工作时分路继电器线圈

在重要的电路中，为了防止由其他电路混线或迷流影响造成继电器的错误励磁，通常在继电器不工作时将继电器线圈分路，如图 2.35 所示。

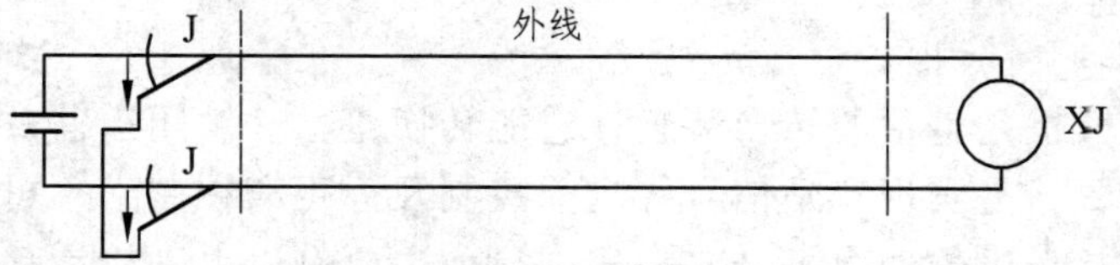

图 2.35 继电器不工作时分路继电器线圈

5. 避免几个继电器电路共用回线

对于重要的继电器电路，不要与其他继电器电路共用回线。因为共用回线，一旦发生混线等故障时会引起继电器错误励磁。如图 2.36 所示，本来 AJ 励磁（前接点闭合），控制 1XJ，使其励磁吸起，但由于外线 1、2 间发生混线，同时也使 2XJ 错误励磁，造成事故。

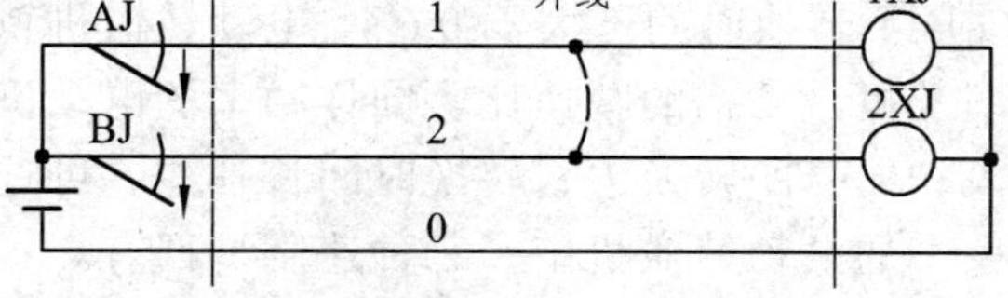

图 2.36 共用回线的继电器电路

对于不甚重要的继电器电路，为了节省电线，可以合用公共回线，但也要尽量避免这种错误动作的可能性。譬如控制线采用架空用线，那么应该考虑把共同的回线布置在两条去线 1、2 的中间，这样 1、2 线之间混线（碰线）的可能性就小了，至于 1 或 2 线和共用回线间的混线，是不会引起继电器错误动作的。另外，采用如图 2.37 所示的分路继电器线圈的方法，当发生上面两线混线故障时，假设 AJ 吸起，也不会引起 2XJ 的错误励磁，而且能使 1XJ 故障导向安全。

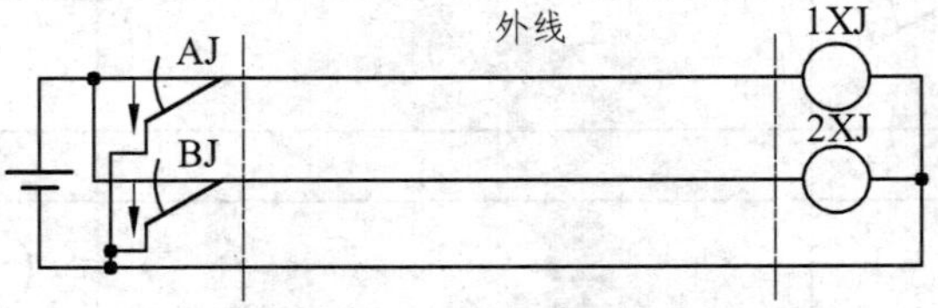

图 2.37　分路继电器绕组的共用回线电路

第三节　转辙机

一、概　述

动力转辙机是道岔的转换装置，它能转换道岔、锁闭道岔及反映道岔尖轨所处的位置，是实现车站信号等自动控制及远距离控制必不可少的设备。

按动力转辙机的动力来分，在我国目前主要有以电动机为动力的电动转辙机、以压缩空气为动力的电空转辙机及以高压液体（油压）为动力的电液转辙机三种。

按动力转辙机的转换时间可将其分为快速（0.5 ~ 1.5 s）、中速（3 ~ 6 s）和低速（8 ~ 20 s）三种。

上述各种动力的转辙机，只要选用适当功率的电动机或设计合适的机械结构，都可以获得不同的转换速度。如电空转辙机转换时间的长短，主要决定于供气和排气的口径，不过它最适合制成快速型。我国目前生产的都属于快速型，在额定气压下转换时间不大于 0.6 s。电动转辙机转换时间的长短决定于电动机的功率及机械结构的减速比。同样功率的电动机，转换时间长一些可使转换力增大；同样的转换力，转换时间长一些，可选用功率较小的电动机。我国目前生产的电动转辙机中，三种速度型都有。

我国绝大多数电气集中设备的车站，以及无风源设备的驼峰调车场都采用电动转辙机，因此，电动转辙机使用的数量最多。其次是电空转辙机，凡是有风源设备的驼峰调车场，一般都采用电空转辙机。电液转辙机目前使用得还不多。

动力转辙机直接关系到铁路运输的安全，因此，动力转辙机的功能与质量必须满足以下基本要求：

（1）动力转辙机应有足够大的转换力，在解锁状态下，能带动道岔尖轨转换位置，当尖轨受阻不能转换到底时，在值班员的操纵下能随时使道岔尖轨回到原位。

（2）当道岔尖轨与基本轨之间没有达到规定的密贴程度时，不应进行锁闭，不锁闭不能使转换过程终了；一旦锁闭，应保证道岔不致因列车通过时的振动而解锁移位。

（3）动力转辙机要能正确反映道岔的位置，只有当道岔尖轨与基本轨之间达到规定的密贴程度并锁闭道岔后，才能发出道岔相应位置的表示。

（4）道岔被挤后，应有挤岔表示，转辙机不经人工恢复，不能再转换道岔。

二、电动转辙机

我国现在生产的电动转辙机类型有 ZD6、ZD7、ZD8 及 ZDZ 型等。其中 ZD6 型的应用最广，其结构如图 2.38 所示。通过在现场使用过程中的不断改进，ZD6 型产生了一系列派生型号，如 ZD6-A、ZD6-B、ZD5-C、ZD6-D、ZD6-E 型。从使用性能和要求来说，ZD6-D 型可代替 ZD6-B 和 ZD6-C 型，

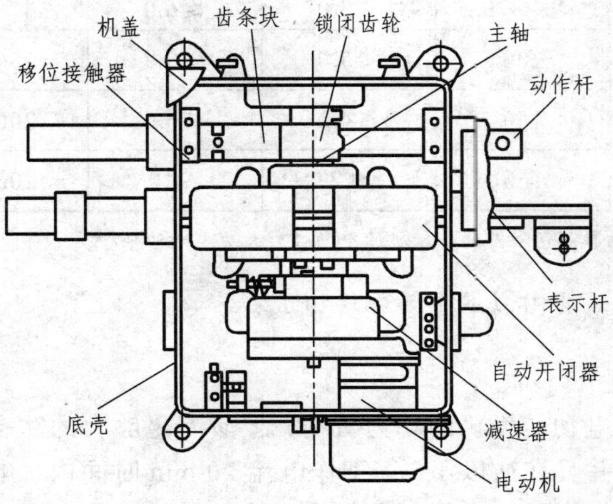

图 2.38　ZD6 型电动转辙机的结构简图

因为 ZD6-D 型是在 ZD6-B、ZD6-C 型的基础上发展起来的一种派生产品，具有动作杆和表示杆对道岔岔尖实现双重机械锁闭（双锁闭）的功能。ZD6-E 型适用于重轨铁路正线上特种断面的尖轨道岔、大号码道岔，以及严寒地区道岔。ZD6-E 型也具有双锁闭的功能。

ZD7 型电动转辙机，用于驼峰编组场快速转换的道岔。为获得快速转换的性能，其减速器采用一级行星减速机构，并采用功率大、转速较高的电动机。从结构上来说，由于只有一级减速机构，电动机就安装在底壳短边外的中部位置，其他结构与 ZD6 型基本相同。

ZD8、ZD8-A 型电动转辙机，供转换重型道岔使用。ZD8-A 型电动转辙机是在 ZD8 型的基础上，改变了电动机的参数，使其动作电流减小到小于 2 A。这种电动转辙机的结构与 ZD6 型不同，电动机装于机壳内，它与封闭式两级减速器的第一级减速的伞形齿轮对相连，大伞齿轮与摩擦联结器外壳相连，通过摩擦片传给一齿差的行星减速机构的输入轴，减速后由输出轴上的拐臂将力矩输出给动作杆和插入锁闭杆，带动道岔尖轨转换。

ZD6、ZD7、ZD8 型电动转辙机的主要技术参数见表 2.3。

表 2.3　ZD 型电动转辙机主要技术参数

型号	额定负载（N）	额定直流电压（V）	额定工作电流（A）	额定动作时间（s）	动作杆行程（mm）	表示杆行程（mm）
ZD6-A	2 452	160	≤2.0	≤3.8	165	86～167
ZD6-D	3 432	160	≤2.0	≤5.5	165	70～167
ZD6-E	5 884	160	≤2.0 或≤3.0*	≤9.0 或≤6.0*	190	70～196
ZD7	1 471	200	≤5.0	≤0.8	156	86～162
ZD8	5 884	160	≤4.2	≤6.5	200	152～192
ZD8-A	4 903	160	≤2	≤10	200	152～192

注：带“*”的数据所对应的转辙机的电动机为大功率电动机。

电动转辙机一般由以下主要部件组成：

1. 电动机

电动机作为电动转辙机的动力机构，要具有足够大的功率，以获得必要的转矩和转速，并且在通以 1.5 倍工作电流 20 min 时间内，电动机温升不超过规定的绝缘等级温升，电机不受损坏。为了转换道岔克服尖轨与滑床板间的最大静摩擦，要求电动机有较大的启动转矩。由于道岔需要向定、反位转换，所以要求电动机能够逆转。

电动转辙机的电动机，有直流电动机，也有交流单相和三相感应电动机等。目前我国生产的电动转辙机所采用的电动机均为直流串激电动机。

2. 减速器

为了获得较大的转矩来转换道岔，必须利用减速器把电动机的转速从一般的 2 000 rad/min 以上降到符合要求的转速。减速器的结构各有不同，有三级简单齿轮组成的减速器，这种减速器的传动效率较高，缺点是占用空间较大；还有一种是行星齿轮减速器，它的优点是占用空间较小，但它的传动效率较低，由于它所占的空间小，所以我国目前所用的电动转辙机，多采用行星齿轮减速器。

3. 转换锁闭装置

转换锁闭装置是把旋转运动改变为直线运动，带动道岔尖轨移动并最后完成内部锁闭的装置。目前我国生产的电动转辙机，其转换锁闭装置有两种类型：一是齿轮齿条块式转换锁闭装置，二是插入锁闭杆式转换锁闭装置。前者用于 ZD6 型电动转辙机，后者用于 ZD8 型电动转辙机。

锁闭道岔是把尖轨或可动心轨等道岔的可动部分固定在某个开通位置，当列车通过时不受外力作用而改变。道岔按其锁闭方式可分为内锁闭和外锁闭两种。内锁闭是当道岔由转辙机带动转换至某个特定位置后，在转辙机内部进行锁闭，由转辙机动作杆经外部杆件对道岔实现位置固定。例如，ZD6 型转辙机就是由其内部的锁闭齿轮的圆弧面和齿条块的削尖齿实现锁闭的。实质上，内锁闭方式锁闭道岔是对道岔可动部分进行间接锁闭。外锁闭装置先后出现了燕尾式和钩式两种。

4. 自动开闭器

自动开闭器是反映道岔尖轨位置状态的部件。在电动转辙机解锁、转换和锁闭整个过程中，要求反映道岔尖轨位置状态的自动开闭器接点系统，在解锁前先断开反映尖轨转换前原位置状态的接点，锁闭后再接通反映道岔尖轨转换到新位置状态的接点，同时也利用自动开闭器的接点完成挤岔表示及控制电机的功能。这样能使转换锁闭装置和自动开闭器结合在一起，共同实现电动转辙机的动作程序：① 切断原表示接点；② 转辙机解锁；③ 转辙机转换；④ 转辙机锁闭；⑤ 接通新表示接点。对于某些电动转辙机，上述的动作程序可降低为：①和②合为一步，④和⑤合为一步。

5. 吸收转动惯量和保护电机的联结装置

这种装置是为了在每次动作终了及道岔尖轨受阻时，保护电动转辙机机件及电动机不被损坏而设置的。目前我国生产的电动转辙机，采用的是摩擦联结器。

6. 挤岔装置

电动转辙机可以分为可挤式（如 ZD6）和不可挤式（如 ZD8 型）两种。可挤式电动转辙机内设有挤岔装置，当发生挤岔时，能保护道岔尖轨及电动转辙机机件不受损坏。挤岔装置有挤脱式和挤断式两种。挤脱式是指在挤岔时使某一连接部分脱节。这种方式虽好，但结构比较复杂。挤断式是指齿条块与动作杆之间用挤切销相连接，当挤岔时使挤切销挤断。这种方式虽简单，但在道岔正常转换过程中，挤切销由于经常受到剪切力的作用而损伤和材料疲劳的情况下也会被挤断，这是一个不安全因素。

三、电空转辙机

电空转辙机从它的结构来分有单气缸和双气缸结构两种，我国在驼峰道岔上使用的 ZK2、ZK3 及 ZK3-A 型电空转辙机均属于单气缸结构。

ZK2 型电空转辙机，是较早生产并使用的电空转辙机。这种转辙机对道岔尖轨无锁闭装置，必须另设 T·SG 型关节型锁闭器与它配合使用，来实现机械外锁闭。由于动作时的冲击力大，致使这种关节型锁闭器的零件经常发生断裂，尤其在寒冷季节的北方，这种断裂现象更多，严重影响行车安全。另外，这种转辙机转换力较小，容易卡阻，无风源过滤设备。因此，这种电空转辙机已被淘汰。

ZK3 型电空转辙机的转换力大，并取消了机械外锁闭，这不但减少了上述因断裂而引起的事故，同时还使安装与调整简单，维修更换容易，因此，在现场用 ZK3 型替换了 ZK2 型。但经过现场使用发现，ZK3 型电空转辙机在转换、锁闭及表示系统还存在着可能危及行车安全的缺陷，因此在 ZK3 型的基础上进行改进，生产了 ZK3-A 型电空转辙机。

使用电空转辙机，需要有空气压缩机、储风缸、现场风管路等风源设备。由于设备费用高等原因，电空转辙机除了在济南车站使用过外，在其他电气集中的车站都没有使用过。我国目前只有在有风源设备的驼峰道岔上使用电空转辙机。而驼峰调车场的调车作业，绝大多数是利用重力向峰下溜放，车辆一般都是对向经过道岔的，只有在机车下峰作业时，才有顺向通过道岔，因此极少发生挤岔事故，所以目前信号工厂生产的电空转辙机，都没有考虑挤岔问题。

四、新型电动转辙机

（一）S700K 型电动转辙机

S700K 型电动转辙机是由于提速需要，从德国西门子公司引进设备和技术，经消化吸收和改进后，迅速在全路主要干线推广运用的转辙机。经数年的实践表明，该型转辙机结构先进、工艺精良，不但解决了长期困扰信号维修人员的电机断线、故障电流变化、接点接触不良、移位接触器跳起和挤切销折断等惯性故障，而且可以做到“少维护、无维修”，符合我国铁路运营的特点和发展方向。S700K 型电动转辙机的产品代号来自德文“Simens-700-Kugelgewinde”，其含义为“西门子-具有 6 860 N（700 kgf）保持力-带有滚珠丝杠”的电动转辙机。

1. S700K 型电动转辙机的特点

S700K 型电动转辙机适用于尖轨或可动心轨处采用外锁闭的道岔，它主要具有以下特点：

（1）采用交流三相电动机，不仅从根本上解决了直流转辙机必须设置整流子而引起的故障率高、使用寿命短、维修量大的不足，而且延长了控制距离，单芯电缆控制距离可达 2.5 km。

（2）采用直径 32 mm 的滚珠丝杠作为驱动装置，延长了转辙机的使用寿命。

（3）采用具有簧式挤脱装置的保持联结器，并选用不可挤型零件，从根本上解决了由挤切销劳损造成的惯性故障。

（4）采用多片干式可调摩擦联结器，经工厂调整加封，使用中无需调整。

2. S700K 型电动转辙机的分类

S700K 型电动转辙机规格齐全，不仅能满足道岔尖轨、可动心轨的单机牵引，而且也能满足双机、多机牵引的需要。

S700K 型电动转辙机的机身是通用的，经配件组装，可组成不同种类。不同种类的转辙机，动作杆有不同的动程，表示杆也有不同的动程，转换力的不同。根据安装方式的不同，每一种类又分为左装、右装两种。左装（面对尖轨或心轨，转辙机安装在线路左侧）的转辙机型号用字母 A 加上奇数表示，如 A13、A15。右装（面对尖轨或心轨，转辙机安装在线路右侧）的转辙机型号用字母 A 加上偶数表示，如 A14、A16 等。不同种类的 S700K 型电动转辙机不能通用。

3. S700K 型电动转辙机的结构

如图 2.39 所示，S700K 型电动转辙机主要由外壳、动力传动机构、检测和锁闭机构、安全装置、配线接口五大部分组成。

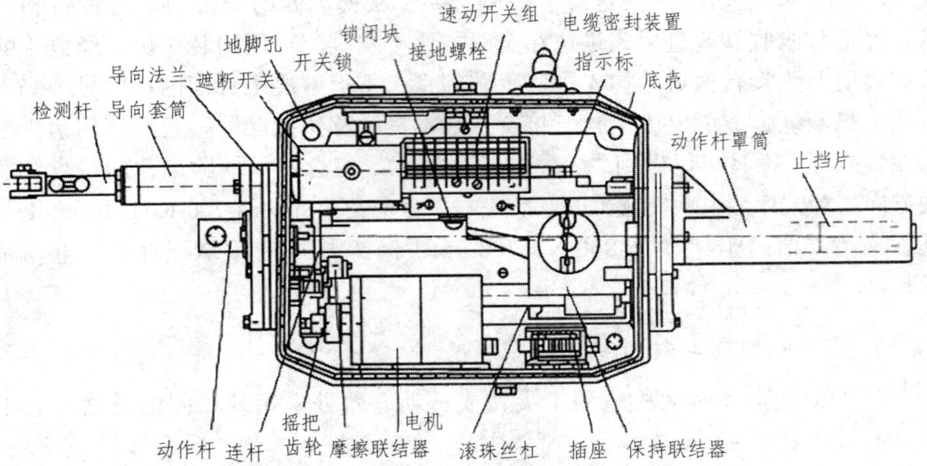

图 2.39　S700K 型电动转辙机结构图

外壳主要由铸铁底壳、机盖、动作杆套筒、导向套筒、导向法兰等组成。

动力传动机构主要由三相交流电动机、齿轮组、摩擦联结器、滚珠丝杠、保持联结器、动作杆等组成。

检测和锁闭机构主要由检测杆、叉形接头、速动开关组、锁闭块和锁舌、指示标等部分组成。

安全装置主要由开关锁、遮断开关、连杆、摇把孔挡板等组成。

配线接口主要由电缆密封装置、接插件插座组成。

4. S700K 型电动转辙机的传动过程

S700K 型电动转辙机的机械传动机构按如下过程工作：

（1）电动机的转动通过减速齿轮组，传递给摩擦联结器；

（2）摩擦联结器带动滚珠丝杠转动；

（3）滚珠丝杠转动，带动丝杠上的螺母水平移动；

（4）螺母通过保持联结器经动作杆、锁闭杆带动道岔转换；

（5）道岔的尖轨或心轨经外表示杆带动检测杆移动。

5. S700K 型电动转辙机的动作程序

S700K型电动转辙机的动作程序与ZD6型电动转辙机的动作程序大致相同，即：表示→解锁→转换→锁闭→给出另一位置表示。

以 220 mm 动程的 S700K 型电动转辙机为例，其动作程序为：电动机转动→中间齿轮转动→摩擦联结器转动→滚珠丝杠转动→丝杠螺母移动→操纵板将锁闭块顶入，断开原表示→锁舌缩入，解锁→滚珠丝杠螺母带动保持联结器动→外锁闭装置开始解锁→动作杆移动 60 mm 时外锁闭装置解锁完毕→道岔转换→动作杆移动 220 mm 时内检测杆缺口对准锁闭块，锁闭块弹出，进入检测杆缺口→锁舌伸出→断开启动电路，接通表示电路。

与 ZD6 型电动转辙机不同的是，S700K 型具有表示电路自检锁闭功能，卡缺口时，锁舌伸不出来，内锁闭无法锁闭，不能接通表示电路，即有道岔表示时转辙机必须在内锁闭状态。而 ZD6 型表示电路不检查锁闭，检查柱不落槽，转辙机照样能实现内锁闭。

（二）ZD（J）9 系列电动转辙机

ZD（J）9 型电动转辙机是为满足我国铁路提速的需要而研制的，是借鉴了国内外成熟的先进技术，结合我国铁路线路和道岔的实际情况进行了优化设计，并根据道岔的不同转换动程和转换力以及交流、直流不同供电方式开发的系列产品。它具有转换力大、效率高等特点，既适用于多点牵引分动外锁闭道岔的转换，也可用于尖轨联动的内锁闭道岔的转换。

1. ZD（J）9 系列电动转辙机的特点

（1）采用滚珠丝杠减速，效率较高。

（2）交流系列采用三相交流电动机，故障少，电缆单芯控制距离长。根据需要可配置直流系列转辙机。

（3）接点系统采用铍青铜静接点组和铜钨合金动接点环。

（4）伸出杆件用镀铬防锈，伸出处用聚乙烯堵孔圈和油毛毡防尘圈支承和防尘。

（5）转动和滑动面用 SP2 复合材料衬套和衬垫，维护工作量小。

（6）停电或维修时需手动转换的情况下，可转动手动开关轴，断开安全接点插入手摇把，予以手动转换转辙机。

2. ZD（J）9 系列电动转辙机的结构

如图 2.40 所示，ZD（J）9 型转辙机由底壳、盖、电动机、减速器、摩擦联结器、滚珠丝杠、动作杆、左右锁闭杆、接点组、安全开关组、挤脱器、接线端子等组成。交流电动机为 ZDJ802-4 型专用交流电动机，额定电压为 380 V，额定输出功率为 0.4 kW，直流电动机额定电压为 160 V。

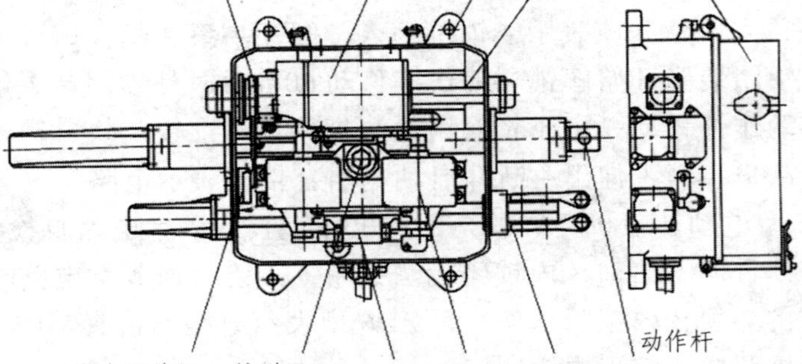

图 2.40　ZD（J）9 型电动转辙机结构图

减速器为两级减速，在改变转换力或转换时间时，可以改变减速比。这时由于双机牵引的道岔要求第二牵引点先动，使得宏观上达到同步。

滚珠丝杠选用国产磨削丝杠，直径ϕ32 mm，导程 10 mm。由于导程大，滚珠也大，故可靠性高。

摩擦联结器采用干摩擦，主动片是 4 片外摩擦片，用钢带加工，被动片为 3 片内摩擦片，用 12 个弹簧加压。

自动开闭器接点组与 ZD6 型相同，只是将动接点支架改进成为有两处压嵌连接的结构，因此，左右调整板设在同侧，缩小了接点组尺寸，减少了零件品种。安全接点采用沙尔特堡开关。

接线端子采用德国产笼式弹簧的接线端子，由于接线部分没有螺纹连接，使用中无需检查或重新拧紧，能抗振动和冲击，是一种免维护的接线端子。

第四节　轨道电路与计轴设备

一、轨道电路的基本概念

利用轨道的两根钢轨作为导体，在一定长度的钢轨两端装设钢轨绝缘，中间的轨缝用轨端接续线连接起来，并用引接线连接电源和接收设备的电路叫轨道电路。轨道电路是电气集中、自动闭塞、机车信号和调度集中等信号设备的基础设备。

轨道电路由钢轨、钢轨绝缘、钢轨接续线、轨道电源、轨道电阻器、轨道继电器等组成，如图 2.41 所示。

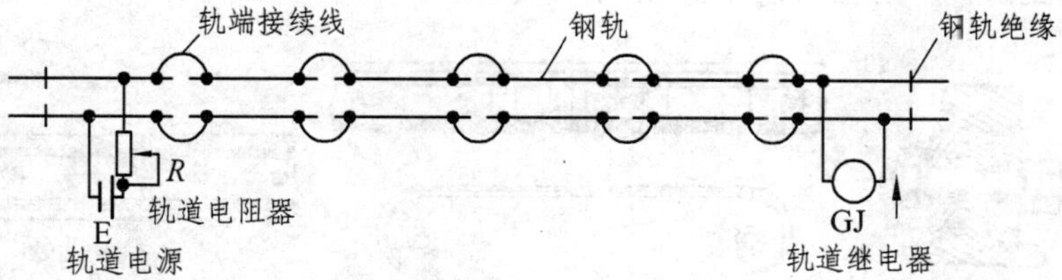

图 2.41　轨道电路的组成

1. 钢轨绝缘

钢轨绝缘安装于轨道电路分界处，它将电流限制在规定的轨道电路区段内流通，以保证相邻轨道电路间有可靠的电气绝缘，互不影响。钢轨绝缘可分槽型、角型等，我国目前采用槽型。图 2.42（a）所示为钢轨绝缘的结构，利用机械强度高、绝缘性能好的绝缘钢纸或尼龙作为绝缘材料，在钢轨与鱼尾板间垫有槽形绝缘板；鱼尾板螺栓与鱼尾板间装绝缘套管和绝缘垫圈；在两根钢轨接缝处夹有与钢轨断面相同的轨端绝缘。随着焊接长钢轨的采用，最近出现了用绝缘黏接剂和鱼尾板将两根钢轨强力固定的粘接钢轨绝缘。

2. 钢轨接续线

为减小钢轨接头处的电阻，改善其导电率，采用钢轨接续线连接两根钢轨。钢轨接续线如图 2.42（b）所示，有塞钉式，用两根镀锌铁线或铜线，以沟钉嵌入钢轨腰部；有焊接式，用钢绞线焊接在钢轨的头部。在电力牵引区段，对既传输信号电流又回输牵引电流的钢轨接续线多采用焊接式接续线；在非电力牵引区段的轨道电路安装的只传输信号电流的接续线，采用塞钉式和焊接式两种接续线。

3. 轨道电源

在轨道电路的一端接有电源设备（直流或交流），用来向轨道电路供电。

4. 轨道电阻器

在直流或交流轨道电路的送电端接有轨道电阻器，用来调整供给轨道电路的电压值。当轨道电路被机车车辆分路时，轨道电阻器能防止电流过大而损坏电源。其结构如图 2.42（c）所示。另外，它在调整相位、减轻迷流或抗干扰方面也有一定作用。

5. 轨道继电器

轨道继电器接在轨道电路的另一端，用来反映轨道电路的工作状态。

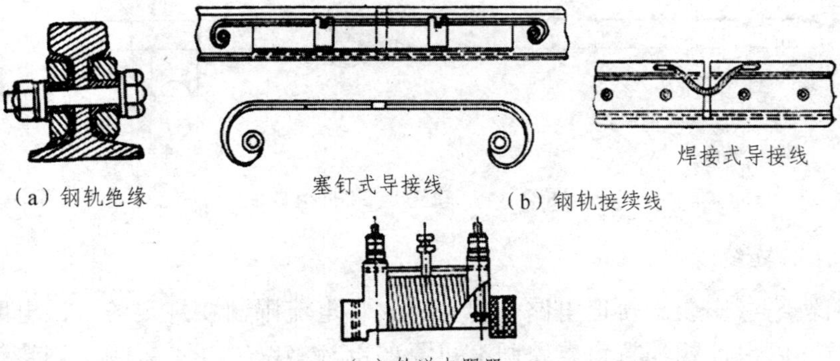

（a）钢轨绝缘　塞钉式导接线　焊接式导接线　（b）钢轨接续线

（c）轨道电阻器

图 2.42　轨道电路组成的各部件

二、轨道电路的基本参数

由轨道电路的工作原理可知，轨道电路中“电”的传输性能，主要由电路的固有参数（也称一次参数）钢轨阻抗和道砟电阻决定。

（一）钢轨阻抗

钢轨阻抗包括轨条本身的阻抗和两根钢轨连接处的阻抗。前者对一定频率的电流来说是固定不变的，后者由鱼尾板、钢轨接续线等形成。鱼尾板和钢轨接续线与钢轨的接触电阻均随着接触面大小、洁净程度、钢轨生锈情况、接触压力以及气候条件等因素发生变化。在直流轨道电路中钢轨阻抗就是指钢轨电阻，它比连接处的接触电阻小得多。所以整个钢轨电阻受连接处电阻变化的影响较大。

钢轨电阻以每千米的单位值表示，故钢轨电阻的单位是Ω/km（欧姆/千米）。

在多次测量的基础上，确定采用塞钉或钢质接续线时，直流轨道电路钢轨电阻的最大值$\gamma_{max} = 0.6\ \Omega/km$，钢轨电阻的最小值$\gamma_{min} = 0.3\ \Omega/km$。

在交流轨道电路中，一方面由于集肤效应使钢轨电阻 γ 增加，另一方面由于在钢轨内部及其周围产生交变磁场而形成内外电感 L，使交流轨道电路

的钢轨阻抗 Z 大大增加，所以

$$Z=\sqrt{\gamma^2+(\omega L)^2} \tag{2.1}$$

用复数表示 $Z=\gamma+\mathrm{j}\omega L$

相角 $\varphi=\arctan\dfrac{\omega L}{\gamma}$

由于集肤效应和磁滞现象，钢轨的有效电阻和内电感与其载面的尺寸和形状、材料的磁性和导电率、电流的强度和频率等因素有关。

根据我国线路情况，在计算和实际测量的基础上规定的我国轨道电路钢轨阻抗标准见表 2.4。

表 2.4 钢轨阻抗标准

接续线型式	电源种类	钢轨阻抗（Ω/km）	
		区　间	站　内
塞钉式（ϕ5×2）	交流	$1.0\mathrm{e}^{\mathrm{j}45°}$	$1.2\mathrm{e}^{\mathrm{j}45°}$
	直流	0.6	0.8
焊接线（ϕ0.508×7×19）	交流	$0.8\mathrm{e}^{\mathrm{j}60°}$	$0.8\mathrm{e}^{\mathrm{j}60°}$
	直流	0.2	0.2
无缝线路	交流	$0.65\mathrm{e}^{\mathrm{j}70°}$	$0.65\mathrm{e}^{\mathrm{j}70°}$

（二）道砟电阻

因为钢轨敷设在枕木上，而敷在路基上的枕木又都埋在道砟中，所以通过钢轨的电流有一部分要通过枕木、道砟和大地形成漏泄，这种漏泄的情况很不稳定。由一根钢轨经过轨枕、道砟和大地到另一根钢轨的漏泄电阻，叫做道床电阻，俗称道砟电阻。道砟电阻在轨道电路中相当于并联存在，所以它的单位是Ω · km。道砟电阻与道砟材料、道床层的厚度、轨枕的材料、质量和数量、道砟和轨枕湿度、枕木浸防腐油成分和处理方法以及气候情况都有很大关系。尤其在气候变化时，道砟电阻也随之产生剧烈变化，一般可由 1 ~ 2 Ω · km 变化到 100 Ω · km 以上。通常在夏季，气温很高，降雨后 8 ~ 10 min 时道砟电阻最低，而严冬季节道床结冰时的道砟电阻最高。

道砟电阻越小，两根钢轨间的漏泄越大，轨道电路消耗的电能也越大。特别是轨道电路越长，道砟电阻的变化范围越大，它的工作越不易稳定。因此必须采取措施提高最小单位道砟电阻，如经常注意道床情况，定期清筛或更换道砟，提高道床排水能力，敷设注绝缘防腐油的枕木，以避免由于枕木腐烂、湿气侵入而提高它的导电能力。在用钢筋混凝土作为轨枕的线路上，应检查绝缘垫是否良好。根据对轨道电路测量的结果，在我国，规定标准的最小道砟电阻为 1 Ω · km。

三、轨道电路的基本工作状态和几个专业术语

（一）三种工作状态

在分析、调整、维护轨道电路时，应保证如图 2.43 所示的三种基本工作状态正常工作。

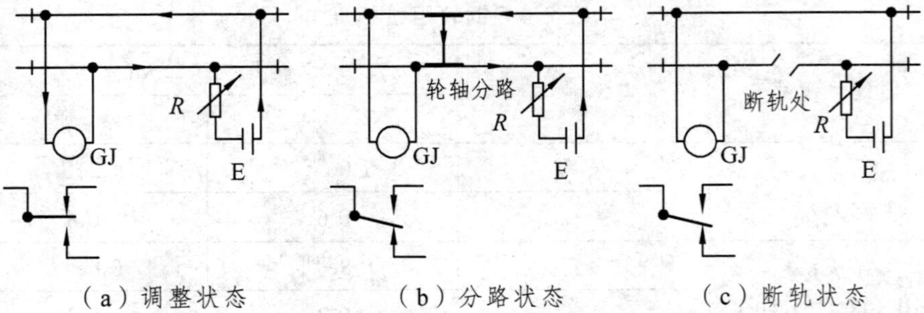

图 2.43　轨道电路的三种基本工作状态

调整状态：轨道电路空闲，设备完整的状态。此时，轨道继电器的前接点应闭合。

分路状态：轨道电路被列车占用的状态。此时，轨道继电器后接点应闭合。

断轨状态：轨道电路的钢轨在某处断裂的状态。此时，轨道继电器后接点应闭合。

轨道电路的三种基本工作状态的工作情况与它的三个可变参数，即钢轨阻抗、道砟电阻和电源电压的变化有关。它们的变化对上述三种工作状态的影响不同。对调整状态来说，使流过轨道继电器的电流最小的条件为最不利条件，即钢轨阻抗最大，道砟电阻最小及电源电压最小。对分路状态来说，使流过轨道继电器的电流最大的条件为最不利条件，即钢轨阻抗最小、道砟电阻最大及电源电压最大。对断轨状态来说，使流过轨道继电器的电流最大的条件为最不利条件，除了钢轨阻抗最小，电源电压最大外，还与断轨地点和道砟电阻大小有关。

对轨道电路送电端和受电端元件参数的选择，应该是最大限度地同时满足各种工作状态的要求，因此，应当从满足各种工作状态的最不利条件出发。此外，还应满足所需的轨道电路长度，以及消耗功率最小、设备简单、节省电缆等要求。

（二）几个专业术语

1. 列车分路电阻

在轨道电路分路点的两轨间，接以无感电阻，该电阻在轨道电路电能传输过程中，所引起的电压变化量，与实际列车占用轨道时的效果相同，那么该电阻即称为列车分路电阻。它是由车轮与车轴本身的电阻、轮缘与钢轨头部表面的接触电阻所组成。由于轮缘与钢轨头部的接触面很小，所以接触电阻较大。而且无论是在直流或交流情况下，车轮与车轴本身的电阻，比轮缘与钢轨头部的接触电阻要小得多。因此，列车分路电阻实际上可以认为是由轮缘与钢轨头部表面的接触电阻决定的，接触电阻也可称之为纯电阻。

列车分路电阻阻值的变化，受进入轨道电路的车轴数、车辆的载重情况、列车的行驶速度、轮缘装配的质量与磨耗程度及轨面洁净程度等因素的影响。比如，进入轨道电路的车轴数越少及车辆载重越轻，则列车在该轨道电路区段行驶的速度越高，轮缘磨耗越不均匀，相对来说列车的分路电阻越大。实际的列车分路电阻应在千分之几欧姆到通常不超过的 0.06 Ω的范围之内。但在特殊的情况下，实际列车分路电阻比 0.06 Ω大得多，甚至出现轨道电路不能分路的情况，这是不允许的。

2. 轨道电路的分路灵敏度

轨道继电器或轨道电路接收器内，电流降至能可靠反映列车占用轨道电路状态，即轨道继电器落下或接收设备停止工作时，跨在轨道电路两轨间任一点的无感电阻值，称为轨道电路在该点的分路灵敏度。

轨道电路各点的分路灵敏程度不同，任一轨道电路都有一个最小的分路灵敏度，那么，这个分路灵敏度的最小值，即称为该轨道电路的极限分路灵敏度。它是反映轨道电路分路灵敏程度的标志。

3. 列车分路标准电阻

为了检查轨道电路的分路灵敏度，引入列车分路标准电阻阻值为 0.06 Ω。若没有合适的电阻器，可用乙烯线代替。截面为 1 mm^2 的铜线，每米电阻约为 20 Ω。因此，截面为 2 mm^2、长 6 m 的铜线，电阻即为 0.06 Ω；截面为 1.25 mm^2、长 3.7 m 的铜线，电阻也为 0.06 Ω。也就是说，在轨道电路的各点跨接 0.06 Ω 电阻时，每一段轨道电路在分路状态最不利的工作条件下，也能反映出列车占用轨道、轨道继电器释放衔铁或接收设备停止工作的情况，否则就不能保证分路状态的可靠工作。

四、轨道电路的分类

在铁路运输中，由于对轨道电路的技术要求及运行条件不同，所以轨道电路的种类很多。又由于分类方法不同，所以同一种轨道电路，也会有不同的名称。

（一）按工作原理分

轨道电路按其工作原理分可分为闭路式轨道电路和开路式轨道电路、传导式轨道电路和感应式轨道电路。

图 2.44（a）所示是闭路式轨道电路的结构原理，其发送设备（电源）和接收设备（轨道继电器）分别装设在轨道电路的两端。控制区段没有列车占用时，轨道继电器励磁吸起；有车占用时，则轨道继电器失磁落下。当发生断线、断轨或绝缘破损等故障时，由于流经轨道继电器线圈的电流大大减小，所以轨道继电器也会落下，这就符合信号设备一旦发生故障应导向安全的原则。

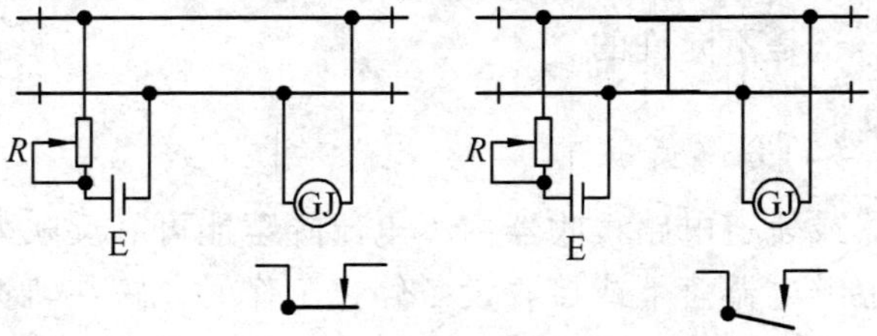

（a）

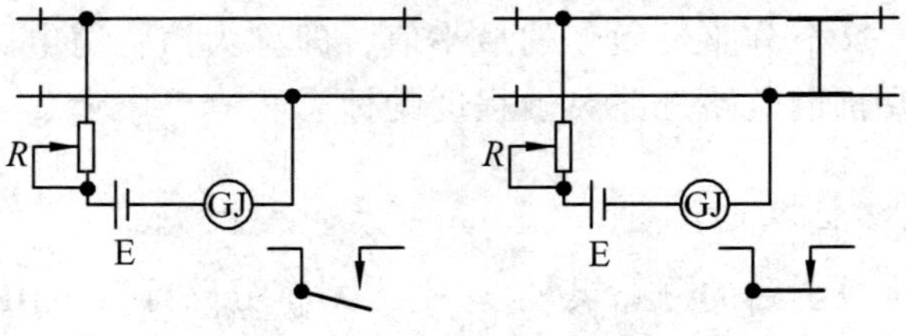

（b）

图 2.44　闭路式和开路式轨道电路的结构原理

图 2.44（b）所示是开路式轨道电路的结构原理，它的发送设备和接收设备都安装在轨道电路的同一端。控制区段内无车占用时，虽然通过钢轨间的绝缘电导（道砟电阻）构成电路，有极少电流会流经轨道继电器的线圈，但并不足以使它吸起衔铁。当列车占用轨道电路时，轨道电路通过轮轴使轨道继电器线圈中的电流增大，当达到工作值时，吸起衔铁，闭合前接点。这种轨道电路平时不能检查钢轨及轨道电路其他器件的完整性，而且，在发生上述故障后，即使有车占用也检查不出来，这就不符合故障-安全的原则，一般情况都不采用该种轨道电路。然而，开路式轨道电路对列车的占用反映比较迅速，平时消耗电能较少。因此驼峰信号设备以及电源比较困难的半自动闭塞区段，常采用两段开路，或一段开路一段闭路的形式构成轨道电路。

传导式轨道电路又称为电压式轨道电路，感应式轨道电路又称为电流式轨道电路。图 2.45 所示的为带有电流式接收器的感应式无绝缘轨道电路。由电源送出的交流信号电流 I_x 沿钢轨流经负载阻抗 Z 时，在钢轨周围产生交变磁场，磁场中设置电感接收线圈 L，线圈中感生电动势，使电流接收器 GJ 工作。

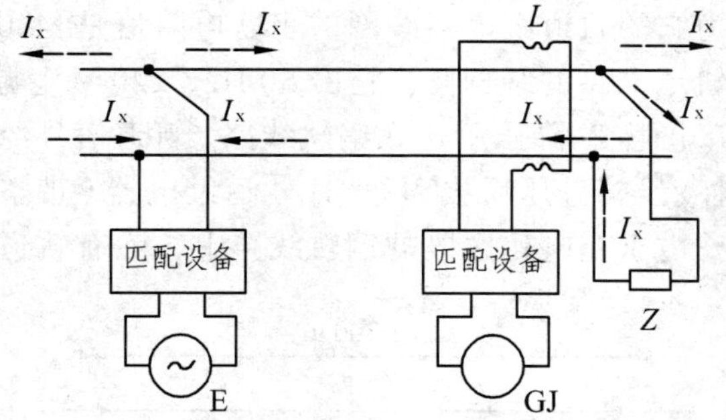

图 2.45 感应式无绝缘轨道电路

（二）按信号电流的性质分

轨道电路按信号电流的性质可分为直流轨道电路和交流轨道电路。

采用直流供电的轨道电路，称为直流轨道电路，如图 2.46 所示。它常用在交流电源不可靠的非电力牵引区段，当交流停电时，由平时浮充供电的蓄电池供电。由于该轨道电路安装电源设备较困难、检修也不方便和容易受迷流的干扰等原因，目前很少采用这种轨道电路。

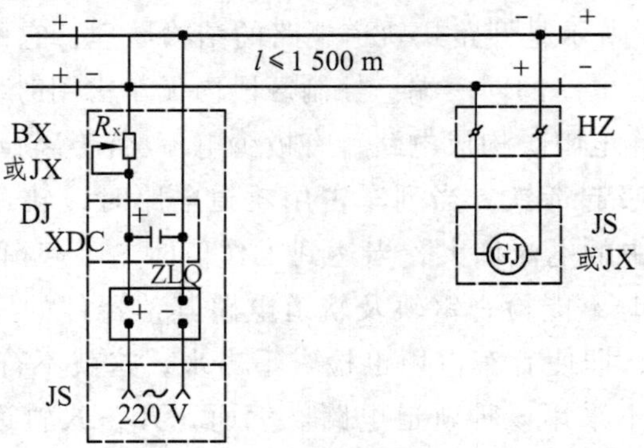

图 2.46　直流连续供电式轨道电路

采用交流供电的轨道电路，称为交流轨道电路。交流的频带用得很宽，大致可分为三段：低频（300 Hz 以下）、音频（300 ~ 3 000 Hz）和高频（10 ~ 20 kHz）。习惯上交流轨道电路就是指工频 50 Hz 电源的轨道电路。电源频率为 25 Hz 和 75 Hz 的轨道电路，也属于交流轨道电路的范畴，但为了有所区别，要在名称上注明电源的频率。

在我国铁路信号设备中，采用过的交流轨道电路类型是很多的，但目前应用得比较广泛的是交流连续式安全型整流轨道电路，有时简称“480”型轨道电路，这是因为它的轨道继电器线圈的串联电阻值是 480 Ω而得名的。图 2.47 所示就是该轨道电路的结构图。它由 50 Hz、220 V 电源供电，经 BG 型轨道变压器、限流电阻 R_L 降压后送入钢轨线路，轨道信号经钢轨传输到受电端，由 BZ 型中继变压器升压后去动作 GJ 轨道继电器（带整流的直流无极继电器 JZXC-480）。由于在电化区段的钢轨线路上，除有轨道电路的信号电流

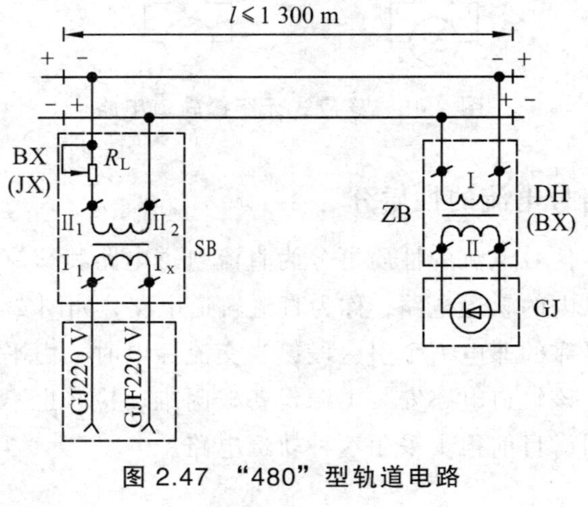

图 2.47　“480”型轨道电路

I_x外，还有电力机车用的 50 Hz 牵引电流 I_q，所以“480”型轨道电路只能用于非电化区段的铁路上。

25 Hz 相敏轨道电路和移频轨道电路也属于交流连续式轨道电路，它们适用于电化与非电化区段。图 2.48 所示就是电化区段用的双扼流 25 Hz 相敏轨道电路，其特点之一是，轨道电路的信号电源由铁磁分频器供给 25 Hz 交流电，以区分 50 Hz 牵引电流；特点之二是，接收器采用二元二位相敏轨道继电器（JRJC）。由图 2.48 可以看出，该继电器的轨道线圈由送电端 25 Hz 电源经钢轨传输后供电，局部线圈则由 25 Hz 局部分频器供电。轨道继电器工作时，从轨道电路取得较小的功率（约 0.57 W），而大部分功率（约 8 W）是通过局部线圈取自局部电源，因而轨道电路的控制距离可以延长。同时，该轨道电路具有可靠的频率选择性和相位选择性，因而它的抗干扰能力较强。

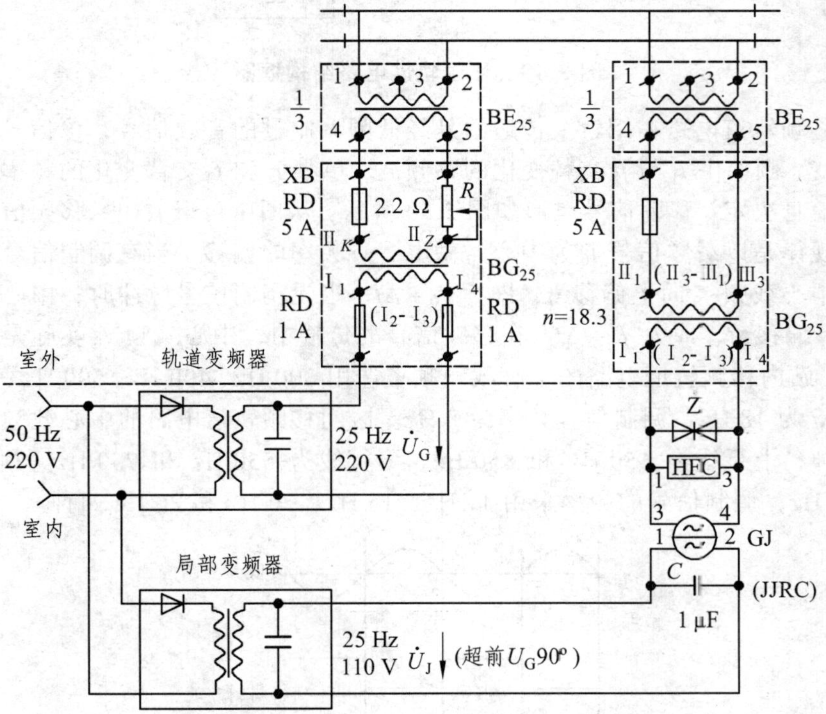

图 2.48　双扼流 25 Hz 相敏轨道电路

移频轨道电路可分为非电化区段、电化区段站内和电化区段区间三种轨道电路，这三种电路的动作原理是相同的，电路结构原理如图 2.49 所示。送电端发送的信号，由功率放大器直接馈送到钢轨上。图中的 R_0 是引接线电阻，在送电端不设调整电压的元件，因而送电器的电压是不可调的。但是由于发送设备是由电子器件组成的，因而送电端的输出电压，将会受到电源电压的波动及轨道电路输入阻抗模值变化的影响。在受电端，为了使所收到的信号电平比较稳定，所以轨道上送来的信号，要经过衰耗器再接至有关设备。衰耗器中串接可调电阻 R_1，根据轨道电路的长度及线路漏泄情况，调节 R_1 的阻值，就可以达到调整轨道电路接收端电平的目的。

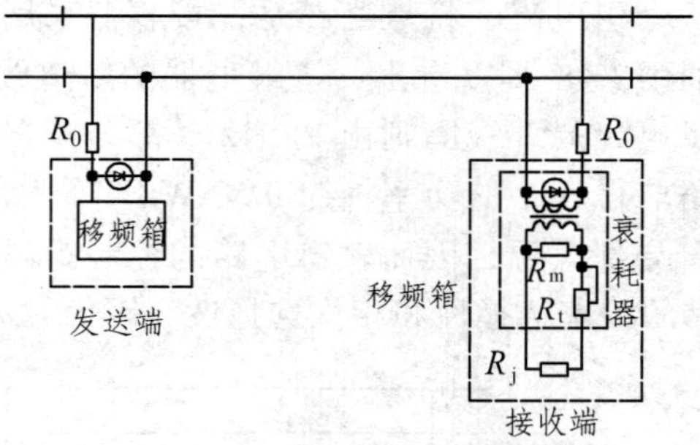

图 2.49　移频轨道电路结构框图

移频轨道电路在钢轨上传送的是经低频调制过的音频信号，该信号是振幅不变、频率由 f_1 与 f_2 交替变化的移频波，单频 f_1 和 f_2 交替变化的频率则由低频信息决定。移频信号波形如图 2.50 所示。从图中可以看出，移频信号的变化规律是以载频信号 f_0 为中心，做上、下频率的偏移，当有调制信号脉冲时，中心载频 f_0 向上偏移Δf，即为 $f_0+\Delta f$；当无调制信号脉冲时，中心载频 f_0 向下偏移Δf，即为 $f_0-\Delta f$。在移频信号的传输中，中心载频 f_0 实际是不存在的。站内移频轨道电路的中心载频频率选用 300 Hz、400 Hz、500 Hz 三种，频偏Δf为 18 Hz，调制信号频率为 8 Hz。区间移频轨道电路的中心载频频率有四种，上行线为 650 Hz 和 850 Hz，下行线为 550 Hz 和 750 Hz。频偏Δf为 55 Hz，调制信号的频率采用 11 Hz、15 Hz、20 Hz 和 26 Hz 四种。

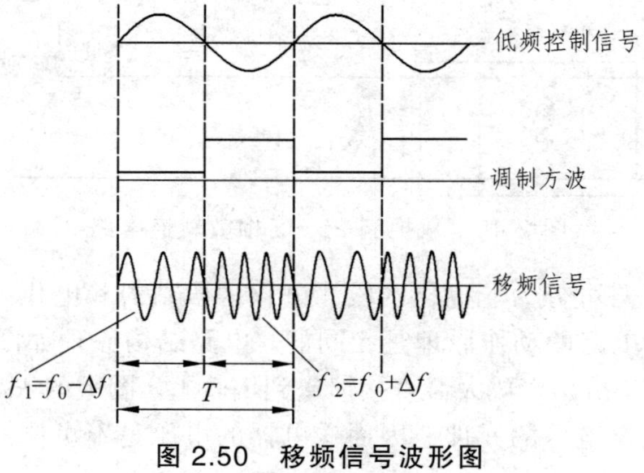

图 2.50　移频信号波形图

（三）按机车牵引电流的回归方式分

轨道电路按机车牵引电流的回归方式可分为单轨条轨道电路和双轨条轨道电路。

利用轨道电路中的一根钢轨作为牵引电流回线的轨道电路，称为单轨条轨道电路，如图 2.51 所示为其示意图。为了在相邻轨道电路的绝缘节处导通牵引电流，将绝缘节处相对的钢轨用钢丝绳交叉地连接起来（图中粗线所示）。同时，它又可以防止绝缘破损时，由于相邻轨道电路互相接通而引起轨道继电器的错误动作。回归的牵引电流主要从轨道电路中的一根钢轨（这根钢轨称牵引轨条）通过，但有一小部分回归的牵引电流会流入轨道电路的器件，该电流的大小与牵引轨条的阻抗成正比。轨道电路越长，其阻抗越高，则流入轨道电路器件的回归牵引电流也就越大。为了防止这部分电流破坏轨道电路的正常工作，甚至将器件烧坏，在轨道电路的送、受电端均装设防护设备，如限流电阻、扼流圈或滤波器等。但是，提高限流电阻的阻值后，也就增大了轨道电路正常工作时的功率消耗，因而单轨条轨道电路的长度又受到很大限制。为了减小牵引轨条的阻抗，以延长轨道电路的极限长度，可以把相邻股道的牵引轨条用钢丝绳并联起来。一般复线区段车站的 4 根牵引轨条并联时，单轨条轨道电路的最大长度为 800 m。

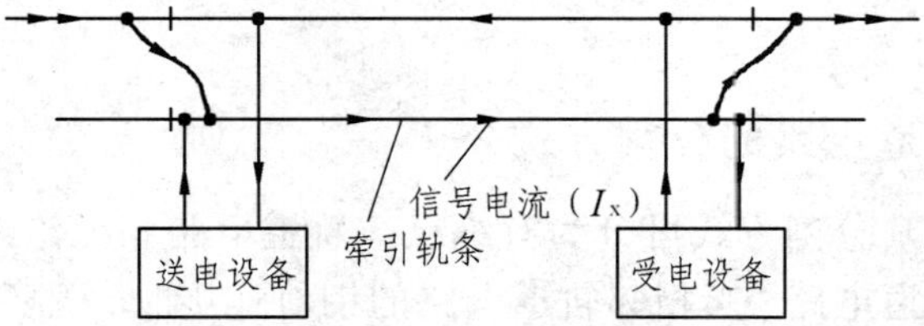

图 2.51　单轨条轨道电路

利用轨道电路中的两根钢轨作为牵引电流回线的轨道电路，就称为双轨条轨道电路。

在带有绝缘节的双轨条轨道电路中，牵引电流回路的连续性是用 BE 型扼流变压器（或称 ZB 型阻抗连接变压器）来实现的。相邻轨道电路的扼流变压器，其接至钢轨的牵引（基本）线圈的中点互相连接起来，如图 2.52 所示。流经第一轨的牵引电流 I_{q1} 和流经第二轨的牵引电流 I_{q2} 沿相反方向流过扼流变压器的两边半个牵引线圈，因此，由这两个电流产生于 BE 铁芯中的磁通，其方向也是相反的。当流经两轨的牵引电流相等时，两边半个牵引线圈产生的磁通互相抵消，BE 铁芯不被牵引电流磁化，因此牵引电流对扼流变压器的轨道（附加）线圈不会产生干扰感应电压。对于信号电流，它是利用两根钢轨作为传输环路，它在两边半个线圈中流通的方向是相同的，故在轨道线圈中有信号电流的感应电压，这样就达到了既可传输信号电流，又可满足牵引电流通过钢轨绝缘返回牵引变电所。

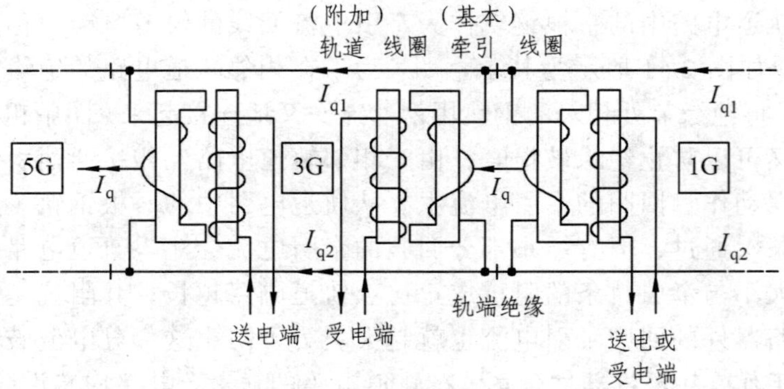

图 2.52 扼流变压器工作原理图

实际上流经两轨的牵引电流总是不相等的，因此在扼流变压器的轨道线圈中总会产生干扰感应电压,这个感应电压对轨道电路的工作是非常不利的,甚至会烧坏轨道电路的设备。所以在电化区段轨道电路的送、受电端，均要装设过电流保护器件，受电端还设有滤波器，以保证轨道电路的正常工作及设备的安全。

（四）按轨道电路的分割方式分

轨道电路按其分割方式可分为有绝缘节轨道电路和无绝缘节轨道电路。

有绝缘节轨道电路，当相邻轨道电路的钢轨连接时，既要有足够的强度，以保证列车运行的安全，又要有足够的电气绝缘，以实现电气分隔。目前我国均采用尼龙绝缘节作为分隔设备。但由于上述元件要承受车辆行走时的冲击力、剪切力，所以很容易破损，这样电气隔离性能就会消失。此外，绝缘节的安装，给长轨无缝线路的应用带来了麻烦。在轨道电路的分割处，为了安装绝缘节要把长轨锯断，从而降低了轨道强度，使线路维护工作复杂化。另外，当绝缘节安装于电气化区段时，则沿钢轨构成的牵引电流回路的连续性被破坏，为此需增设扼流变压器等特殊器件，以便让牵引电流绕过绝缘节。综上所述，对列车运行来说，有绝缘节轨道电路并不是理想的。

近年来研究的无绝缘节轨道电路已到实用阶段。无绝缘节轨道电路按原理可分为两大类：① 自然衰耗式（无电气分隔点），是利用轨道电路的自然衰耗和不同频率,实现相邻轨道电路的隔离；② 电气隔离式（有电气分隔点），又称谐振式，是在轨道电路的分界处采用电容和钢轨部分电感构成谐振回路，并用不同频率实现电气隔离。

当信号电流的频率增加时，钢轨电路阻抗的模值将增大，轨间的泄漏也会增加，因此信号电流的衰耗将增加。信号频率为 20 kHz 左右时，轨道上电流（电压）传输的衰耗是很大的，当向轨道馈送 2～3 V 的电压时，在距离馈电点百米左右的范围外，电压就会衰耗殆尽，这就是自然衰耗式无绝缘轨道电路的工作原理。通过选择适当的信号频率及发送设备的输出功率，经计算就可得到轨道电路的长度。或反之，已知轨道电路长度，可确定发送设备的输出功率。

电气隔离式无绝缘轨道电路的工作原理如图 2.53 所示。图中 *abcd* 为电气绝缘区域，其中 L_2C_2 是串联谐振槽路，它的谐振频率是 f_2。对频率 f_2 而言，*cd* 槽路好似一根短路线，故 *cd* 是 f_2 的边界线，如图 2.53（b）所示，它可以阻止频率为 f_2 的信号向 f_1 区域传输。同样，*ab* 两点的 L_1C_1 槽路也是串联谐振回路，它谐振于频率 f_1，故 *ab* 两点对频率 f_1 而言，也相当于一根短路线，如图 2.53（c）所示，可阻止频率为 f_1 的信号向 f_2 区域传输，故 *ab* 两点是 f_1 的边界线。因此，*abcd* 区域既是电气绝缘接头，又是两相邻信号频率的交叉区域。

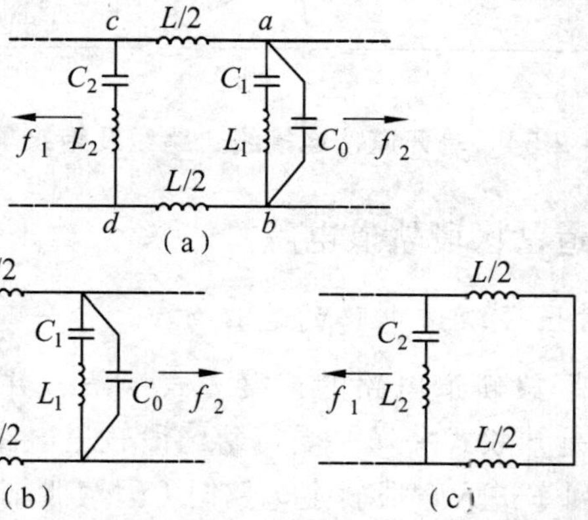

图 2.53　电气隔离式无绝缘轨道电路的工作原理图

在一般情况下，频率 f_1、f_2 和钢轨电感 L 是已知的。*cd* 谐振槽路的 L_2、C_2 可按图 2.53（b）三元件二端网络求出。*ab* 槽路的 C_1、L_1、C_0 可根据图 2.53（c）的四元件二端网络求出。

五、道岔区段轨道电路

在道岔区段，钢轨线路被分开而产生分支，所以道岔区段装设的轨道电路，也就称为分支或分歧轨道电路。

在道岔上装设轨道电路时，必须防止信号电流被辙叉等金属导体短路，同时又应要求轨道电路能通过轨条构成回路。为此，在轨距杆、连接杆、尖端杆、密贴调整杆等连接左右轨条的导电设备上都应加装绝缘，此外还要加装一些切割绝缘（又称道岔绝缘），以防辙叉将轨道电路短路。同时，为保证信号电流的畅通，在道岔区段除装设轨端接续线和引接线外，还需装设道岔连接和跳线，把同一极性的钢轨连接起来，构成一个带有分支（即直股和变股）的轨道电路，如图 2.54 所示。

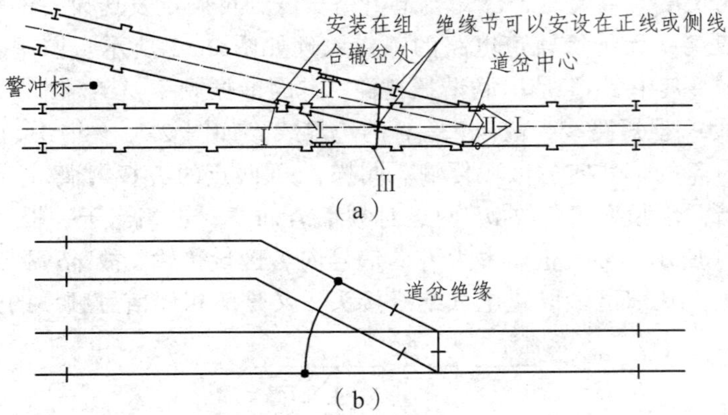

图 2.54　单开道岔连接线、跳线及绝缘配置示意图

（一）车站道岔区段轨道电路

1. 车站道岔区段轨道电路的连接方式

车站内道岔区段轨道电路的连接方式一般分并联式和串联式两种。图 2.55 所示的电路是并联式一送一受道岔区段轨道电路。这种电路比较简单，但当跳线折断，列车进入弯股轨道电路时（因弯股不设受电设备），轨道继电器不会失磁，这是非常危险的，所以要用双跳线来防护这种轨道电路。当弯股钢轨表面较脏，列车进入弯股时，其分路效应也较差，往往会出现轨道继

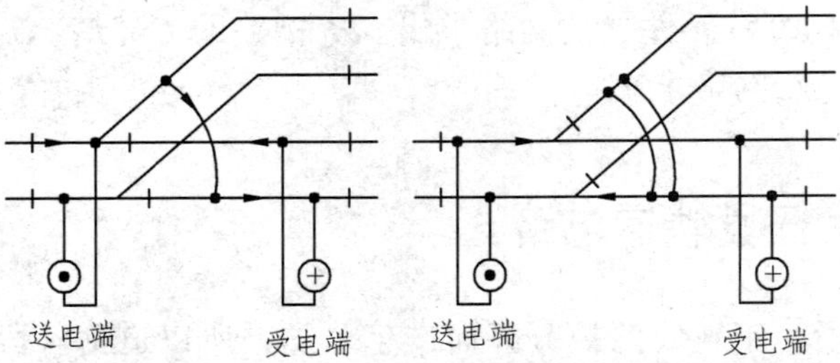

图 2.55　并联式一送一受道岔区段轨道电路

电器不失磁。因此，我国目前在一端与股道相连的道岔区段均采用并联式一送多受轨道电路，如图 2.56 所示。

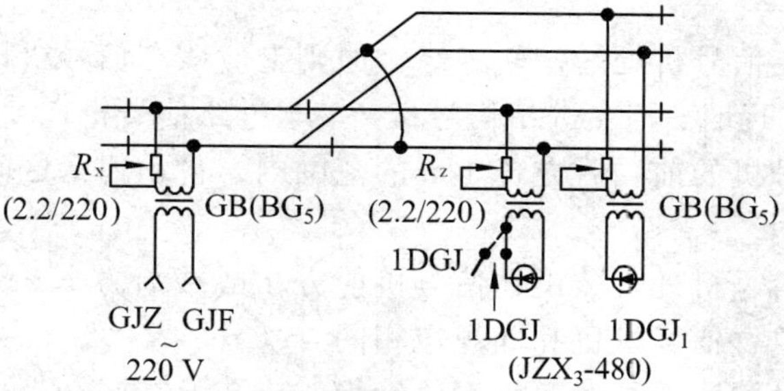

图 2.56　并联式一送多受轨道电路

并联式一送多受道岔区段轨道电路只有一个送电端，而在每个分支轨条的端部，都设置一套受电端设备，把有关的接点条件串入后，用一个轨道继电器 1DGJ 来反映本轨道电路的工作情况。流过轨道继电器 1DGJ 的电流要流经跳线，一旦跳线折断，1DGJ 就会失磁落下。这种电路，在受电端均串接一个可调电阻器 R_z，它的作用是既提高轨道电路的分路灵敏度，又使同一轨道电路内各轨道继电器的电压基本平衡。

图 2.57 所示的电路是串联式道岔区段轨道电路。这种电路的电流，要流经整个区段的所有轨条，所以其安全性能较高，但由于其结构复杂，未被广泛应用。

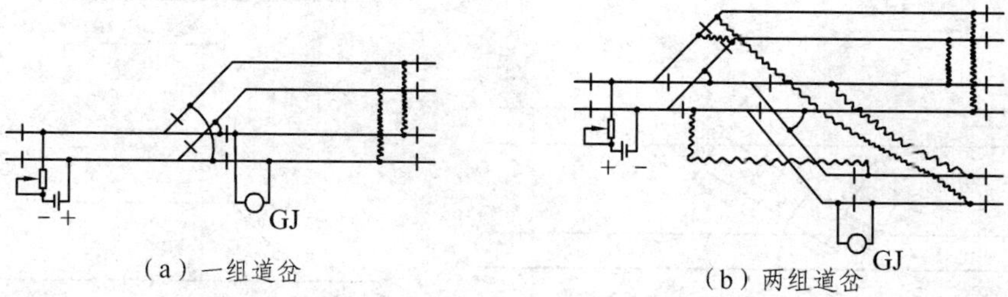

图 2.57　串联式道岔区段轨道电路

2. 道岔区段设置轨道电路的要求

道岔区段轨道电路也应满足调整状态和分路状态的要求，但一般都不要求确保对断轨状态的监督。事实上道岔区段轨道电路的长度都比较短，采用一送多受方式时，是能够起到检查断轨的作用的，而并联式一送一受电路是实现不了的。

设置绝缘节时应满足下列要求：

（1）绝缘节不得装设在异型轨的接头处。

（2）考虑到车站的作业效率，在每一个道岔区段轨道电路内，单动道岔不应超过两组。

（3）设置在信号机处的钢轨绝缘，原则上应该和信号机设在同一个坐标位置，当不能实现时，则在进站信号机、接车进路信号机以及调车信号机处，可以装设在信号机的前、后方各 1 m 的范围内，自动闭塞区间的并置信号机也和此规定相同。

（4）出站信号机处可装设在信号机前方 1 m 或后方 6.5 m 的范围内，自动闭塞区间的单置信号机也和此规定相同。

（5）轨道电路同一端的两组钢轨绝缘，应装设在同一坐标处，即要求平行设置，不能实现时，其错开的距离不得超过 2.5 m，这一距离称为“死区段”，如图 2.58（a）所示。相邻两死区段的间隔不得小于 18 m，如图 2.58（b）所示。

（6）设置在警冲标内方的钢轨绝缘，除渡线上的绝缘节之外，它应距警冲标不小于 3.5 m。因线路关系，绝缘节必须设在警冲标内方小于 3.5 m 处时，就称它为侵限绝缘，在设计图上应予注明，如图 2.59 所示。

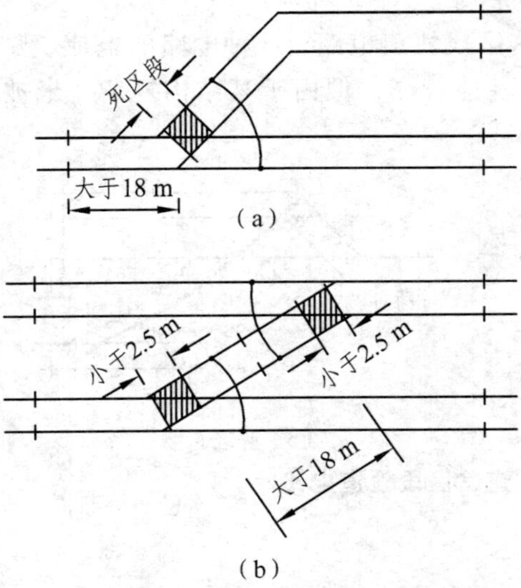

图 2.58　死区段示意图

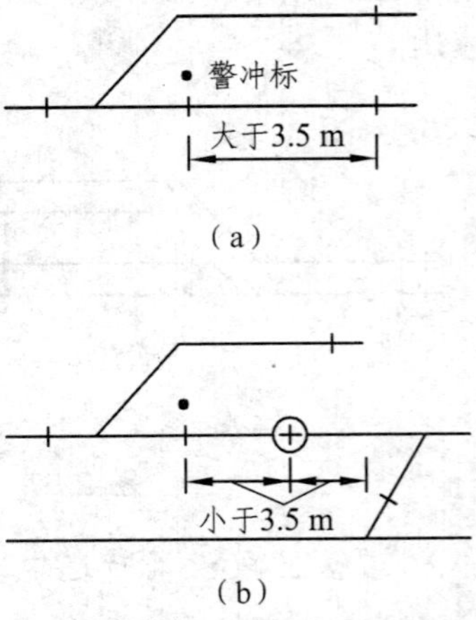

图 2.59　警冲标处设置绝缘节的原则

（二）轨道电路的极性交叉

我国目前所采用的轨道电路，大部分是用钢轨绝缘来分隔的。为了实现故障-安全的原则，交、直流连续式轨道电路，不对称脉冲轨道电路等在绝缘节的两侧，还要求轨面电压具有不同的极性或相反的相位，这就是轨道电路的极性交叉，如图 2.60 所示。

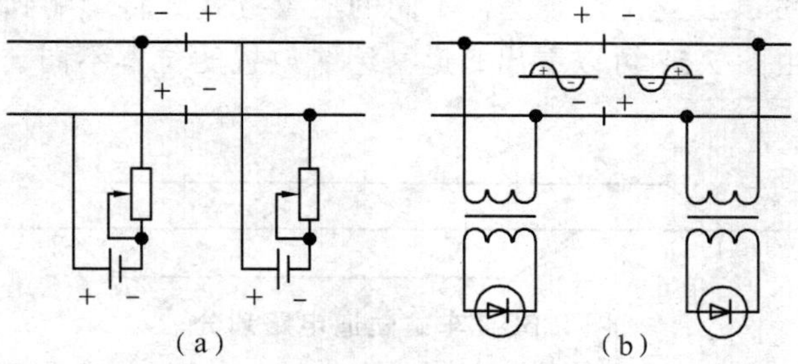

图 2.60 轨道电路的极性交叉

1. 极性交叉的作用

极性交叉的目的是防止相邻轨道电路的绝缘节破损时，引起轨道继电器错误动作。如图 2.61 中，1G 和 3G 是两个相邻的轨道电路，它们之间没有实现极性交叉配置。当 1G 区段有车占用，在绝缘破损的情况下，流经轨道继电器 1GJ 的电流等于两个轨道电源所供的电流之和，因此 1GJ 有可能保持在吸起状态，这对行车安全来说是非常危险的。若按照极性交叉来配置，在绝缘破损时，轨道继电器中的电流就是两者之差，只要调整得恰当，1GJ 和 3GJ 都会落下，从而实现了“故障-安全”的原则。交流供电所得效果是一样的。

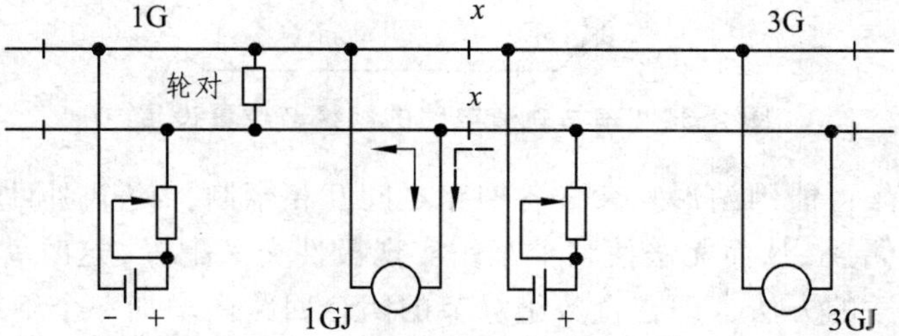

图 2.61 分析极性交叉的作用

交流计数电码轨道电路和移频轨道电路无法实现极性交叉，为防止绝缘节破损时两个轨道电源相互送电，采用了周期防护和频率防护措施。

2. 极性交叉的配置

在区间无分歧线路上，要配置极性交叉是比较容易的，只要依次变换相邻轨道电路的供电电源极性，就能达到目的。

在车站有分歧线路上，要配置极性交叉就比较麻烦，其配置方法如下：

先画好车站单线平面图，按照一定的原则，把股道和道岔区段用绝缘节分隔开来，构成各个轨道电路，如图 2.62 所示。道岔区段轨道电路中有一种专门用来切割辙叉形成短路的绝缘节，称为道岔绝缘节。道岔绝缘节可以放置在弯股，也可以放置在直股上，不同的放置方式，将影响到整个车站极性交叉的配置。由图 2.57 可以看出，道岔绝缘放置的位置不同，两并联轨条的极性恰好相反。

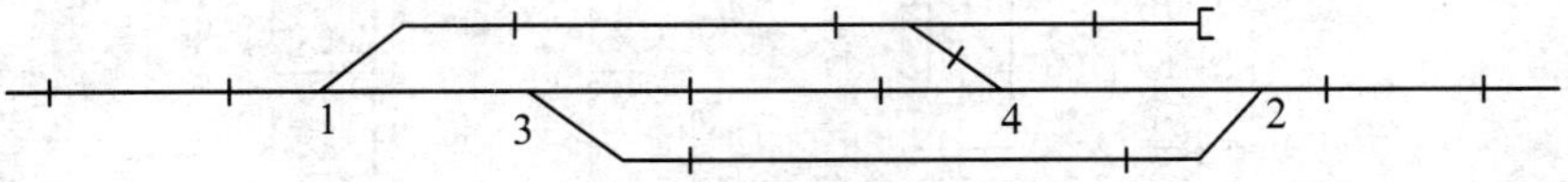

图 2.62　车站轨道电路划分

暂将图 2.62 中的道岔绝缘节，按图 2.63 来布置，跳线用虚线表示。从图 2.63 中可以看出，该车站有两个闭合回路（即回路Ⅰ和Ⅱ），当两个回路中的绝缘节个数（跳线隔开的道岔绝缘节不计入）均为偶数时，则整个车站可以实现极性交叉配置。在图中Ⅰ回路有 5 个绝缘节，Ⅱ回路有 4 个绝缘节。为了实现极性交叉配置，则应把Ⅰ回路的绝缘节个数变为偶数，若 6 号道岔的道岔绝缘节从直线搬到渡线上，那么，Ⅰ回路就有 6 个绝缘节，Ⅱ回路的保持不变，因而极性交叉就能够实现。

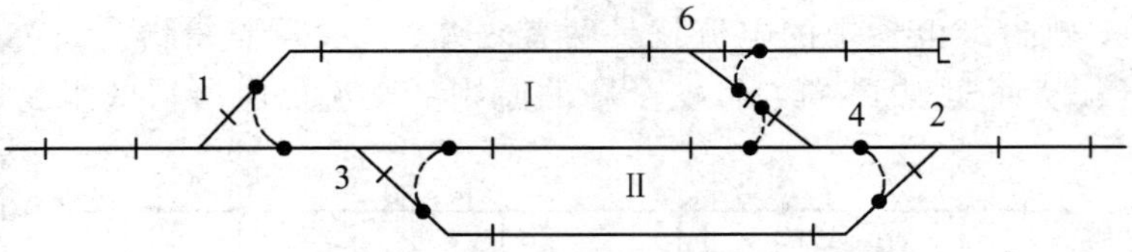

图 2.63　车站轨道电路的绝缘节位置设置

有的时候可能因站形复杂，各回路之间互相牵制，使个别回路的绝缘节个数不能为偶数，从而无法使整个车站实现极性交叉配置，这时就应采取“人工极性交叉”的方法，即在奇数绝缘节的闭合回路内增加一个绝缘节。单线上增加一个绝缘节，相当于多划分了一个轨道电路，从而要增加送、受电端设备各一套，这是不允许的。所以“人工极性交叉”的方法如图 2.64 所示，它除了增加两组绝缘外，还需增加两根连线。

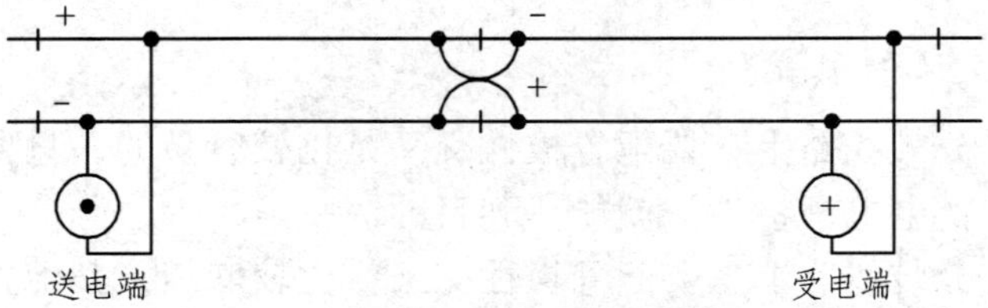

图 2.64　轨道电路的人工极性交叉图

六、计轴设备

（一）用　途

计轴设备和轨道电路一样，都是检查区间是否有列车或车辆占用的检查监督设备。它的特点是工作不受道床、轨道状态和气候条件等的影响，并且其控制距离可达到 20 km，区间又无需加装钢轨绝缘和绝缘轨距杆等。但它也有缺点，它不能检查断轨，不能传输其他与行车有关的信息。

在没有计轴设备之前，半自动闭塞区间的列车完整到达（在区间没有丢下车），是靠人工确认保证的，但人又是难免出错的。有了计轴设备，可依靠该设备验证列车是完整到达，由设备作保证，则可大大提高行车的安全程度。另一方面，有了计轴设备，就可以由半自动闭塞，改建成大区间（即区间不划分为闭塞分区，但可划分为所间区间）自动闭塞了，这就为发展调度集中创造了有利的条件。

（二）组成及工作原理

整个系统分室外设备和室内设备两部分，其组成框图如图 2.65 所示。

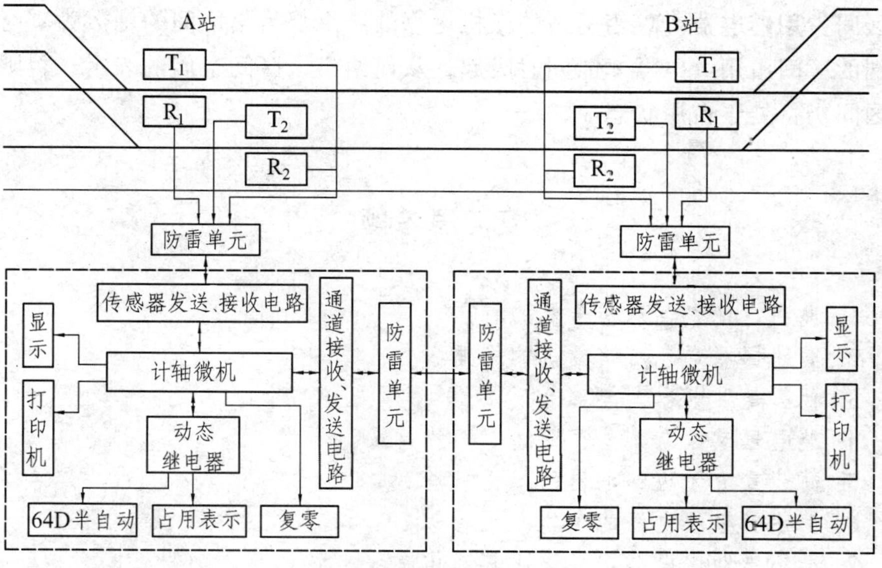

图 2.65　计轴设备系统组成框图

T_1、T_2—发送磁头；R_1、R_2—接收磁头

室内设备主要由计轴微机，传感器发送、接收电路，动态继电器和通道

接收、发送电路等组成。室外设备则主要由传感器两个发送磁头 T_1、T_2 和传感器两个接收磁头 R_1、R_2 组成。两站间由一对通信传输线路联系。

计轴设备的基本工作原理如下：

由室内微机向发送磁头馈送 20 ~ 30 V 的 5 000 Hz 等幅信号。发送磁头则产生相应的交变磁通，经电磁耦合与接收磁头铰链。于是，在接收磁头中，感应出数百毫伏的同频交流信号，该信号经电缆回送给室内的微机。在没有列车的轮对通过磁头时，接收信号大小不变。有轮对通过时，则接收磁头中的信号幅值（或相位）产生变化。这个变化的信号送回室内微机，经处理产生与每一通过的轮对相对应的计轴脉冲，然后进行鉴别方向和累计轴数。列车的运行方向不同，则轮对通过两个传感器的先后顺序不同，由微机鉴别后，确定对轴数进行累加还是递减。

本系统规定，凡进入防护区段的轮轴数，按累加运算；凡离去的轮轴数，则按递减计算。当列车进入区间，计轴器对轮轴累加计数，并进行编码处理，然后经通道传送给接车站。列车到达接车站，则接车站的计轴器进行递减运算。同样，列车全部通过计轴点后，将总轴数发送给发车站。然后两站的微机同时对驶入区间和驶离区间的轮轴数进行比较运算，并分别控制各自车站的区间占用继电器。仅当两站的微机运算的结果都得出区间的轴数为零时，两端的区间占用继电器才能同时吸起，从而给出该区间空闲的表示；否则，该区间仍将处于占用状态。

复习思考题

1. 说明透镜式色灯信号机的特点。
2. 简述探照式色灯信号机的原理。
3. 什么是继电器？
4. 继电器参数有哪些？简述它们的意义。
5. 简述直流无极继电器的工作原理。
6. 简述有极继电器的工作原理。
7. 画出脉动偶电路图，说明其工作原理。
8. 简述动力转辙机的基本要求。
9. 简述 ZD6 型电动转辙机的构成及其原理。
10. 什么是轨道电路？

11. 轨道电路的三种状态是什么？
12. 试述轨道电路的分类。
13. 车站道岔区段轨道电路的连接方式有哪些？
14. 什么是死区段？
15. 什么是轨道电路极性交叉？
16. 试述计轴设备的工作原理。

第三章 区间闭塞设备

学习指导

【学习目标】

（1）掌握闭塞的概念；
（2）掌握继电半自动闭塞设备的组成、原理和办理手续；
（3）掌握自动闭塞的原理和分类；
（4）掌握各种自动闭塞的原理；
（5）了解机车信号系统的组成及其作用；
（6）掌握各种机车信号系统的原理。

【学习建议】

（1）学习时间：13～16 小时
第一节建议学习时间：1 小时
第二节建议学习时间：3 小时
第三节建议学习时间：1 小时
第四节建议学习时间：4 小时
第五节建议学习时间：4 小时
（2）学习方法
① 点播学习网络课程第三章的内容；
② 参加在线导学直播；
③ 阅读教材列出的参考资料中有关闭塞、继电半自动闭塞、自动闭塞和机车信号的内容。

【学习重难点】

（1）64D 继电半自动闭塞设备原理和办理手续；
（2）自动闭塞原理及其分类；
（3）各种自动闭塞信息特征和原理；
（4）各种机车信号系统组成及其原理。

第一节　闭塞的基本概念

铁路线路以车站（线路所）为分界点划分为若干区间。区间的界限，在单线上以两个车站的进站信号机柱的中心线为车站与区间的分界线；在双线或多线上，分别以各线路的进站信号机柱或站界标的中心线为车站与区间的分界线。为了提高线路通过能力，在自动闭塞区段又将一个区间分为若干个闭塞分区，以同方向两架通过信号机柱为闭塞分区的分界线。

列车在区间（分区）内运行的特点是：运行速度高、质量重、制动距离长、不能避让。所谓制动距离就是列车在区间内从开始制动到安全停住这段时间内所行走的距离。

鉴于上述特点，为了确保列车在区间内的运行安全，列车由车站向区间发车时，必须确认区间（分区）内没有列车，并需遵循一定的规律组织行车，以免发生列车正面冲突或追尾等事故。这种按照一定规律组织列车在区间内运行的方法，一般叫做行车闭塞法，或简称闭塞。办理闭塞所用的设备叫做闭塞设备。

上述闭塞，要由车站值班员来完成。对司机来说，必须由车站值班员给出行车凭证后才能占用区间。在我国，列车占用区间的凭证通常为车站出站信号机和区间通过信号机的准许显示。

为了保证列车在区间内的运行安全，提高区间的通过能力，对上述凭证的取得，一方面必须保证区间空闲，在单线区段上必须杜绝发生正面冲突事故；另一方面，还必须迅速地办理闭塞手续和发出凭证，以缩短列车间隔时分。

在用信号的准许显示作为凭证时，当列车进入区间后凭证应自动取消，即出站信号机自动关闭准许显示。只有证实列车完全出清区间并再次办理闭塞时，才能再一次开放准许显示。

组织区间行车的基本方法一般有以下两种：

（1）时间间隔法：列车按照事先规定好的时间由车站发车，使前行列车和追踪列车之间必须保持一定时间间隔的行车方法。这种行车方法因追踪列车不能确切地得到前行列车的运行状况，所以不能确保列车在区间的运行安全，我国已不再使用此种行车方法。

（2）空间间隔法：把铁路线路划分为若干个段落（区间或闭塞分区），在每个线段内同时只准许一列列车运行，这样使前行列车和追踪列车之间必须保持一定距离的行车方法。这种行车方法能严格地把列车分隔在两个空间，可以有效地防止列车追尾和正面冲突事故的发生，确保列车运行安全。这种行车方法是我国目前所采用的闭塞方法,我们所说的闭塞就是指空间间隔法。

实现闭塞的方法，一般有下列四种：

（1）人工闭塞：它采用电气路签或路牌作为列车占用区间的凭证，由接车站值班员检查区间是否空闲。因为这种方法在交接凭证和检查区间状态时都要依靠人来完成,所以叫做人工闭塞。这种闭塞方法在我国已经很少采用。

（2）半自动闭塞：人工办理闭塞手续，列车凭信号显示发车后，出站信号机自动关闭的闭塞方法。发车站值班员必须在办理好闭塞手续后才能开放出站信号，列车出发后出站信号机自动关闭。在没有检测区间是否留有车辆的设备时，还需由接车站值班员确认列车的完全到达，办理解除闭塞手续。因为这种方法既要人的操纵，又需依列车自动动作，所以叫做半自动闭塞。

（3）自动闭塞：根据列车运行及有关闭塞分区状态，自动变换通过信号机的显示，而司机凭信号显示行车的闭塞方法。因为这种方法不需要人的操纵，所以叫做自动闭塞。

（4）移动闭塞：不需要将区间划分成固定的若干闭塞分区，而是在两个列车之间自动地调整运行间隔，使之经常保持一定的距离的闭塞方法。这种闭塞方式是由列车自动地调整间隔，使两列车之间的间隔最小，从而增大了区间内的行车密度，大大提高区段的通过能力。

第二节　继电半自动闭塞

一、半自动闭塞的意义及分类

半自动闭塞是在运量还未达到采用自动闭塞所要求的运量时，采用的一种较好的闭塞方法。

半自动闭塞的特点是采用出站信号机的开放作为列车占用区间的凭证。出站信号机只能在站间区间或所间区间办理闭塞后才能开放。出发的列车驶离车站后，出站信号机即自动关闭。在列车未到达接车站之前，发车站和接车站都不可能再开放驶向该区间的出站信号机。这就保证了在一个区间内，只有一列列车运行。因为这种闭塞的办理基本由人工操作，但出站信号机的关闭由列车自动控制，所以称为半自动闭塞。

半自动闭塞的种类很多，我国目前广泛采用 64 型继电半自动闭塞，它是用继电器电路实现闭塞功能的一种闭塞方法。由于继电半自动闭塞具有设备简单、电路结构严密、设备稳定可靠、使用方便、维修容易、投资小、安装快等优点，在我国单线区段广泛采用。在尚未修建自动闭塞的双线区段，也可以使用继电半自动闭塞。

继电半自动闭塞按使用区段的不同，可以分为单线继电半自动闭塞（64D型）和双线继电半自动闭塞（64F型）两种。

二、单线继电半自动闭塞

（一）设备概况

64D 型单线继电半自动闭塞设备示意如图 3.1 所示。相邻两站各设一台闭塞机（BB），两站之间通过一对架空外线连接。其设备主要包括室内设备和室外设备两大部分。

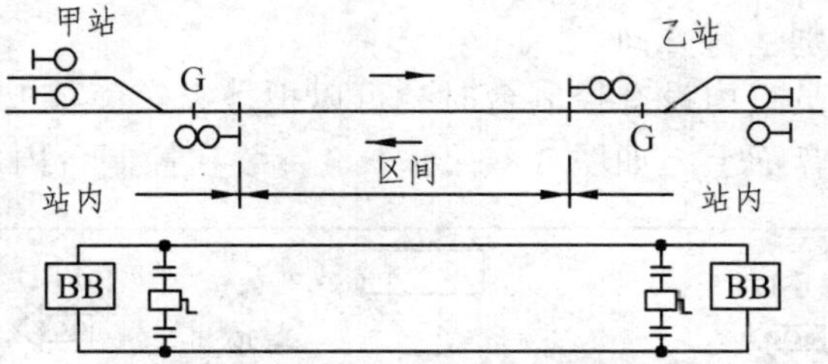

图 3.1　单线继电半自动闭塞设备示意图

1. 室内设备

在车站值班员室内设有操纵箱、闭塞机和闭塞电话等。

（1）操纵箱。

操纵箱是 64D 型继电半自动闭塞的操纵和表示设备，其外形如图 3.2 所示。它安放在车站值班员的办公桌上，其面板上装有按钮、表示灯和计数器，箱内设有电铃。

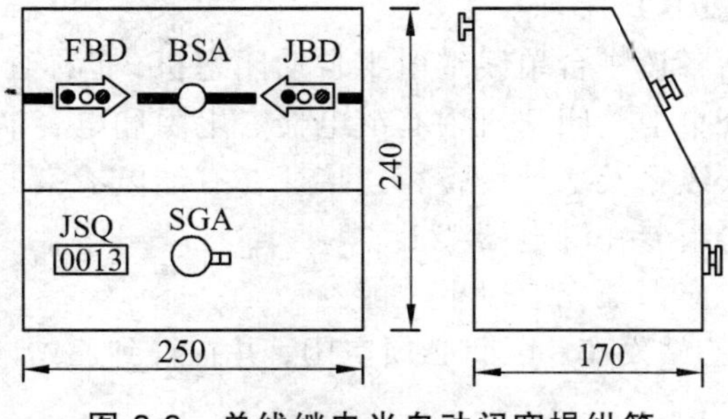

图 3.2　单线继电半自动闭塞操纵箱

① 闭塞按钮（BSA）：为三位自复式按钮，按压该按钮，办理闭塞；拉出该按钮，办理复原。也可用两个二位自复式按钮（闭塞按钮 BSA 和复原按钮 FUA）来代替三位自复式按钮。

② 事故按钮（SGA）：为三位自复式带铅封按钮（或用二位自复式带铅封按钮），拉出该按钮（二位自复式是按压该按钮），办理事故复原。

③ 接车表示灯（JBD）和发车表示灯（FBD）：车站的每个接、发车方向，设有一组接车表示灯和一组发车表示灯。每一组中有黄、绿、红色表示灯各一个，用箭头将这三个表示灯连在一起，箭头方向则表示列车运行方向。表示灯平时不亮灯，在办理闭塞时，黄灯表示呼叫，绿灯表示开通，红灯表示闭塞。

④ 计数器（JSQ）：记录使用事故按钮的次数。每用一次事故按钮，计数器就自动记录一次。

⑤ 电铃（DL）：用直流电铃作为音响信号。车站两端的电铃，调成不同的声响，以便区别运行方向。

当车站值班员室内设有控制台时，可以把操纵箱面板上的按钮和表示灯安装在控制台的盘面上，如图 3.3 所示。电铃装在控制台内。

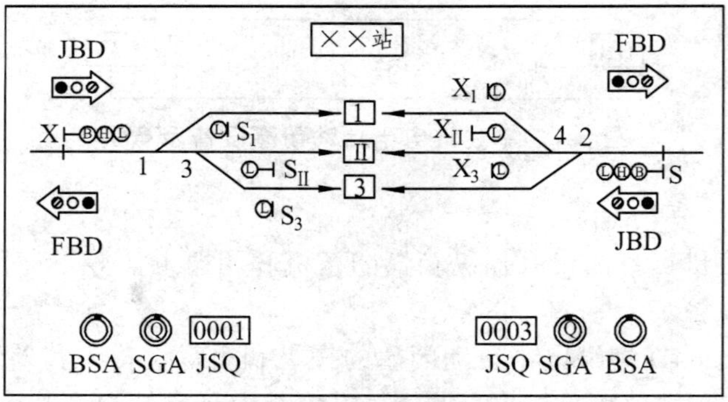

图 3.3　单线继电半自动闭塞车站控制台盘面示意图

（2）闭塞机（BB）。

相邻两个车站各设一台单线继电半自动闭塞机（也称继电器箱），安放在车站值班员的办公桌上。闭塞机内有继电器、电阻和电容器等，并通过闭塞机侧面的插座与操纵箱及室外设备相连接。在有继电器室的车站，可将继电器、电阻及电容器组装在继电器架上。

闭塞机的动作应保证完成以下功能：

① 甲站要向乙站发车，区间必须空闲，并在得到乙站同意后，甲站的出站信号机才能开放；

② 列车自甲站出发后，出站信号机即自动关闭，区间闭塞，双方站都不能再向该区间发车；

③ 列车到达乙站，乙站值班员确认列车整列到达，办理到达复原手续后，区间才能再次开通。

（3）闭塞电话。

闭塞电话是相邻两站间办理闭塞的专用电话，和两站间的闭塞电路并联在同一对外线上。

（4）电源。

在无可靠交流电源的车站，采用干电池或蓄电池供电，供电电压为 24 V。在交流电源可靠的车站，采用交流经整流后的直流电源。

2. 室外设备

室外设备有轨道电路、出站信号机和两站联系用的闭塞外线等。

（1）轨道电路。

为了监督列车的出发和到达，在进站信号机内方设有一段不小于 20 m 的轨道电路。

当出发列车占用该轨道电路区段时，由于轨道继电器落下，使闭塞机内的开通继电器 KTJ 失磁落下，出站信号机即自动关闭。发车站的发车表示灯和接车站的接车表示灯均点亮红灯，表示区间闭塞。

当进站列车占用该轨道电路区段时，由于轨道继电器落下，使闭塞机内的到达继电器有电吸起，接车站的接、发车表示灯均点亮红灯，并构成到达复原条件。

电气集中联锁的车站，出发列车驶入出站信号机内方轨道电路区段时，出站信号机即自动关闭。

（2）出站信号机。

出站信号机是列车占用区间的凭证。当发车进路已锁闭，并且两站的车站值班员办理闭塞后，才能使发车站闭塞机内的开通继电器有电吸起，出站信号机才能开放。

（3）闭塞外线。

闭塞外线一般采用直径为 4.0 mm 的镀锌架空铁线。

（二）办理方法

64D 型单线继电半自动闭塞的办理，分为正常办理、取消复原和事故复原三种。

1. 正常办理

若甲站为发车站，乙站为接车站，甲站向乙站发车，其办理手续及闭塞机的状态如下：

（1）甲站请求向乙站发车。

甲站值班员确认接、发车表示灯均灭灯，用闭塞电话向乙站请求发车，取得同意后，按压闭塞按钮，向乙站发送请求发车信号。

乙站收到甲站请求发车信号，电铃鸣响，电路自动向甲站送出自动回执信号。

甲站收到自动回执信号后，电铃鸣响，发车表示灯亮黄灯，乙站接车表示灯也亮黄灯。

（2）乙站同意甲站发车。

乙站值班员确认接车表示灯点亮黄灯后，若同意甲站发车，按压闭塞按钮。此时，接车表示灯改点绿灯，同时向甲站送出同意接车信号。

甲站收到同意接车信号后，发车表示灯改点绿灯，同时电铃鸣响。

（3）甲站开放出站信号机，列车出发进入甲站轨道电路区段。

甲站值班员确认发车表示灯点亮绿灯后，准备发车进路，将发车手柄扳到反位（按压发车按钮），开放出站信号机。

甲站值班员确认列车尾部出清最后一个道岔后，用闭塞电话通知乙站发车时刻和有关事项，并将发车手柄恢复定位（拉出发车按钮），解锁发车进路。

列车出发进入甲站轨道电路区段，出站信号机自动关闭。甲站发车灯改点红灯，同时向乙站发送列车出发通知信号。

乙站收到出发信号通知后，电铃鸣响，接车表示灯改点红灯。此时两站间区间闭塞。

（4）乙站开放进站信号机，列车到达，进入乙站轨道电路区段。

乙站值班员确认接车表示灯点亮红灯后，准备接车进路，将接车手柄扳到反位（按压接车按钮），开放进站信号机。

列车到达，进入乙站轨道电路区段时，乙站的接、发车表示灯均点亮红灯，表示列车到达。

（5）乙站发送到达复原信号。

列车出清乙站轨道电路区段，乙站值班员确认列车整列到达后，将接车手柄恢复定位（拉出接车按钮），关闭进站信号机，解锁接车进路。再拉出闭塞按钮（或按压复原按钮），向甲站发送到达复原信号。此时，乙站接、发车表示灯均熄灭。

甲站收到到达复原信号后，电铃鸣响，发车表示灯熄灭。此时，两站闭塞机均复原。

乙站值班员再用闭塞电话通知甲站，列车已经到达。

64D 型单线继电半自动闭塞，正常办理时的操作流程如图 3.4 所示，表示灯和电铃的状态见表 3.1。

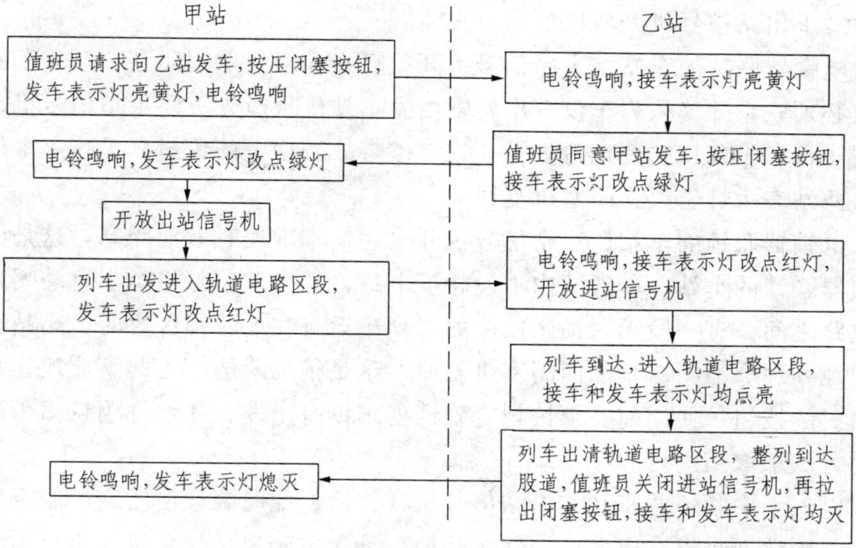

图 3.4 单线继电半自动闭塞操作顺序

表 3.1 表示灯和电铃状态表

甲站			闭塞机的状态	乙站		
DL	FBD	JBD		JBD	FBD	DL
			正常状态			
			甲站请求向乙站发车			
	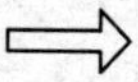		乙站同意甲站发车	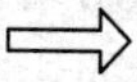		
			列车由甲站出发，区间闭塞			
			列车到达乙站			
			乙站办理到达复原			

2. 取消复原

办理闭塞后，列车因故停发，则需取消闭塞，使闭塞机复原。

（1）出站信号机开放以前。

若甲站办理请求发车手续后，甲站发车表示灯和乙站接车表示灯均点亮黄灯，或乙站已同意接车，甲站发车表示灯和乙站接车表示灯均点亮绿灯时，但出站信号机尚未开放。这时欲取消闭塞，甲站值班员只要拉出闭塞按钮（或按压复原按钮），两站表示灯均熄灭，闭塞机即可复原。

（2）出站信号机开放以后。

电锁器联锁的车站，出站信号机开放后，此时要取消闭塞，双方车站值班员必须联系并确认列车没有出发，由发车站值班员先关闭出站信号机，然后在《行车设备检查登记簿》上登记、破事故按钮上的铅封，再拉出事故按钮，两站表示灯熄灭，闭塞机复原。

电锁器联锁的车站，出站信号机开放后，不准任意取消闭塞。这是因为电锁器联锁的车站，一般站内不设轨道电路，从出站信号机至半自动闭塞轨道电路之间，有一段无联锁区段。如果列车运行在无联锁区段时，车站值班错误地办理取消闭塞，能使闭塞机复原，这是很危险的。为此事故按钮采用带铅封的按钮，使用前必须按规定确认列车没有出发，才允许用拉出事故按钮的方法来取消闭塞。

电气集中联锁的车站，出站信号机开放后，此时要取消闭塞，经双方站联系并确认列车没有出发后，发车站值班员先关闭出站信号机，再拉出闭塞按钮（或按压复原按钮），两站表示灯均熄灭，闭塞机即可复原。

3. 事故复原

当轨道电路发生故障或由于停电后恢复供电等原因，使闭塞机不能复原时，采用事故复原。

在办理事故复原前，两站值班员必须通过闭塞电话联系，共同确认区间无列车占用，双方出站信号机在关闭状态，然后由发生故障的一方按规定登记、破事故按钮上的铅封，拉出事故按钮。此时，闭塞机复原。

使用事故按钮后，应及时通知信号工区加封。

三、双线继电半自动闭塞

（一）设备概况

64F 型双线继电半自动闭塞设备示意如图 3.5 所示。相邻两站各设一台双线继电半自动闭塞机，每台闭塞机包括接车（JB）和发车（FB）两部分。两站间通过两对架空外线连接。

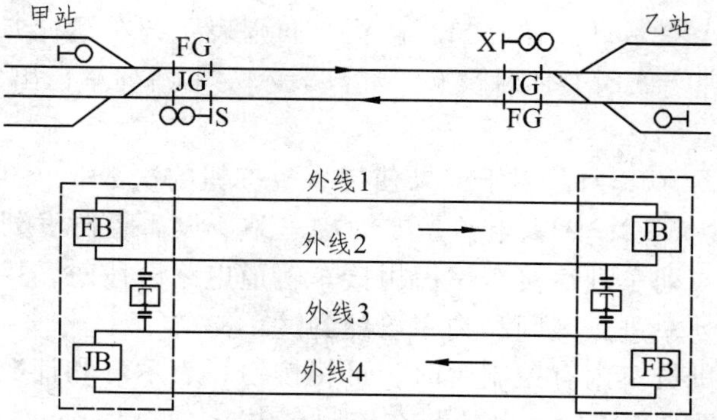

图 3.5　双线继电半自动闭塞设备示意图

在车站值班员室内设有操纵箱、闭塞机等。在室外进站信号机内方及与其相应处的发车口线路上，各设一段不小于 20 m 的轨道电路。

1. 操纵箱

64F 型双线继电半自动闭塞操纵箱如图 3.6 所示。在其面板上设有按钮、表示灯和计数器，箱内设有电铃。

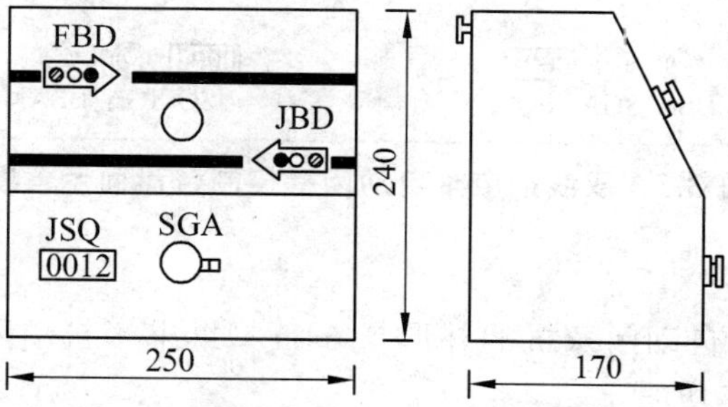

图 3.6　双线继电半自动闭塞操纵箱

（1）闭塞按钮（BSA）：为三位自复式按钮，按压该按钮，办理取消复原；拉出该按钮，办理到达复原。也可用两个二位自复式按钮（闭塞按钮 BSA、复原按钮 FUA）来代替三位自复式按钮。

（2）事故按钮（SGA）：为三位自复式带铅封按钮（或用二位自复式带铅封按钮），拉出该按钮（二位自复式按钮是按压该按钮），办理事故复原。

（3）发车表示灯（FBD）：车站每个发车方向设一组发车表示灯，并用箭头将黄、绿、红三个表示灯连在一起，箭头方向则表示列车运行方向。表示灯平时灭灯，在办理闭塞时有三种颜色：绿灯表示区间开通，红灯表示出发列车占用区间，黄灯表示出发列车到达接车站。

（4）接车表示灯（JBD）：车站每个接车方向设一组接车表示灯，并用箭头将黄、红两个表示灯连在一起，箭头方向则表示列车运行方向。表示灯平时灭灯，在办理闭塞时有两种颜色：红灯表示发车站列车已出发，区间闭塞，黄灯表示列车已到达。

（5）计数器（JSQ）：用于记录使用事故按钮的次数。

（6）电铃（DL）：闭塞电铃是专为接车站所设。当出发列车占用发车轨道电路区段，或列车到达接车站占用接车轨道电路区段时，接车站电铃均鸣响，分别表示列车进入区间和列车已经到达。

当车站值班员室内有控制台时，可将按钮、表示灯和计数器安装在控制台盘面上，如图 3.7 所示，电铃装在控制台内。

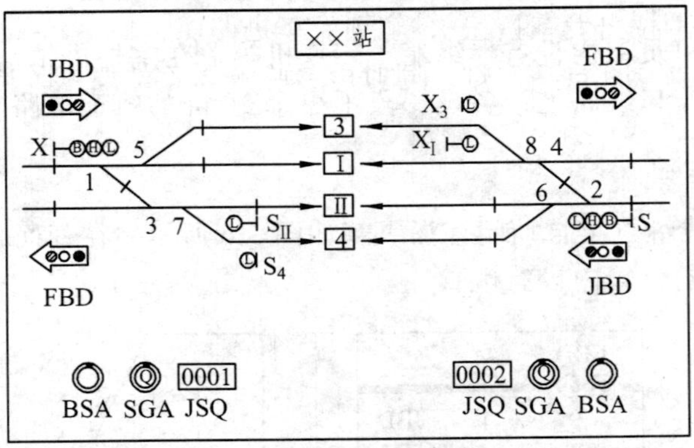

图 3.7　双线继电半自动闭塞控制台盘面示意图

2. 闭塞机

64F 型继电半自动闭塞机的外形与 64D 型继电半自动闭塞机相似，其动作应保证完成以下功能：

（1）甲站要向乙站发车，区间必须空闲，即前次列车到达接车站，并收到接车站的到达复原信号，闭塞机复原后，出站信号机才能开放。

（2）列车自甲站出发后，出站信号机即自动关闭，区间闭塞。此时，发车站不能再向该方向的区间发车。

（3）列车到达乙站，值班员确认列车整列到达，办理到达复原后，两站的闭塞机才能复原。

另外，还设有办理闭塞用的闭塞电话。

（二）办理方法

64F 型双线继电半自动闭塞的办理，可分为正常办理、取消复原和事故复原三种。

1. 正常办理

若甲站为发车站，乙站为接车站，甲站向乙站发车，其办理手续如下：

（1）甲站开放出站信号机。

甲站值班员先用闭塞电话与乙站值班员联系，取得同意后，办理发车进路，将发车手柄扳到反位（按压发车按钮），开放出站信号机。此时，甲站发车表示灯点亮绿灯，表示区间开通。

（2）列车出发并进入甲站发车轨道电路区段。

列车出发并进入甲站发车轨道电路区段，出站信号机自动关闭，发车表示灯改点红灯。此时甲站值班员确认列车尾部出清最后一个道岔后，将发车手柄恢复定位（拉出发车按钮），解锁发车进路。

乙站接车表示灯点亮红灯，同时电铃鸣响。乙站值班员准备接车进路，将接车手柄扳到反位（按压接车按钮），开放进站信号机。

至此，两站间区间闭塞。

（3）列车到达并进入乙站接车轨道电路区段。

列车到达并进入乙站接车轨道电路区段，乙站接车表示灯改点黄灯，并有电铃鸣响。

甲站发车表示灯点亮黄灯，表示列车到达乙站。

（4）乙站发送到达复原信号。

列车出清乙站接车轨道电路区段，乙站值班员确认列车整列到达后，将接车手柄恢复定位（拉车接车按钮），关闭进站信号机，解锁接车进路，再拉出闭塞按钮（或按压复原按钮）。乙站接车表示灯和甲站发车表示灯均熄灭。此时，两站闭塞机均复原。

64F 型双线继电半自动闭塞，正常办理时的操作流程如图 3.8 所示。

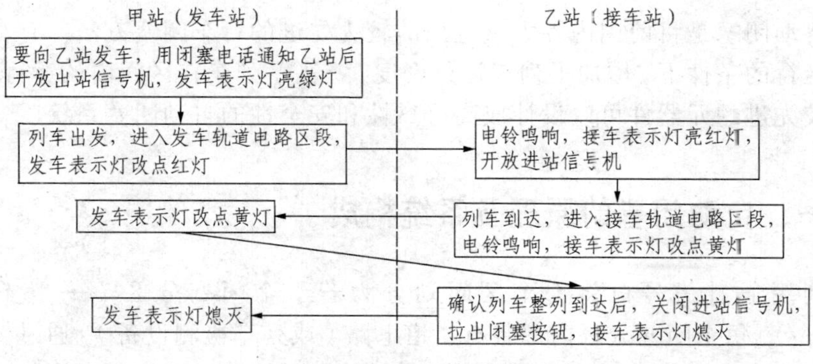

图 3.8 双线继电半自动闭塞正常办理操作程

2. 取消复原

（1）电气集中联锁的车站开放出站信号机后，如需取消闭塞，则车站值班员在确认列车没有出发后，应先关闭出站信号机，解锁发车进路，再按压闭塞按钮，待发车表示灯绿灯熄灭后，才能松开按压的闭塞按钮。此时，闭塞机复原。

（2）电锁器联锁的车站开放出站信号机后，如需取消闭塞，则发车站值班员在确认列车没有出发后，应先关闭出站信号机，解锁发车进路，再按压闭塞按钮，使发车表示灯亮黄灯，然后通知接车站。接车站值班员接到通知后，按规定手续进行登记、破事故按钮上的铅封，拉出事故按钮，接车表示灯黄灯点亮，再拉出闭塞按钮（或按压复原按钮），使接车表示灯熄灭，并向发车站送出复原信号。发车站收到复原信号后，发车表示灯熄灭。此时，两站的闭塞机均复原。

3. 事故复原

当轨道电路发生故障或由于停电后恢复供电等原因，使闭塞机不能复原时，采用事故复原。

办理事故复原前，两站值班员必须联系，共同确认该方向的区间内没有车，由接车站值班员按规定手续进行登记、破封，拉出事故按钮，发车站的发车表示灯和接车站的接车表示灯均点亮黄灯，然后再拉出闭塞按钮（或按压复原按钮），两站表示灯均熄灭。此时，闭塞机复原。

第三节　自动闭塞

自动闭塞是目前国内外大量应用的较为先进的行车闭塞方法。它在确保安全运行的条件下，增加了列车运行密度，提高了列车在区间内的运行速度。应用较先进的元器件可以设计成高可靠性和安全性的自动闭塞系统。

一、自动闭塞的原理及系统构成

利用通过信号机将一个区间划分为若干个闭塞分区（一般不小于1 200 m），每个闭塞分区内都装有轨道电路（或列车检测设备），通过轨道电路将列车和通过信号机的显示联系起来，使信号机的显示依列车运行或区间状态自动变换的系统（或制式）叫做自动闭塞系统。如图 3.9 所示是双线单方向自动闭塞示意图。

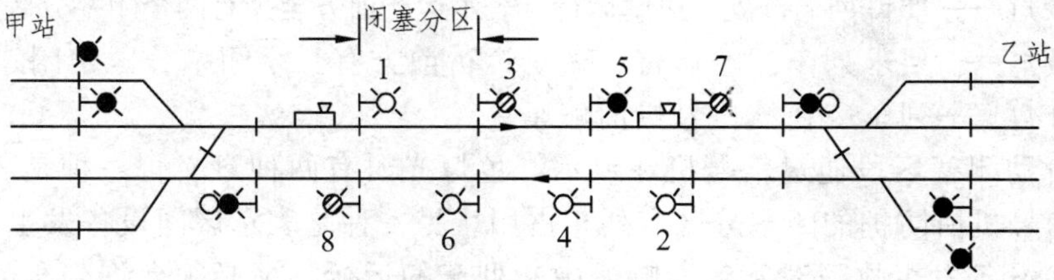

图 3.9　双线单向自动闭塞

在图 3.9 中的每个闭塞分区的始端都设置一架通过信号机，防护其后方的闭塞分区。这些通过信号机平时显示绿灯，即“定位开放式”，只有当列车占用该信号机所防护的闭塞分区或线路发生断轨、坍方等故障时，才显示红灯——停车信号。

三显示自动闭塞特点为：

（1）通过信号机的显示随列车所在位置而自动改变，当显示绿灯时，机车前方至少有两个闭塞分区空闲。

（2）禁止信号（红灯）是利用轨道电路传送的，而其他命令可以利用轨道电路，也可利用其他通信道（架空明线或电缆）传送。对三显示自动闭塞必须传递三种以上的信息。

（3）若利用轨道电路传送信息，则在每一个信号点处不但有接收本信号点信息的接收设备，同时还具有向前方信号点发送信息的发送设备。

如图 3.10 所示是利用轨道电路传递自动闭塞信息的原理框图。

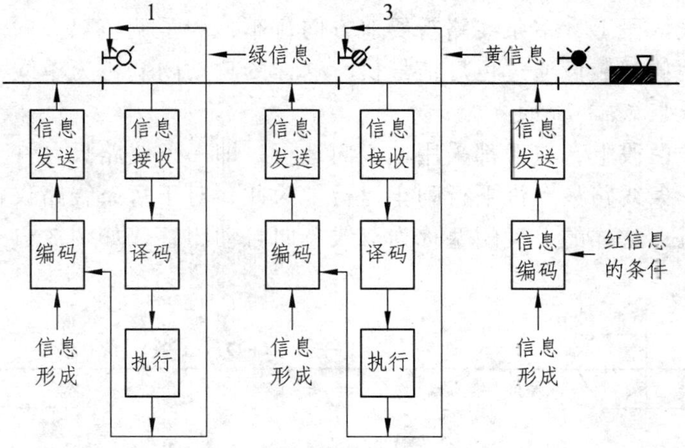

图 3.10　自动闭塞信息传递原理框图

由图 3.10 可以看出，区间通过信号机的显示是调整列车运行的命令。三显示自动闭塞区间通过信号机的显示意义如下：

绿灯——准许列车按规定速度运行，表示运行前方至少有两个闭塞分区空闲；

黄灯——要求列车注意运行，表示运行前方有一个闭塞分区空闲；

红灯——列车应在该信号机前停车。

自动闭塞区段通过信号机在显示红色灯光时有两种意义：一种是表示该通过信号机所防护的闭塞分区有列车占用，另一种是表示区间设备发生故障。为了在设备发生故障时不致影响或中断列车的运行，又必须允许列车越过红色显示的禁止命令。因此为了确保列车运行安全，防止前方有列车占用，必须要对列车的运行速度加以限制。因此，对列车越过显示红色灯光的通过信号机，作如下规定：

当列车在显示红色灯光的信号机前停车 2 min 后，信号显示仍不改变时，司机可鸣笛一长声，以不超过 20 km/h 的速度继续运行至下一架通过信号机。位于长大上坡道的通过信号机，当列车停车后启动困难时，在该信号机上装设容许信号——蓝色灯光，准许列车不停车，而以不超过 20 km/h 的速度越过显示红色灯光的通过信号机。

二、自动闭塞系统的分类

（一）按行车组织方法分

按行车组织方法可将自动闭塞系统分为单线双向自动闭塞系统、双线单向自动闭塞系统和双线双向自动闭塞系统。

在单线区段上，一条线路需要双方向行车，为了调整双方向的列车运行而在线路两侧都装设通过色灯信号机，这样的自动闭塞称为单线双向自动闭塞，如图 3.11（a）所示。

在双线区段上，一般都采用单方向运行，即一条线路只允许上行列车运行，而另一条线路只允许下行列车运行。为此，对于每条线路仅在一侧装设通过信号机，这样的自动闭塞称为双线单向自动闭塞，如图 3.11（b）所示。

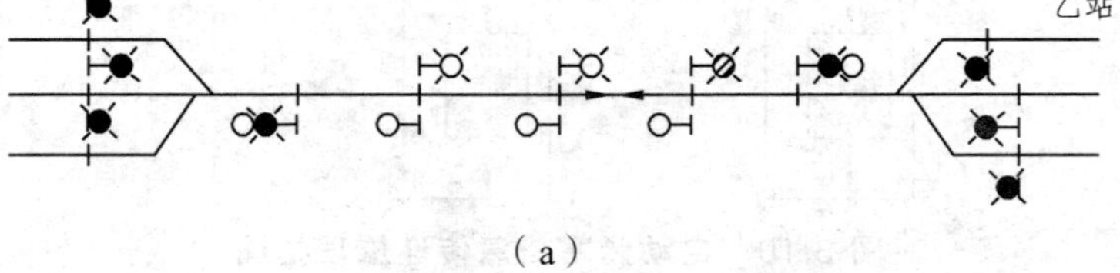

（a）

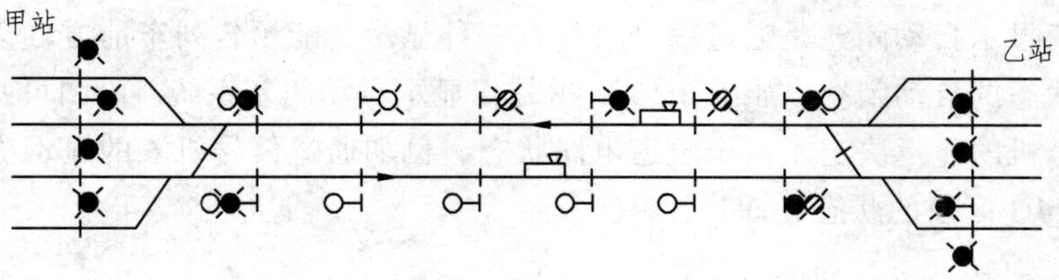

（b）

图 3.11 双向及单向自动闭塞

近年来，为了充分发挥线路的运行能力，在双线区段的每一条线路都能双方向运行列车，这样的自动闭塞称为双线双向自动闭塞。在这种系统中地面通过信号机的设置与图 3.11（b）中的一样，反方向运行的列车是以机车信号的显示作为行车的命令。

无论单线或双线的双向自动闭塞，都必须对机车的尾部和头部两个方向进行防护。为了防止两方向的列车正面冲突，平时规定一个方向的通过色灯信号机亮灯，另一个方向的信号机灭灯（或双线区段另一个方向机车信号没有信息）。只有在需要改变运行方向，而且区间是空闲的条件下，由车站值班员办理一定的手续后才能允许反方向的列车运行。所以双向自动闭塞要比单向自动闭塞复杂。

（二）按通过信号机显示制式分

按通过信号机显示制式可将自动闭塞系统分为二显示、三显示和四显示自动闭塞系统。

二、三、四显示制式，既适用于单向自动闭塞系统，又适用于双向自动闭塞系统。

二显示自动闭塞是通过信号机具有两种显示，能预告列车前方一个闭塞分区状态的自动闭塞。如图 3.12 所示是二显示自动闭塞系统。由图可知，通过信号机的显示仅决定于一个轨道电路状态，如通过信号机 6 的显示，仅决定于轨道电路 6G，即：

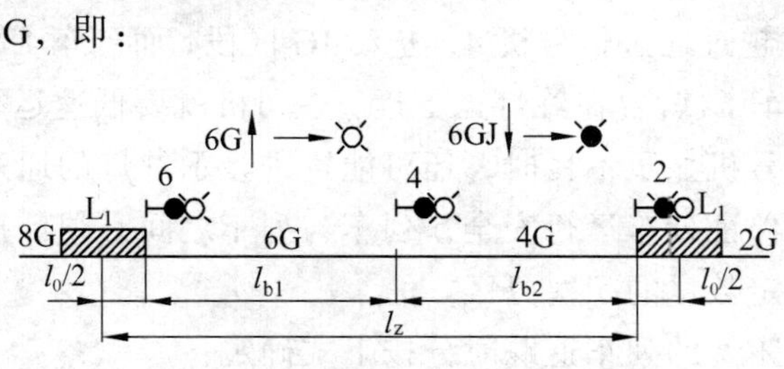

图 3.12 二显示自动闭塞系统

三显示自动闭塞是通过信号机具有三种显示，能预告列车前方二个闭塞分区状态的自动闭塞。如图 3.13 所示是三显示自动闭塞系统。由图可知，通过信号机的显示决定于两个轨道电路状态，例如通过信号机 6 的显示决定于 6G 和 4G 区段的状态，即：

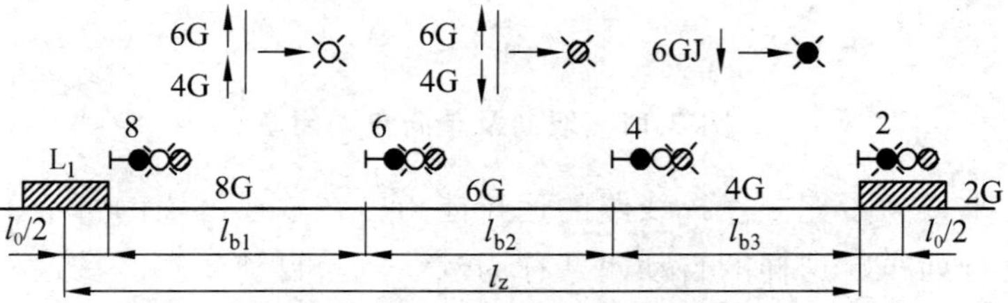

图 3.13　三显示自动闭塞系统

四显示自动闭塞是通过信号机具有四种显示，能预告列车前方三个闭塞分区状态的自动闭塞。如图 3.14 所示是四显示自动闭塞系统。由图可知，通过信号机的显示决定于三个轨道电路状态，例如通过信号机 8 的显示决定 8G、6G 和 4G，即：

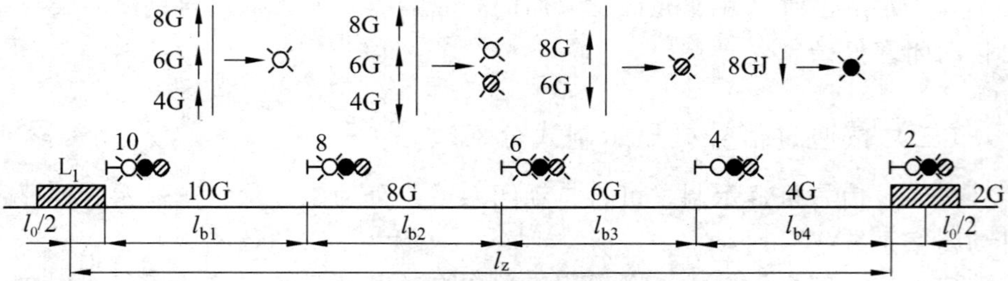

图 3.14　四显示自动闭塞系统

为保证列车运行安全，列车与列车之间必须保持一定的间隔，也就是要相隔一定数量的闭塞分区。例如二显示自动闭塞，如果两列车只间隔一个闭塞分区，列车 L_1 在 2G 区段，通过信号机 2 显示红灯，通过信号机 4 显示绿灯。后续列车 L_2 越过通过信号机 4，进入 4G 区段，而列车 L_1 还没有出清 2G 区段，则后续列车 L_2 就要在红灯光下运行，司机就要低速运行，随时作停车的准备。如果信号机显示不良时，还可能冒进显示红灯的通过信号机而产生危险。因此，为保证列车运行安全，列车与列车之间必须保持一定的间隔，也就是要相隔一定数量的闭塞分区。

二显示自动闭塞的列车追踪时分按下式确定：

$$I_{\text{II}}=0.06\frac{l_z}{\bar{v}}=\frac{l_0+l_{b1}+l_{b2}}{\bar{v}} \tag{3.1}$$

式中 l_0——列车长度，m；

l_{b1}，l_{b2}——闭塞分区长度，m；

$\bar{v}$——列车平均运行速度，km/h；

0.06——化 km/h 为 m/min 的系数。

从上式可知，在速度不变时，两列车的间隔距离越短，间隔时间就越小，线路上运行的列车对数就越多。但是，由于二显示自动闭塞只有两种显示，后续列车无法判断越过显示绿灯的通过信号机后是红灯还是绿灯，因此，司机要时刻提高警惕，准备随时制动停车。在列车运行速度高、牵引重量大、线路瞭望条件差的区段，就很容易造成行车事故。因而，二显示自动闭塞一般只用于速度低、密度大、瞭望条件好的矿山铁路和地下铁道等。

为了改善列车司机的驾驶条件，提高列车在区间内的运行速度，确保列车运行安全，采用了三显示自动闭塞。在三显示自动闭塞系统中，为了使后续列车经常保持在绿灯下运行，采用了间隔三个分区的列车追踪间隔。

三显示自动闭塞的列车追踪时分按下式确定：

$$I_{\text{III}}=0.06\frac{l_0+l_{b1}+l_{b2}+l_{b3}}{\bar{v}} \tag{3.2}$$

这种显示制式使列车经常在绿灯下运行，并能得到前一通过信号机显示的预告，既能基本满足运行要求，又能保证行车安全。

在三显示自动闭塞中，列车按线路规定速度运行，越过显示黄灯的通过信号机时开始降速，到前架显示红灯的通过信号机前方停车，因此要求每个闭塞分区的长度绝对不能小于列车的制动距离。随着列车速度和密度的不断提高，在某些繁忙的客、货混运区段，各种列车运行的速度和制动距离相差很大，三显示自动闭塞就不能适应，而产生了四显示自动闭塞。例如，在铁路区段上运行的有市郊通勤车等，需经常停车，且制动距离短；也有高速（客车）、重载（货车）列车，制动距离长。对于这样的区段便出现了对立的运行要求：一方面要实现最小运行间隔，闭塞分区长度越短越好；另一方面要满足高速或重载列车的制动距离，闭塞分区长度又不能太短。为了解决这样的矛盾，提高线路通过能力最好的办法是采用四显示自动闭塞。

四显示自动闭塞由于增加了一种黄绿显示，它规定高速列车以规定的速度越过黄绿显示后必须减速，以便使列车在抵达黄灯显示时运行速度不大于规定的黄灯容许速度，保证在显示红色灯光的信号机前停车，而对于低速制动距离短的列车越过后不减速。由于增加了这一显示，对于高速列车，相邻两个闭塞分区的总长度应大于高速列车最大运行速度时的制动距离，每个闭塞分区的长度应大于高速列车从最高速度降低到通过黄灯的允许速度所需要的制动距离和从黄灯容许速度到红灯前停车所需的制动距离。比较理想的是两个距离相等，也就是说要求每个闭塞分区的长度大于高速列车的制动距离的一半。这样就能解决上述矛盾。

四显示自动闭塞在绿灯下运行的间隔时分为：

$$I = 0.06\frac{l_0 + l_{b1} + l_{b2} + l_{b3} + l_{b4}}{\bar{v}} \tag{3.3}$$

（三）按信息传递方式分

按信息传递方式可将自动闭塞系统分为有线路自动闭塞系统和无线路自动闭塞系统。

有线路自动闭塞系统还可以分为架空线路和电缆线路两种。

无线路自动闭塞系统利用轨道电路作为通信道，由于它不需要架设架空线路或电缆线路，比较经济，但设备较复杂。

（四）按自动闭塞设备放置方式分

按自动闭塞设备的放置方式可将自动闭塞系统分为分散式和集中式自动闭塞系统。

分散式自动闭塞系统的设备都放置在区间每架通过信号机处。近年来，世界各国研制了把沿线的自动闭塞设备集中到车站的集中式自动闭塞系统，它具有设备集中、便于维修，并能改善设备的工作条件等优点。

（五）按传递信息的特征分

按传递信息的特征可将自动闭塞系统分为极性、频率、数目以及它们相互组合的各种自动闭塞系统。

自动闭塞以轨道电路作为传递信息的通道时，因为它容易和机车信号设备相结合，因此得到广泛应用。

根据三显示自动闭塞原理，在闭塞区间有列车时显示红灯，在信号设备发生故障时也显示红灯。因此，把“零值”（无电）作为控制红色灯光的信息。除零值信息外，还需要黄和绿信息，这样三显示自动闭塞需要传递三种以上的信息。

第四节 自动闭塞系统的信息特征和传递原理

一、交流计数电码自动闭塞

交流计数电码自动闭塞是以钢轨作为通道传递交流脉冲，以脉冲的数目来控制地面和机车信号机显示的一种自动闭塞制式。交流计数电码的信息特征见表 3.2。其信息与信号显示的关系如图 3.15 所示。从表 3.2 可以看出，向轨道上发送的是交流脉冲。采用交流脉冲是为了便于向机车上传递信息，另一方面也是为了抗干扰的需要。交流信号的频率，在非电化区段是 50 Hz，而在电化区段则采用 25 Hz 和 75 Hz，以避开交流电气化区段的谐波干扰。交流计数电码自动闭塞的信息特征是以脉冲数来区分各种信息。

表 3.2 交流计数电码的信息特征

信息特征	地面信号显示	机车信号显示
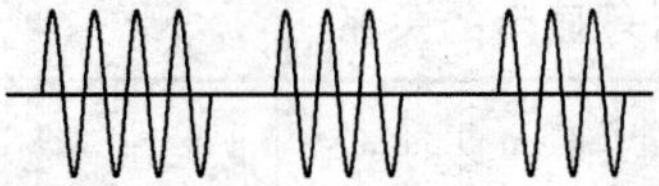	L	L
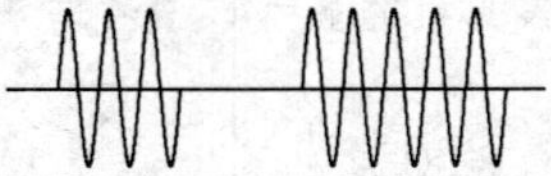	L	U
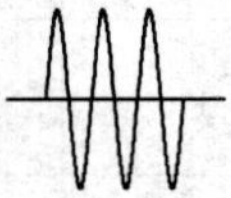	U	U/H
	H	H 或 B

注：L—绿灯；U—黄灯；H—红灯；U/H—黄/红灯；B—白灯。

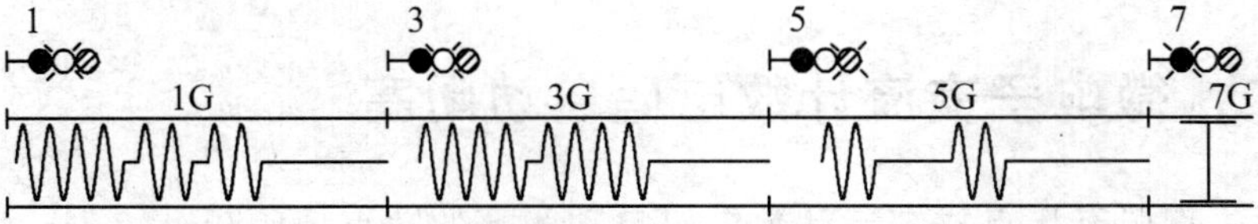

图 3.15 交流计数电码自动闭塞信息与信号显示的关系

为了进一步说明图 3.15 中的信息与信号显示的关系，现结合图 3.10 的自动闭塞信息传递原理框图作较详细地阐述。

当列车进入 7G，7G 的轨道电路被列车分路，7G 信号点的接收设备所接收的电流为“零值”信息，通过译码器译解后，执行环节就控制 7G 通过信号机显示红色灯光。由于本信号点显示红色灯光，按三显示自动闭塞原理，前一信号点应显示黄色灯光。据此原理，执行环节在控制本信号点显示红色灯光的同时又控制了发送设备，使发送设备自动编出每个周期一个脉冲的红黄码向 5G 的钢轨线路传送。5G 的接收设备接收了一个周期一个脉冲的信息，通过译码器译出并控制 5G 通过信号机显示黄色灯光。与此同时又控制 5G 信号点的发送设备，自动编出一个周期两个脉冲的黄码信息向 3G 钢轨线路传送。3G 的接收设备接收了一个周期两个脉冲的信息，使 3G 通过信号机显示绿灯，并向 1G 发送一个周期三个脉冲的信息，使 1G 通过信号机也显示绿灯。交流计数电码自动闭塞信息是以电码的长间隔的结束为一个周期。

这种自动闭塞在内燃牵引区段采用 50 Hz 工频交流计数电码，而在电力牵引区段，为了抵制工频交流干扰，防止通过信号机出现错误显示，则采用 75 Hz 和 25 Hz 交流计数电码。

为了完成地面通过信号机三显示和机车信号四显示的控制任务，交流计数电码共有四种信息，其与信号显示的关系见表 3.3。

表 3.3　交流计数电码信息与信号显示的关系

编码的定值（发送端地面信号机的显示）	产生的电码名称	在轨道电路中传输的电码结构	被控制的地面信号机的显示	被控制的机车信号的显示
	L 码	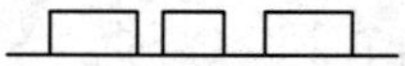		
	U 码			
	HU 码	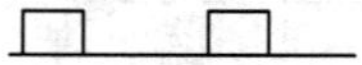		
有车占用或无码	—	—		 或 

二、微电子交流计数电码自动闭塞

为了克服有接点式交流计数电码自动闭塞的缺点，1989 年 7 月，铁道部科学研究院与沈阳铁路局合作，在沈山线的马三家—山海关间，建成了 403 km 的第一个微电子交流计数电码自动闭塞工程，并全部开通使用。

微电子交流计数电码自动闭塞的特点是：

（1）信息为时间计数电码；

（2）信息量由 3 个增加为 5 个；

（3）缩短了信号显示应变时间，由十几秒钟降为 5 s；

（4）提高了设备的抗干扰能力和轨道绝缘破损防护能力；

（5）采用大规模集成电路元件和微处理机技术，设备达到了小型化、轻量化，方便了施工和维修。

微电子交流计数电码自动闭塞可以向轨道发送五种信息（L、LU、U、UU、HU），能够满足四显示自动闭塞和七显示机车信号的需要。考虑到非电气化区段，它能与原交流计数电码自动闭塞信息兼容，即微电子发码器发送的各种信息，不但能被微电子译码器和微电子机车信号设备接收，而且能被原交流计数电码的译码器和机车信号设备接收。新的信息与新旧设备的显示关系见表 3.4。

表 3.4 发送信息与新旧设备显示关系

地面信号显示	向轨道发送信息	新译码器信号显示	原译码器信号显示	新机车信号显示	原机车信号显示
H	HU	U	U	H/U	H/U
UU	UU	LU	L	U/U	U
U	U	LU	L	U	U
LU	LU	L	L	L/U	L
L	L	L	L	L	L
本区间有列车占用	无码	H	H	H、B	H、B

微电子交流计数电码自动闭塞发码器分为 A 型和 B 型，以便在相邻闭塞分区进行交叉配置。每种类型均可发送五种信息。它们的电码时间图如图 3.16 所示。

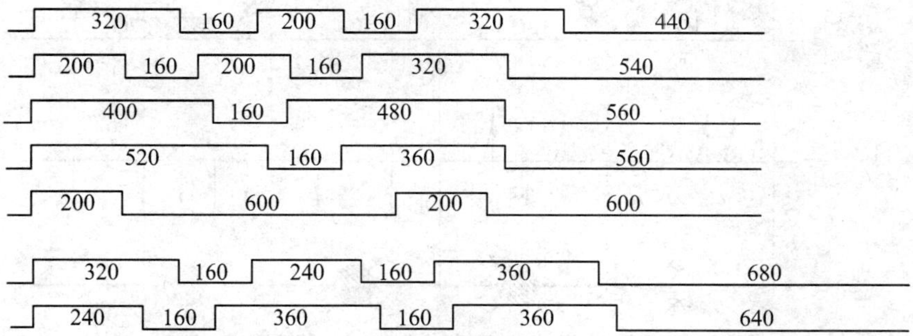

图 3.16 微电子交流计数电码时间图

由图 3.16 可见，微电子交流计数电码信息在利用原交流计数电码信息的数目特征的基础上，增加了时间特征。原计数码信息在时间特性上，只是配合以长间隔的出现，作为周期结束的标志，而对实际每个电码的长度要求并不严格。这样，当有外界脉冲干扰，或绝缘非稳定性破损时，设备仍易产生误动。微电子交流计数电码自动闭塞采用了时间计数电码后，不但可以提高信息的抗干扰能力，而且可以增加新的信息。如同样是三个电码为一个周期的信息，例如 L 码和 U 码，由于电码长度有所区别，又可形成不同的信息。又如 U 码和 UU 码都是两个电码的信息，它们之间是以电码时间的长短进行区别的。同时还需要指出：信息的数目和时间特征在信息的译解中对于设备的防干扰起到了重要的作用。

三、极性频率脉冲自动闭塞

极性频率脉冲自动闭塞是以钢轨作为传输通道，以传输不同极性频率脉冲的信息，控制地面信号机显示，并通过机车感应线圈控制机车信号的显示。

为了传输多种信息，满足地面信号机三显示及机车信号六显示（反映进站信号机显示侧线停车——双黄显示）的要求，必须具有五种信息（包括零值信息）。极性频率脉冲自动闭塞采用极性特征和两种频率特征来区分四种信息。极性频率脉冲自动闭塞的信息传递原理与交流计数电码自动闭塞相同。

极性频率自动闭塞信息与信号的显示关系如图 3.17 所示。图中，进站信号机 X 显示双黄；列车未进入 7G 时，发送正极性双频，信号机 7 显示绿灯；列车进入 7G 时，发送信息转发负极性双频，信号机 7 显示红灯。

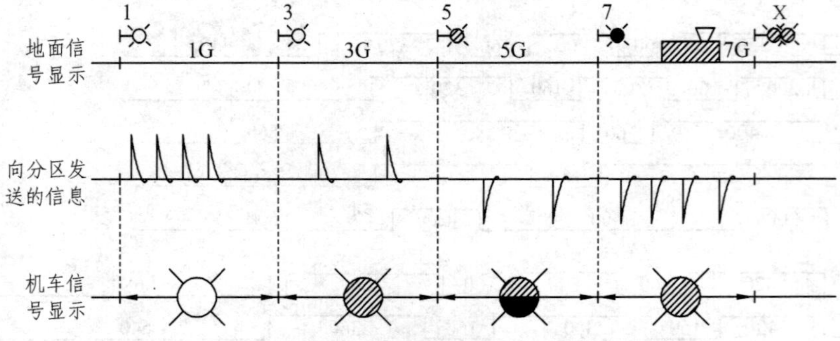

图 3.17 极性频率自动闭塞信息与信号显示关系

极性频率脉冲自动闭塞，又简称极频自动闭塞。它在轨道电路中传输的是不同极性、不同频率的脉冲信息。

极性频率脉冲信息的优点是：

（1）平均消耗功率小，瞬时发送的功率却很大，因而有利于提高抗干扰能力；

（2）由于是脉冲式轨道电路，所以轨道电路的传输特性较好；

（3）可以简化地面接收设备。

为了控制地面通过信号机的三显示和机车信号的六显示，极性频率脉冲自动闭塞共有五种信息。

地面通过信号机的显示决定于脉冲极性。例如：当列车在本闭塞分区内运行时（接收不到电码），控制通过信号机显示红灯；当前方通过信号机显示红灯，接收电路收到负单频电码时，控制通过信号机显示黄灯；当前方通过信号机显示黄灯，接收电路收到正单频电码时，控制通过信号机显示绿灯；当前方通过信号机显示绿灯，接收电路收到正双频电码时，控制通过信号机也显示绿灯。

对机车信号来说，当兼作进站预告的通过信号机（即第二接近信号点的通过信号机）显示黄灯时，列车在第一接近区段运行的过程中，机车可以接收到正单频电码，从而使机车信号机显示一个黄灯。当列车进入第二接近区段时，如果进站信号机未开放，则机车接收到的是负单频电码，使机车信号显示半黄半红灯光。如果进站信号机的显示是双黄灯，则机车收到的是负双频电码，使机车信号机也显示双黄灯光。由此可见，极频脉冲自动闭塞可以实现根据列车占用闭塞分区的状态，使通过信号机和机车信号自动变换显示，以达到自动指挥追踪列车运行的目的。

极频脉冲自动闭塞一个区间信号点的设备方框图如图 3.18 所示。由图可见，极频脉冲自动闭塞由发送设备、接收设备和电源三大部分组成。

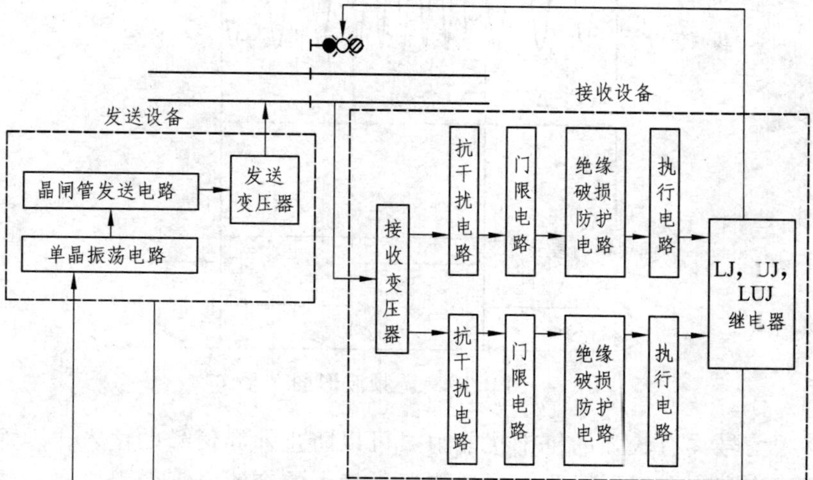

图 3.18 极频脉冲自动闭塞区间信号点设备框图

四、移频自动闭塞

（一）移频信息与信号显示的关系

移频自动闭塞是一种频率调制式的自动闭塞，它以轨道电路为通道，利用移频信号的形式传送低频控制信息，自动控制区间通过信号机的显示。

移频信号是一种调制信号，它以低频控制信号对载波信号的参数进行控制，这种技术称为“调制”。移频信号的调制方式，是使载频信号的频率 f_0 随低频控制信号的频率 f_c 产生一定形式的变化，因而也称它为频率调制或调频。

如图 3.19 所示为调频波形图。移频信号的变化规律是以载频信号 f_0 为中心，作高低频率偏移。由图可知，在轨道电路中传送的移频信号，是受低频控制信号 f_c 控制的。在轨道电路中传输的移频信号是低端载频 f_1 和高端载频 f_2，它们作近似突变性的变化，好像频率在移动，因此称为移频信号。作交替变化的高端载频 f_2 和低端载频 f_1，二者交替变化一次叫做一个周期 T，而它们在每秒钟内交替变化的次数是与低频控制信号的频率相同的，例如 f_c 为 11 Hz，即每秒内要交替变化 11 次。

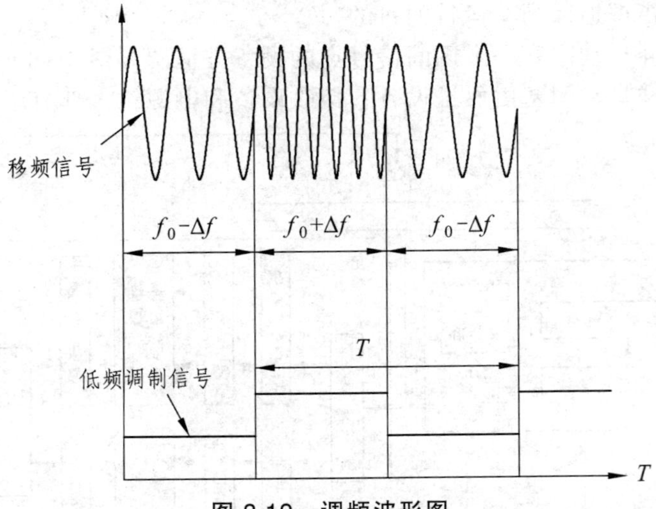

图 3.19　调频波形图

移频信号具有较强的抗干扰能力，可以防止外界信号的侵入，因而它既适用于蒸汽和内燃牵引区段，也适用于干扰大的交流电气牵引区段。经过整形后的调制信号其与信号显示的关系，见表 3.5。在采用三显示自动闭塞的蒸汽和内燃牵引区段，移频信号的低频控制信号频率 f_c 共有四种。

表 3.5　移频信息与信号显示的关系

编码给定值（发送端通过信号机的显示）	产生的电码名称	信号频率（f_c）	在轨道中传输的移频信号高低载频交替变化的次数（次/秒）	接收端被控制的通过信号机显示	被控制的机车信号显示
	11 Hz 信号	11 Hz	11		
	15 Hz 信号	15 Hz	15		
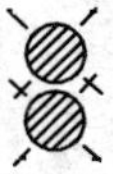（进站）	20 Hz 信号	20 Hz	20	第二接近 	
	26 Hz 信号	26 Hz	26		
机车占用或无码	—		—		

移频自动闭塞的中心载频 f_0 也设计为四种，即上行线采用 650 Hz 和 850 Hz 两种频率交错排列，下行线以 550 Hz 和 750 Hz 两种频率交错排列。这样，便可以防止同一线路两相邻闭塞分区之间，因钢轨绝缘双破损造成的错误干扰，以及防止双线区段上、下行线路相互间的错误干扰。

综上所述，在移频的闭塞分区轨道电路中传输的移频信号，就是以四种低频控制信号 f_c，分别对四种中心载频 f_0 进行调制以后产生的信号波形，即 $f_0 \pm \Delta f$，Δf 称为频偏，其频率为 55 Hz。可见，移频信号实际上是低端载频（也叫下边频）f_1 和高端载频（也称上边频）f_2 两个交替变换的正弦交流信号，即由 $f_1 \to f_2$，再由 $f_2 \to f_1$，每秒内变换 f_c 次。它们的频率如表 3.6 所列。

表 3.6　移频信号的高、低载频的频率

中心载频 f_0（Hz）	频偏 Δf（Hz）	低端载频 $f_1 = f_0 - \Delta f$	高端载频 $F_2 = f_0 + \Delta f$
550	55	495	605
750	55	695	805
650	55	595	705
850	55	795	905

在单线自动闭塞区段，因为不存在邻线相互间干扰问题，所以只采用 650 Hz 和 850 Hz 两种中心载频交错排列。在双线区段，由于上、下行线路间存在邻线干扰的问题，因此采取在上行线以 650 Hz 和 850 Hz，下行线以 550 Hz 和 750 Hz 交错排列的方法，如图 3.20 所示。

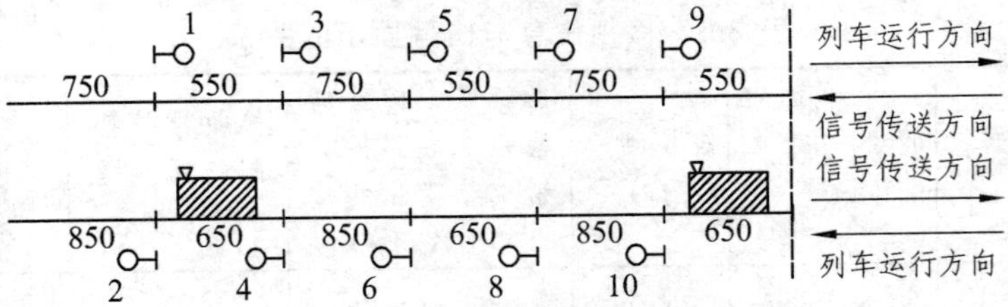

图 3.20 双线区段载频频率配置图

现在以上行方向为例说明。当先行列车 A 在闭塞分区 4 内行驶时，防护该闭塞分区的通过信号机 4 显示红灯。这时通过信号机 4 处的发送盒 FS，自动产生以 26 Hz 低频控制信号调制中心载频 850 Hz 的移频信号，并向后方闭塞分区 6 内发送。通过信号机 6 处的接收盒 JS 接收到此移频信号以后，通过信号机 6 显示黄灯。此时通过信号机 6 的发送设备 FS，自动产生以 15 Hz 低频控制信号调制中心载频 650 Hz 的移频信号，并向其后方闭塞分区 8 发送。在通过信号机 8 处的接收盒 JS，接收到此移频信号后，通过信号机 8 便显示绿灯。同理，通过信号机 8 的发送盒 FS，自动向其后方闭塞分区 10 发送，以 11 Hz 调制中心载频 850 Hz 的移频信号，使通过信号机 10 显示绿灯。这时追踪列车 B 的司机，便可以在绿灯下轻松地按线路中允许最大速度驾驶列车运行。

(二) 设备组成

移频自动闭塞一个区间信号的设备组成框图，如图 3.21 所示。

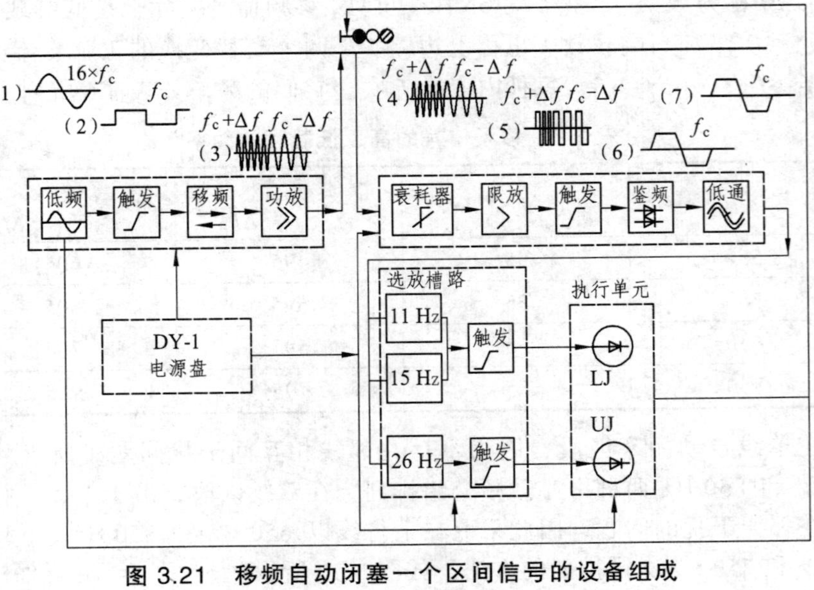

图 3.21 移频自动闭塞一个区间信号的设备组成

1. 发送设备

发送盒 FS 由低频振荡器、四级分频器、移频振荡器、激励级及功率放大器等单元电路组成。低频振荡器产生哪一种频率的低频控制信号 f_c，是受本信号点通过信号机显示状态决定的。低频振荡器产生的正弦交流信号，经整形器变成方波，然后由分频器降低频率，最后变为间隔对称的 11 Hz、15 Hz、20 Hz 或 26 Hz 调制方波，送入移频振荡器对中心载频进行调制。产生的移频信号，经功率放大后送入轨道，向后方闭塞分区传送。

根据中心载频的不同，发送盒共分为 FS-550、FS-650、FS-750 和 FS-850 四种类型。

2. 接收设备

接收盒 JS 由衰耗器、限幅放大器、鉴频器、低通滤波器、选频放大器、末级触发开关以及信号控制继电器等组成。

通过轨道电路传送来的移频信号输入给接收盒 JS 后，经衰耗器和限幅放大器，使较弱的移频信号得到放大，而对较强的移频信号或干扰信号进行限幅削波，然后由双稳触发器进行整形。整形后再经鉴频器还原（解调）为低频信号，由低通滤波器滤除其中的高次谐波，经选频放大器选出相应的低频控制信号，进一步突出频率特征。例如，在 11 Hz 或 15 Hz 时，绿灯继电器 LJ 吸起，通过信号机显示绿灯。如果是 26 Hz，则黄灯继电器 UJ 吸起，通过信号机显示黄灯。当无信号输入或接收的信号频率与本信号点不符时，LJ 和 UJ 同时落下，则通过信号机显示红灯。

与发送盒 FS 配套，接收盒也分为 JS-550、JS-650、JS-750 和 JS-850 四种类型。

五、双向自动闭塞的控制原理

由于单向自动闭塞在每一条线路上只准许运行一个方向的列车，故只需防护列车的尾部，信息可以始终按照一个方向传送，不用改变。在双向自动闭塞时，由于区间线路上既要运行上行列车，又要运行下行列车，所以除了需要对列车尾部防护外，对列车头部也必须防护。

为了对列车头部进行防护，就要求两个方向的通过色灯信号机间和防护区间的两个车站间发生一定的联系。准许上行列车运行时，下行的通过色灯信号机和出站信号机不能开放，反之亦然。

实现上述要求的双向自动闭塞方案有下列两种：

（1）平时（区间内没有列车运行时）不规定运行方向，双方向的通过色灯信号机都开放。当列车要从防护区间的某一站出发时（开放了出站色灯信号机），使反方向的通过色灯信号机都关闭，并使对方站的出站色灯信号机不能开放。

这种方案的缺点是两个车站的出站信号机有同时开放的可能，并且改变运行方向的时间较长，故我国没有采用该方案。

（2）平时规定运行方向。规定方向的通过色灯信号机开放，反方向的通过色灯信号不亮灯，对方站的反方向出站信号机也不能开放。

这种方案能弥补第一种方案的缺点，所以我国目前采用此种方案。由于此方案平时只有规定运行方向的通过色灯信号机开放，而反方向的通过色灯信号机是灭灯的，所以每个信号点处可以用一个方向继电器来完成转接任务，而这个继电器要由专设的改变运行方向电路驱动。为了避免电路发生故障时错误地改变运行方向，最好是利用电流的极性选择方向，因此方向继电器要采用有极继电器。

这个方案，因为规定发车站的出站色灯信号机可以随时开放，而接车站的出站色灯信号机应该被锁于关闭的位置，因此两个车站上也都必须设有表示运行方向的方向继电器，通过它们控制出站色灯机的开放与否。

为了防止在区间内有车时也能改变运行方向，还必须装设一个专门用来检查区间状态的监督区间占用继电器，在它的电路里串联区间内所有轨道继电器或信号继电器的接点。

六、自动闭塞与车站联锁设备的联系电路

在自动闭塞区段，通过信号机的显示是随着列车在闭塞分区的运行而自动变换的，而车站的进站和出站信号机的开放，仍需要车站值班员在控制台上来操纵。为了便于车站值班员掌握列车接近或离去车站的情况，及时准备接、发车进路，因此设有自动闭塞与车站联锁设备的联系电路。它包括接近表示电路和离去表示电路，电路原理如图 3.22 所示。

（一）接近表示电路

接近表示电路用于反映列车接近车站的情况。在车站值班员室控制台上设有 1 接近和 2 接近两个表示灯。将进站信号机前方的两个闭塞分区，作为该站第一接近区段 1JG 和第二接近区段 2JG，并用这两个区段的轨道继电器 1JGJ 和 2JGJ 的接点，来控制接近表示灯和电铃电路。

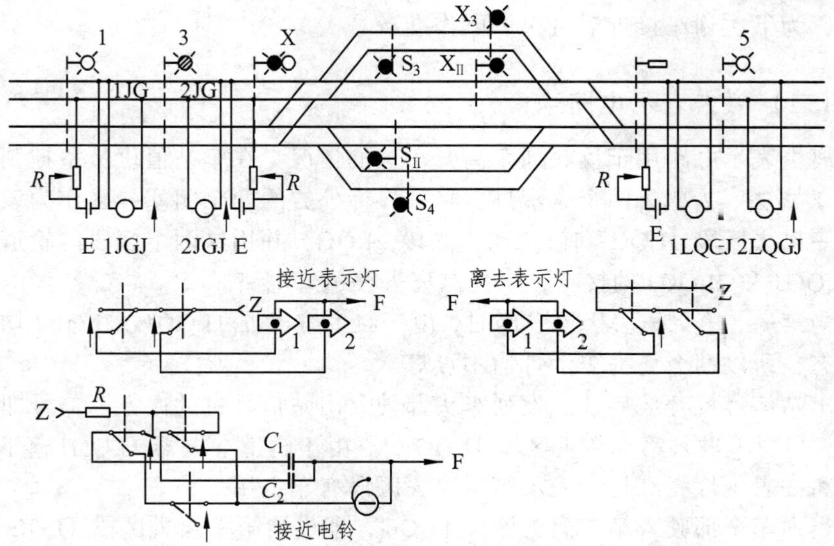

图 3.22　接近及离去表示电路原理图

当进站信号机 X 在关闭状态显示红色灯光时，通过信号机 3（起预告信号机作用）显示黄色灯光。当进站信号机 X 开放时，通过信号机 3 显示绿色灯光，以预告进站信号机在开放状态。

当第一、第二接近区段空闲时，由于轨道继电器 1JGJ、2JGJ 均在吸起状态，所以两个接近表示灯均不点灯。接近电铃不响。

当列车驶入接近区段 1JG 时，由于轨道继电器 1JGJ 落下，通过信号机 1 显示红色灯光。此时第一接近表示灯亮红灯，其电路如下：

Z → 2JGJ↑→ 1JGJ↓→  → F

同时 $C1$ 随着轨道继电器 1JGJ 落下、2JGJ 吸起，向接近电铃 DL 放电，使电铃发出短时音响信号，以引起值班员的注意。

当列车刚驶入第二接近区段 2JG 时，由于轨道继电器 2JGJ 落下，通过信号机 3 显示红色灯光。此时，第二接近表示灯红灯立即点亮，而第一接近表示灯即熄灭。其点灯电路如下：

Z→ 2JGJ↓→  → F

同时 $C2$ 随着轨道继电器 2JGJ 落下，向接近电铃 DL 放电，电铃再次鸣响，表示列车已接近车站。

当列车驶入进站信号机内方，进站信号机即自动关闭。待列车全部出清第二接近区段 2JG 后，轨道继电器 2JGJ 吸起，第二接近表示灯熄灭。电容器 $C1$ 和 $C2$ 分别由电源经轨道继电器 1JGJ、轨道继电器 2JGJ 的吸起接点而充电，为下次列车接近时再次放电作准备。

（二）离去表示电路

离去表示电路用于反映列车离开车站的情况。在车站值班员室控制台上设有 1 离去、2 离去两个表示灯。将站界标外方的两个闭塞分区作为该车站的第一离去区段 1LQG 和第二离去区段 2LQG，并用这两个区段的轨道继电器 1LQGJ 和 2LQGJ 的接点，来控制离去表示灯电路。

当第一、第二离去区段空闲时，由于轨道继电器 1LQGJ、2LQGJ 均在吸起状态，所以两个离去表示灯均不点灯。

出站信号机开放后，出发列车头部驶入出站信号机的内方，信号即自动关闭。当列车进入第一离去区段 1LQG 时，由于轨道继电器 1LQGJ 落下，使第一离去表示灯亮红灯，表示第一离去区段有车占用。

当列车全部驶入第二离去区段 2LQG，即出清第一离去区段 1LQG 时，第一离去表示灯才熄灭，第二离去表示灯红灯点亮，表示列车出清第一离去区段，而占用第二离去区段。待列车全部出清第二离去区段 2LQG 后，轨道继电器 2LQGJ 吸起，第二离去表示灯熄灭。

从上述情况可以看出，只有在第一和第二两个离去区段都没有列车占用时，办理发车进路，出站信号机才能显示绿色灯光。如列车占用第二离去区段，出清第一离去区段，也就是第二离去表示灯点亮红灯时，虽办理了发车进路，出站信号机可以开放，但只能显示黄色灯光。如列车占用第一离去区段，也就是第一离去表示灯点亮红灯时，即使办理了发车进路，出站信号机也是不能开放的。

第五节　机车信号系统

一、概　述

铁路地面信号是指挥行车和保证列车运行安全的工具，其显示必须正确可靠，并且容易被司机辨认。但由于地形和气候条件的影响，司机往往不能在规定的距离上及时瞭望到前方信号机的信号显示，因而有产生冒进信号的危险。特别是在运量大、列车的速度快和载重量大的区段，列车必须在离信号机较远的距离开始制动才行，否则列车冒进信号的可能性很大。为了防止这种危险的情况发生，采用了机车信号设备。这种设备可以预先通知司机所接近的地面信号显示情况，这样司机就能够在任何条件下从容地驾驶列车和及时地采取制动措施，提高列车运行的效率和安全程度。但是，机车信号无法防止由于司机失去警惕而发生危及列车运行安全的事件，于是就研制了列车运行自动控制。列车运行自动控制在最初阶段是列车自动停车 ATS（Automatic Train Stop），其功能是当地面信号的“禁止命令”未被司机接受就强迫列车自动停车。在列车速度和密度不断提高的情况下，为了保证运行安全和提高效率，进一步研制了列车运行速度监督和控制。这种设备的功能是当列车速度超过规定速度时，进行监督报警，让司机减速或由列车自动地把速度降到规定的速度以下，从而既能保证行车安全，又能提高列车运行效率。

近年来，世界各国由于铁路运量及速度不同，不但对于机车信号系统的研究方案不同，而且对于机车信号的概念也不统一。一般对突出车内信号显示功能的设备称为机车信号，而对突出控制列车运行的设备称为列车自动停车或列车速度自动监督和控制。根据世界各国机车信号的发展来看，当前的机车信号系统不只是单纯地包括车内信号或带自动停车设备，而是向列车速度控制方向发展的一整套列车自动控制系统。

机车信号控制系统在目前可以看做是一种单方向的远程控制设备，只能从地面向机车传递控制命令，而不能沿相反方向传递信息。机车信号控制系统和其他远程控制系统一样，可以划分成如图 3.23 所示的几个部分。

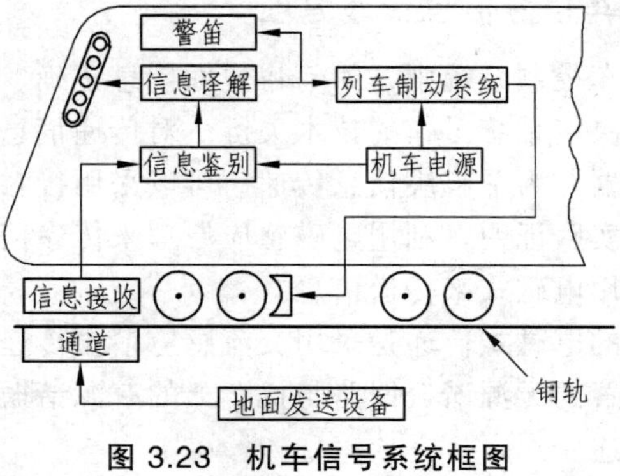

图 3.23　机车信号系统框图

地面发送设备和通道：主要功能是将线路情况或地面信号显示变换为可以进行传递的电信号，然后由通道向机车上发送信息。

信息接收：它是机车信号控制系统中的重要部分，直接接收地面的信息，因此要求其具有稳定、准确、可靠的性能。

信息鉴别：既能鉴别出是干扰还是信息，又能鉴别出信息的特征。

信息译解：根据鉴别出来的信息特征，按照设计的规定直接译解成机车信号显示或者速度指示。

列车制动系统：它是控制列车运行的执行部分，通过它可以控制警笛报警，以提醒司机要采取措施，若司机未采取措施，就使机车进行紧急制动。

机车电源：它是采用机车发电机和机车蓄电池浮充供给的直流 50 V 电源。

从系统框图中可以看出，机车信号系统中最主要的问题是如何实现从地面向机车传递信息，可以说它是决定稳定性和可靠性的关键。

从地面向机车上传递信息的方式有两种：一种是点式，另一种是连续式。

点式机车信号系统是指在线路上的某些固定点设置地面设备向机车上传递信息的系统。其特点是设备简单、造价低、施工快、地面设备不消耗电能。

连续式机车信号系统是指在某段线路上不间断地向机车传递信息的系统。它又可分为连续式和接近连续式两种。连续式是在自动闭塞运行的区段内连续地向机车上传递信息，而接近连续式只是在非自动闭塞区段接近车站的接近区段内设置连续式机车信号设备。

连续式机车信号系统的优点是能连续不断地把地面信号显示情况复示给司机，因此随时都可以反映出地面信号显示的变化。

二、双频点式机车信号

（一）点式机车信号信息传递原理

机车信号和列车控制系统中，如何将地面信息正确、可靠地传递到运行中的列车上去，是决定系统工作的技术关键。对传递信息的地面设备一般要求采用无源的传感器。为了解决信息传递，可以采用接触式、光电式、电磁式等多种方法。但实践证明，利用电磁感应原理来传递信息是一种较好的方法，我国目前都采用电磁式来传递信息。

点式机车信号的电磁式传递是采用交流感应谐振传递信息的方法。这种方法是利用地面设置的无源谐振回路与机车上的有源谐振回路之间的互感作用来实现信息的传递。

（二）双频点式机车信号制式的确定

点式机车信号大多用在进站信号机前方，列车通过地面感应点时，应把进站信号机的显示情况及时传递到机车上去。目前我国进站信号机大多还采用四显示（不计引导信号显示）。在地面上如何来区分这 4 种信息，是点式机车信号的关键。在前面介绍的传递原理中只能传递一种信息，可在此基础上，扩展为传递两种频率信号，利用两种频率的组合就能够组成 3 种有用信息。因为传递两种频率的信号，所以称为双频点式机车信号。

如图 3.24 所示是双频点式机车信号的信息传递示意图。机车只有在 0.3 ~ 3 s 的时间内，通过两个感应点，当连续两次接收符合规定的频率的顺序组合时，才给出机车信号正常显示灯光。如果只有一次感应作用，则机车信号显示限制信号。

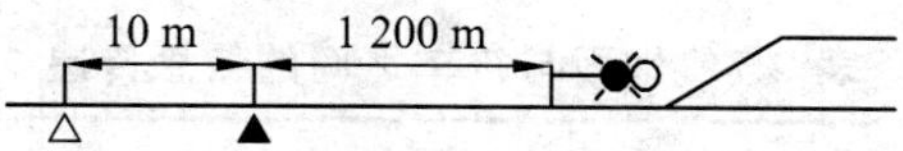

图 3.24 信息传递

△—单频感应器，传递 f_1 或 f_2 两种单频；▲—双频感应器，传递 f_1 或 f_2 或 f_1、f_2 三种单频。

一个感应点分两次感应作用，不但增加了信息显示，而且还可以使设备动作可靠，可以防止由于电子振荡偶然停振，而引起信号显示升级。

（三）双频点式机车信号主要设备

全套设备分成机车设备和地面设备两大部分。

1. 机车设备

（1）机车感应器：它是具有一个铁芯的电感线圈，是接收和传递信息的传感元件。它安装在机车的一侧安装架上，悬挂高度为距线路 150 mm。

（2）电子继电器：它由振荡器和脉冲继电器等元件构成，其作用是把接收的频率信息变成脉冲继电器的开关量，送入译码器进行译码。

（3）译码器：它由 9 个继电器组成，其作用是译出在 0.3 ~ 3 s 时间内脉冲继电器开关量的变化，并控制机车色灯信号机的信号显示和自动停车电空阀的动作。在机车上把（2）、（3）两部分放在一个箱内，称为共用箱。

（4）其他设备：有机车色灯信号和机车电源等。

2. 线路设备

（1）地面感应器：它是一个无源的铁芯线圈，也是向机车上传递信息的传感元件，装在轨条外侧的枕木上，其高度与轨面保持水平。

（2）线路继电器：它的动作受地面进站信号机控制，利用 XLJ 的接点，可以编制出各种地面信号显示的信息，向机车上发送。

（3）调谐盒：把地面上的阻流圈及电容器装在一个盒内。因为它配合线圈谐振于不同的频率，所以称它为调谐盒。调谐盒分单频和双频，分别与地面单、双频感应器相配合，构成单频感应点和双频感应点。

（四）双频点式机车信号的信息编制

地面信息的编制是利用线路继电器的接点使地面两感应点分别谐振在规定的不同频率组合。线路继电器与进站信号机发生联系，这样就可以根据进站信号机的不同显示，给出不同频率回路的组合，向机车上传递4种信息，见表3.7。

表3.7　地面与机车之间的信息传递

进站信号机的显示	线路继电器的状态	地面感应点频率组合		机车信号机显示
		单频感应点（Hz）	双频感应点（Hz）	
站外停车（红）	1XLJ↓　2XLJ↓	1 200	1 700	红/黄灯
进正线停车（黄）	1XLJ↓　$\overline{2XL\vec{J}}\uparrow$	1 700	1 200	黄灯
由正线通过（绿）	1XLJ↓　$\overleftarrow{2}\,\overline{XLJ}\uparrow$	1 700	1 200 1 700	绿灯
进侧线停车（双黄）	1XLJ↑　2XLJ↓	1 200	1 200 1 700	黄/黄灯

三、变频感应式机车报警系统

变频感应机车报警系统是按照日本国铁广泛运用的ATS-S型车内报警装置的原理，结合我国实际情况，采用国产的元器件，进行了长时间的试制、试用，经多次修改，反复实践后研制成功的。

变频感应式机车报警系统包括机车报警和自动停车两部分的设备。最初着重研究反映地面信号显示的机车信号，在每个作用点设一个无源固定谐振槽路的感应器，频率为130 kHz。两个相应接收进站信号机条件控制的有源振荡器，频率分别为85 kHz和130 kHz。采用3根控制线（一根为共同线），发送4种地面信息。机车上构成5种机车信号显示。设备在现场试用期间，曾发生过控制线混线时机车信号显示升级的错误。因此，把五显示方式改为四显示方式，机车上取消了区分进正线还是进站线的信号。显示的区别在现场试用一段时间后发现，机车信号显示越多，设备越复杂，可靠性越低。考虑到系统主要为了保证行车安全，因此，将系统改为以列车自动停车为主要功能同时辅以报警设备的系统。通过多年的实际运用，证明以这种方式工作的设备稳定可靠。

该系统的主要特点：

（1）电路简单，结构不复杂，造价较低，安装、检修方便。

（2）由于设备采用晶体管元件以及阻尼式气垫减震措施，设备工作较稳定。

（3）电路工作频率较高，地面和机车感应器均采用空心线圈，重量轻，品质因素 Q 值高，电路灵敏。

（4）机车和地面感应器均为无源谐振槽路，线圈匝数少；壳体用模压一次成型，树脂胶封灌，防水性能好，使用寿命长。

（5）变频器能在较宽的频带内实现变频，响应速度快，可以取得多个信息，能适应较高速度的列车运行。

变频机车报警系统的主要技术指标包括以下几点。

（1）电源工作电压：直流（50 ± 20%）V,（24 ± 2）V。

（2）设备功率消耗：直流 50 V，150 W；20 V，40 W。

（3）地面感应器频率：（115 ± 2）kHz,（130 ± 2）kHz。品质因数：$Q > 80$。

（4）变频器平时工作频率：（90 ± 2.5）kHz。变频范围：（110 ~ 135）kHz。

（5）变频高度 >370 mm，最佳高度为 160 ~ 260 mm。

（6）设备响应时间 <10 ms，适应最高列车速度为 200 km/h。

（7）抗干扰信噪比为 20 dB。

（8）信号开放的报警时间为 4 ~ 6 s。

四、交流计数电码机车信号

（一）概　述

交流计数电码机车信号简称 61 型机车信号，是和地面的交流计数电码自动闭塞配套使用的。交流计数电码自动闭塞有非电化区段的 50 Hz 和电化区段的 75 Hz、25 Hz 之分，机车信号也相应有电化和非电化之分，但原理基本上都相同。

61 型连续式机车信号的整套装置包括：两个接收线圈（电力机车和双向运行的机车有 4 个）、共用箱、放大器、译码器、机车信号机构等。连续式机车信号原理如图 3.25 所示。

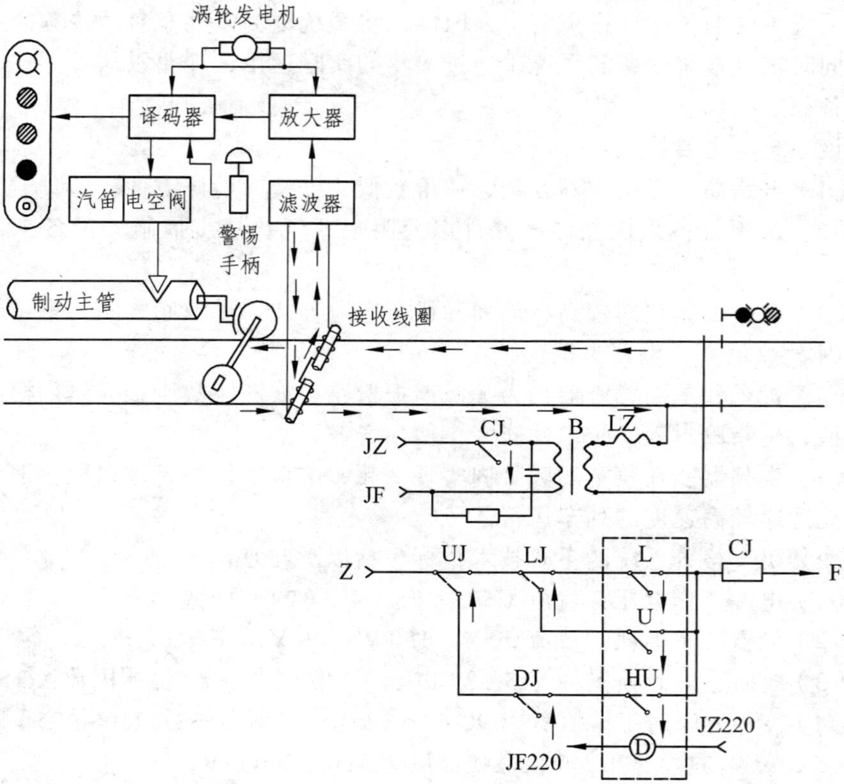

图 3.25　连续式机车信号原理

由图可见，接收线圈（感应器）将所感应到的微弱信号经检波后变为直流脉冲，使脉冲继电器随信息脉冲而动作。脉冲继电器控制译码器动作，译码器则根据其内部继电器的动作译出信息，使机车信号复示地面信号机的显示，并启动自动停车设备。

机车信号的电源为 50 V 直流电源，由机车发电机和蓄电池组浮充供电。

交流计数电码机车信号的信号显示采用预告五显示，即 L、U、H/U、H 或 B。信息与机车信号显示的关系如图 3.26 所示。

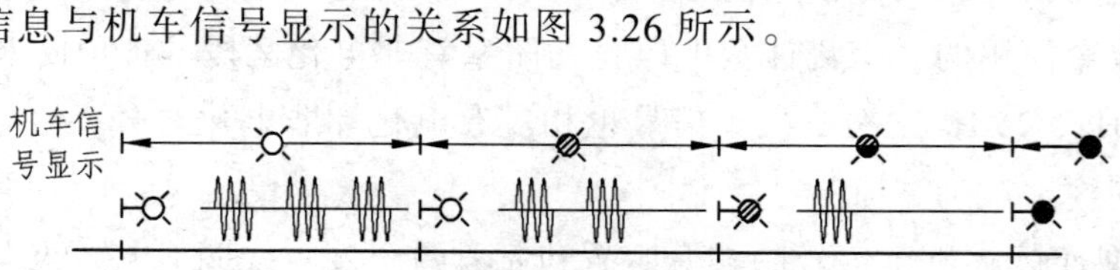

图 3.26　信息与机车信号显示的关系

由图可知，当机车信号设备接收一个周期三个脉冲时，机车信号显示绿灯，复示前方地面信号的绿显示；当接收一个周期二个脉冲时，机车信号显示黄灯；当接收一个周期一个脉冲时，机车信号显示红/黄灯；没有电码时，机车信号显示红灯或白灯，这取决于上一次显示是否是红黄显示，若是红黄显示则机车信号显示红灯，否则显示白灯。

（二）信息的接收及放大原理

机车信号的信息是通过安装在机车前部的两个接收线圈串联连接后所感应的电势。接收线圈是由硅钢片叠成的铁芯、线圈绕组、外壳、端子盒等组成。线圈接收的电压，当最低点距轨面 150 mm、线圈中心距钢轨内侧 120 mm 时，两个线圈串联所感应的电动势不小于 0.2 V。感应器上得到的感应电压输入到放大器。

五、移频机车信号

移频机车信号是与地面移频自动闭塞制式配套使用的，因此它也属于连续式机车信号的一种。由于移频自动闭塞制式能适用于单线和复线铁路区段，移频机车信号同样也应适用于单线和复线区段。

（一）移频机车信号显示

移频机车信号接收的信息与信号显示的关系如下：

（1）当移频机车信号在机车出库开机且没有接收信息时，机车信号显示白灯，这与交流计数电码机车信号在开机时显示红灯不同。

（2）机车接收 11 Hz 信息时，机车信号显示绿灯；接收 15 Hz 信息时，显示黄灯；接收 20 Hz 信息时，显示双黄；接收 26 Hz 信息时，显示红黄灯光，表示前方地面信号显示红灯；机车进入无信息区时，机车信号显示红灯或白灯的原则与交流计数电码机车信号相同。

移频自动闭塞区间地面信号和机车信号显示的关系如图 3.27 所示。从图中可以看出，移频机车信号显示不仅反映了区间地面信号机的显示，而且还反映了车站进站信号显示，所以需要增加频率为 20 Hz 的信息作为机车信号双黄显示。为此，必须在进站信号机处增加发送 20 Hz 的信息，在发送 20 Hz 的信息时，同样也使前方地面通过信号机显示绿灯。

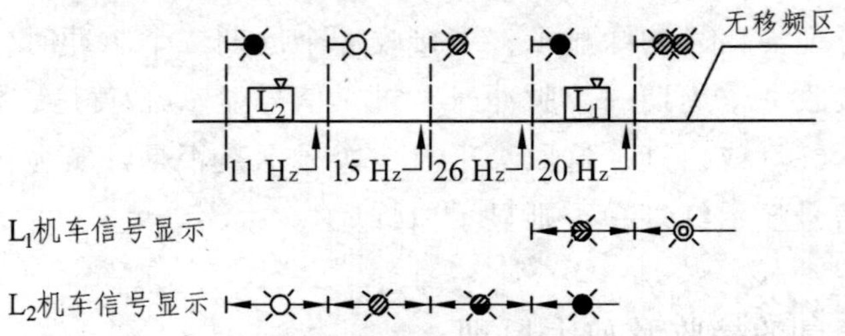

图 3.27　地面信号和机车信号显示的关系

（二）移频机车信号设备

移频机车信号设备包括感应器、感应器盒、机车色灯信号机、电源盒、电子总箱等五个部分，另外，还需增加一台发电机，如图 3.28 所示。

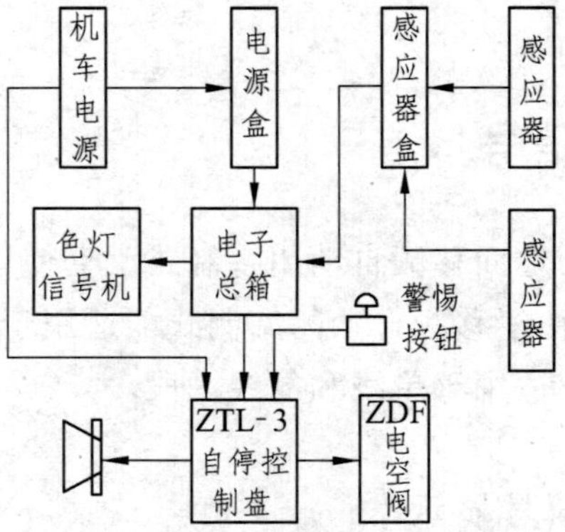

图 3.28　移频机车信号设备框图

（1）感应器：采用由矽钢片组成带开口磁路的铁芯，装于机车导轮前方排障器端梁上，左右各一个。感应器线圈底部距轨面高度为 150 mm，感应器中心偏在轨道内侧，其中心距钢轨中心为（65 ± 5）mm。

（2）感应器盒：装于感应器安装架上，内设接线端子，作为两个感应器串联连接用。

（3）电源盒：内设稳压电源、电压表、电源开关熔断器和行车方向开关等，装在正司机座位后面的上部壁板上。

（4）机车色灯信号机：每台机车设有两个，分别装于正、副司机座位前方侧窗旁或瞭望方便的地方。它有 6 种显示，即绿、黄、双黄、红黄、红和白。

（5）电子总箱：一般装于副司机座箱内，内设接收电子电路、电器控制电路及测试孔，整个设备装有减震装置。

（6）50 V 发电机：为了装设机车信号和自动停车设备，增加了一台发电机，与原有的一台交替使用。总箱内的电子电路以晶体管串联稳压 24 V 电源供电，电空阀、信号灯及继电器控制电路用 50 V 直接供电。

（三）机车信号接收电路

机车信号接收电路结构框图如图 3.29 所示。

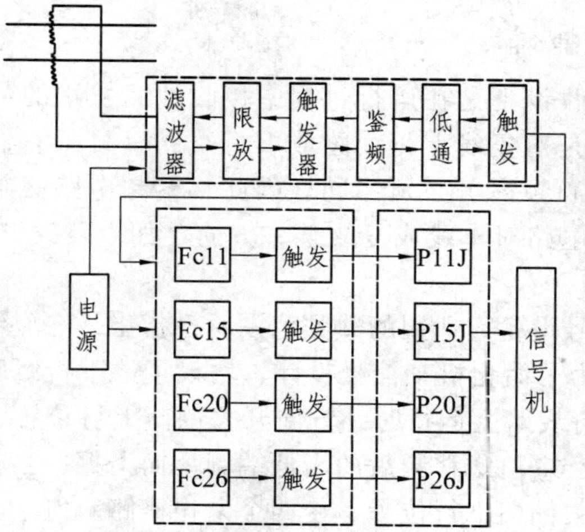

图 3.29 机车信号接收电路结构框图

1. 宽带滤波器

移频地面接收设备中设有衰耗器，它的作用有两点：一是调整不同长度轨道电路的接收能量，二是对固定中心频率进行选择。前面已经介绍，要求机车信号的设备能适用的频率范围较宽，这意味着一方面机车信号的设备要局限在机车信号的工作频率（490 ~ 950 Hz）范围内，对 50 Hz 及其他频率信号的干扰具有一定的防卫度；另一方面又要适用于 495 ~ 905 Hz 范围内各有关信号频率，即保证在地面发送设备功率固定为 6.4 W 时，在 495 ~ 905 Hz 范围内各工作频率的限放输入电压值比较均匀，因此设置了宽带滤波器。

2. 对称限幅电路

在前置放大电路前面的输入端，增加了对向并联的两个二极管 2CP13，作为二极管限幅器，可称其为对称限幅电路。由于机车信号接收设备在轨道电路的出口端与入口端接收的电平强弱差异较大，所以希望通过对称限幅电路将 SK1 端的输入电压限制在某一固定值（此处限制在 0.7 V），避免由于输入信号过强，使前置放大器的输出波形出现削顶及畸变，以致削弱了输出能量。

3. 前置放大电路

由于机车信号感应电压较低，因此采用两级放大电路。

4. 双稳触发器

设置它的目的是使接收到的移频信号得到整形，保证下级鉴频槽路更稳定地工作。

5. 鉴频放大电路

机车信号接收设备是在运行过程中接收地面发送的信号的，所以不论对单线线路，还是对复线上行线路或下行线路，显示它们的自动闭塞相邻分区的载频（中心频率）必须不同。因此，鉴频电路必须适合于两个中心频率，鉴频放大电路对单线或复线某一方向（如上行线路）起码需要 4 个谐振槽路。

前述机车信号设备应适用的载频范围时已指出，在复线区段需要适用于 4 个中心频率。为了简化机车信号设计，增设了上下行线路运行的方向开关 K。当在复线上行线路上运行时，方向开关倒向上行位置，使四个谐振槽路对应于 850 Hz 及 650 Hz 移频后的高低端频率而谐振。当在复线下行线路上运行时，方向开关倒向下行位置，使四个谐振槽路对应于 750 Hz 及 550 Hz 移频后的高低端频率而谐振。

6. 斯密特触发器

该电路环节是移频机车信号设备中特别增加的电路环节，其设置目的，主要是为了防止非工作中心频率在鉴频槽路上半边侵入时，造成设备误动。

7. 选频放大环节

机车信号选频放大环节的作用与地面选频放大环节基本相同，它的主要特点是由于鉴别的 4 个低频信号（11 Hz、15 Hz、20 Hz、26 Hz）频率间隔不大，所以机车选频放大器用两级选频，将分频比提高到 4∶1。同时，为了防止槽路间的相互影响，在二级选放电路中对各低频单独构成选频放大电路。

8. 电　源

由于机车发电机直流 50 V 电源的电压高，电压波动较大，有谐波杂音，不能满足移频电子设备的要求，所以采用了晶体管稳压电源。稳压电源由涡轮发电机 50 V 得到供电，输出 24 V 电压作为接收电路电源。

六、专用的接近连续式机车信号系统的工作原理

接近连续式机车信号系统是在列车接近车站时获得机车信号显示的设备。目前，我国运用的各种自动闭塞系统本身都具有机车信号的功能，它们都可以作为接近连续式机车信号系统应用。

专用的接近连续式机车信号系统为专供半自动闭塞区段上接近车站时应用的机车信号系统。这类机车信号系统的主要特点是省电，适用于无交流电源地区。我国曾研制过利用无线和轨道电路传送信息的多种方案。但是，实际较为成熟的只有 JPZ 型。

JPZ 型接近连续式机车信号系统是一个独立的系统，它由地面感应器、专用的轨道电路（发送信息）、机车接收设备、点式检查系统以及自动停车装置的机车信号机等组成。系统的设备示意图如图 3.30 所示。

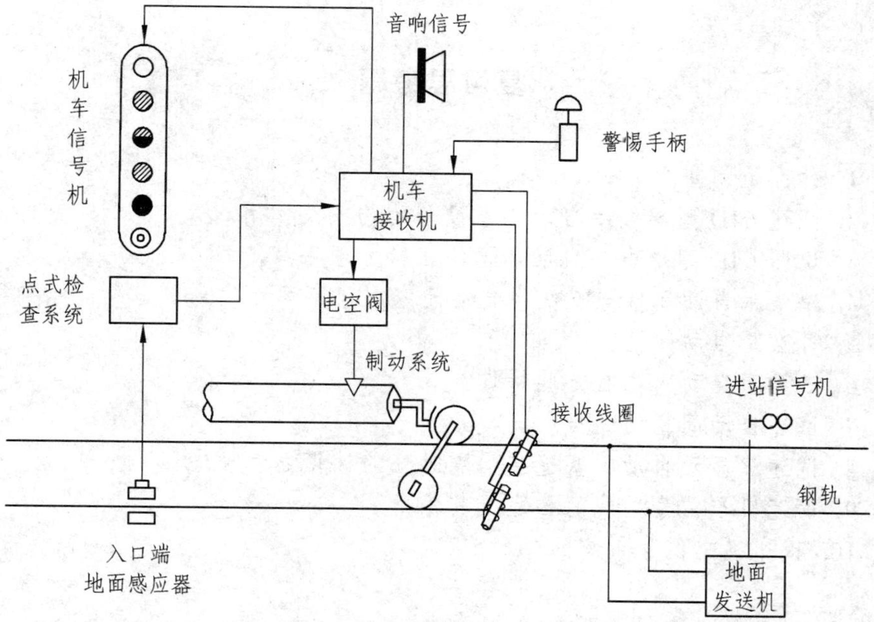

图 3.30 JPZ 型接近连续式机车信号系统设备示意图

JPZ 型机车信号系统地面发送的信息采用脉冲调制电码，每个电码由相连的两个单元音频信号组成。两单元音频信号持续时间分别为（50 ± 5）ms 和（40 ± 5）ms，发送次数为（55 ± 5）次/min。信息系统采用 5 种频率，分别为：$f_1 = 230$ Hz，$f_2 = 269$ Hz，$f_3 = 315$ Hz，$f_4 = 368$ Hz，$f_5 = 431$ Hz。地面信号显示与电码的组合以及相应机车信号的显示见表 3.8。

表 3.8 地面信号显示与电码的组合及相应的机车信号的显示

地面信号显示	双频组合电码	机车信号显示
绿	f_1 f_3	绿
上行黄，下行黄/黄	f_1 f_4	上行黄，下行黄/黄
上行黄/黄，下行黄	f_1 f_5	上行黄/黄，下行黄
上行红	f_2 f_4	上行红/黄
下行红	f_2 f_5	下行红/黄
备用	f_2 f_3	

这种机车信号系统平时机车信号亮白灯，机车进入接近区段，接收到从轨道传送来的信息，依据信息的内容，点亮相应的信号显示，并用点式检查系统检查列车的到达，以保证行车安全。

复习思考题

1. 什么是闭塞？
2. 简述 64D 型继电半自动闭塞设备的构成及作用。
3. 说明 64D 型继电半自动闭塞的正常办理手续。
4. 单线半自动闭塞与双线半自动闭塞有何不同？
5. 什么是自动闭塞？
6. 三显示自动闭塞有哪些特点？
7. 试述自动闭塞的分类。
8. 试述三显示自动闭塞追踪间隔时分的计算方法。
9. 简述机车信号系统的构成及其作用。
10. 试述机车信号系统的分类。

第四章　车站联锁设备

学习指导

【学习目标】

（1）掌握联锁和进路的概念；
（2）了解联锁的技术条件；
（3）掌握确定敌对进路的原则；
（4）了解进路锁闭关系和联锁设备的分类；
（5）掌握小站电气集中设备的构成和操纵方法；
（6）掌握大站电气集中的特点和设备构成；
（7）了解大站各种信号机的设置；
（8）掌握微机联锁的组成及功能；
（9）了解微机联锁优点。

【学习建议】

（1）学习时间：7 ~ 9 小时
第一节建议学习时间：1 小时
第二节建议学习时间：2 小时
第三节建议学习时间：2 小时
第四节建议学习时间：2 小时
（2）学习方法
① 点播学习网络课程第四章的内容；
② 参加在线导学直播；
③ 阅读教材列出的参考资料中有关联锁、电气集中和微机联锁的内容。

【学习重难点】

（1）联锁和进路的概念；
（2）进路的划分；
（3）电气集中设备的构成及操纵方法；
（4）微机联锁的组成及其功能。

铁路信号是组织、指挥、控制行车的技术设备，是信号、联锁、闭塞设备的总称。而车站信号又是铁路信号中的主要联锁设备之一。

车站信号的主要任务是：① 集中控制车站内的信号、道岔和进路，发出行车命令去指挥列车或调车车列安全、迅速地运行；② 完成车站内的信号、道岔和进路之间的联锁任务，以保证行车安全，提高运输效率。

铁路运输必须实行高度集中统一的指挥，才能保证列车安全、迅速而不间断地运行。由于车站信号在保证行车安全、提高运输效率、改善劳动条件、降低建设成本和节约运营费用上占有重要的地位，所以在铁路运输现代化的进程中，正日益受到重视和发展。

第一节　联锁的基本概念

一、联锁的意义

在车站内有许多条线路，线路之间用道岔连接着，根据道岔不同的位置来开通不同的线路。列车和调车车列是根据信号机的显示来运行的。如车站某一端向某一股道接车，不但要求有关道岔开通方向正确，而且车站另一端没有向同一股道办理接车，该端的进站信号机才能开放。否则，车站两端的列车，同时进入某一股道，就会发生正面冲突，造成严重的行车事故。

为了保证行车安全，通过技术方法使道岔、进路和信号机三者之间按一定的程序、一定的条件建立起既联系而又制约的关系，这种关系称为联锁。为完成联锁关系而装设的信号设备称为联锁设备。

（一）联锁的技术条件

为了保证行车安全，各种联锁设备应满足下列主要技术条件：

（1）当进路上的有关道岔开通位置不对或敌对信号未关闭时，该信号机不能开放。

（2）信号机开放后，该进路上的有关道岔不能扳动，其敌对信号机不能开放。

（3）正线上的出站信号机未开放时，进站信号机不能开放通过信号；主体信号机未开放时，预告信号机不能开放。

如图 4.1 所示的车站，办理下行Ⅱ道通过时，有关道岔、进路和信号机之间的联锁关系如下：

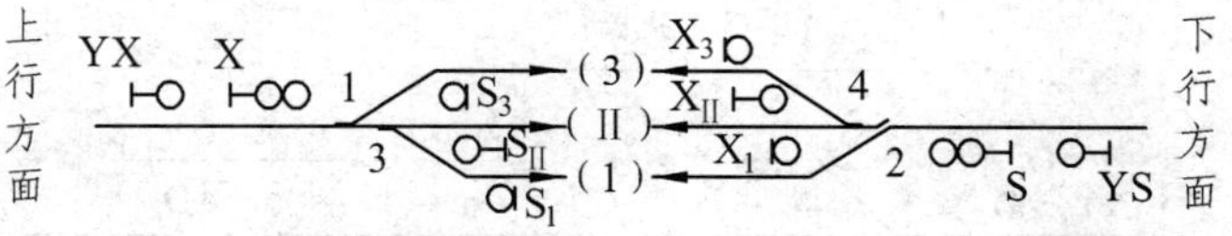

图 4.1　联锁示意图

（1）进路上的 4、2 号道岔，必须置于Ⅱ道开通位置。同时，进站信号机 S 必须置于关闭状态，才能开放Ⅱ道下行出站信号机 X_{II}。

（2）出站信号机 X_{II} 开放后，4、2 号道岔和敌对信号机 S 被锁闭。

（3）出站信号机 X_{II} 开放后，1、3 号道岔置于Ⅱ道开通位置，且信号机 S_{II} 在关闭状态时，才能开放下行进站信号机 X 的正线通过信号。

（4）下行进站信号机 X 显示正线通过信号后，1、3、2、4 号道岔和敌对信号机 S_{II} 以及 S 被锁闭。

（5）下行进站信号机 X 开放后，预告信号机 YX 才能开放。

（二）进路的概念及锁闭关系

1. 进路的分类及划分

在车站内，列车或调车车列由一点运行至另一点时所经过的路径称为进路。它可以分为列车进路和调车进路两种。

列车在站内运行时所经过的路径称为列车进路。列车进路又可分为接车进路、发车进路和通过进路。

接车进路是从进站（进路）信号机起至接车线末端出站信号机（或计算该线有效长的警冲标）止的一段线路。

单线车站的发车进路是从出站信号机起至相对方向进站信号机止的一段线路。双线车站的发车进路是从出站信号机起至站界标止的一段线路。

通过进路由接车进路和正线发车进路所组成。

调车车列或单机在站内运行时所经过的路径称为调车进路。

在不设调车信号机的车站，调车进路是从调车车列或单机运行方向的前端起至运行目的地的一段线路；在设有调车信号机的车站，调车进路是从开放的调车信号机起到关闭的调车信号机、出站兼调车信号机或站界标止的一段线路。

进路的划分如图 4.2 所示。

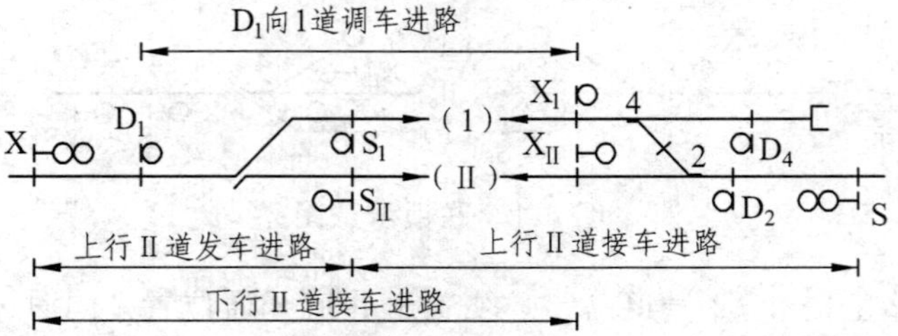

图 4.2 进路的划分

2. 敌对进路的确定

在车站内有些进路同时建立时，将造成列车或调车车列相撞的危险。为保证安全，必须对同时建立可能造成冲突的进路实行联锁，防止同时开通。

凡是两条进路有重叠部分，并不能以道岔位置来区分时，这两条进路互为敌对进路。现参照图 4.2 来说明确定敌对进路的原则，以下进路均为敌对进路：

（1）同一到发线上对向的列车进路与列车进路。如下行Ⅱ道接车进路与上行Ⅱ道接车进路。

（2）同一到发线上对向的列车进路与调车进路。如下行 1 道接车进路与 D_2 或 D_4 向 1 道调车进路。

（3）同一咽喉区内对向重叠的列车进路。如下行Ⅱ道接车进路与上行Ⅱ道发车进路。

（4）同一咽喉区内对向或顺向重叠的列车进路与调车进路。如下行Ⅱ道接车进路与 S_{II} 向 D_1 的调车进路或下行Ⅱ道接车进路与 D_1 向Ⅱ道的调车进路。

（5）同一咽喉区内对向重叠的调车进路。如 D_1 向 1 道调车进路与 S_1 向 D_1 的调车进路。

另外，在一些特殊情况下，有些进路之间虽然没有重叠部分，为了保证行车安全，仍然规定它们互为敌对进路。如当进站信号机外方的制动距离内，接车方向有超过 6‰ 的下坡道，而在该下坡道方向的接车线末端无隔开设备时，该下坡道方向的接车进路与对方咽喉区的接车进路、非同一到发线上顺向的发车进路以及对方咽喉区的调车进路互为敌对进路。

当向无联锁的线路办理接、发车进路时，由于没有联锁设备来确保进路的正确、保证道岔的锁闭，容易发生行车事故。为了保证行车安全，除了车站行车人员认真作业外，进路上有关道岔（如防护道岔）还应加锁。

在电气集中联锁的车站，如在未装设轨道电路的股道上停有车辆时，必须将两端道岔扳向不能进入股道的位置，并应该加锁。

3. 进路锁闭关系

（1）进路锁闭。

当进路排列后，将进路上的有关道岔锁闭，使敌对进路的信号机不能开放，这种锁住进路上的有关道岔和敌对信号的方式称为进路锁闭。根据接近区段有无列车或调车车列占用,进路锁闭分为预先锁闭和接近锁闭两种状态。

① 预先锁闭：当进路开通并锁闭，防护该进路的信号机开放后，列车或调车车列尚未驶入接近区段，此时，进路所处的锁闭状态称为预先锁闭。

② 接近锁闭：当信号开放后，列车或调车车列已驶入接近区段，此时进路所处的锁闭状态称为接近锁闭（也称完全锁闭）。

（2）区段锁闭。

集中操纵的道岔，为了防止列车或调车车列占用道岔时，道岔中途转换而危及行车安全，所以在有车占用的道岔区段，即使车站值班员操纵也不会使道岔转换。这种锁闭道岔的方式称为区段锁闭。

二、联锁设备分类

目前，我国铁路上采用的联锁设备主要有电锁器联锁、电气集中联锁和计算机联锁三种类型。

（一）电锁器联锁

利用电锁器实现联锁关系的设备称为电锁器联锁。电锁器联锁设备因其采用信号机类型不同，可分为臂板电锁器联锁、电动臂板电锁器联锁及色灯电锁器联锁三种。

（二）电气集中联锁

应用电气方法由一个地方集中控制和监督道岔、进路和信号，并实现它们之间联锁关系的设备称为电气集中联锁。我国目前广泛采用由继电器组成的逻辑电路实现联锁关系。电气集中联锁可分为大站电气集中联锁和小站电气集中联锁等。

（三）计算机联锁

计算机联锁是用微型计算机和其他一些电子、继电器件组成具有“故障-安全”性能的实时控制系统。计算机联锁安全可靠、处理速度快，具有独特的优点。

第二节　小站电气集中

随着列车密度的增加和车速的提高，保证安全和提高效率已成为一个重要课题。人们不断改进设备，设法将全站分散操纵的道岔和信号机改由车站值班员集中操纵，用电气控制方式来集中控制和监督车站的道岔、进路和信号机，并且实现它们之间的联锁关系。这样的信号联锁设备称为电气集中。目前，国内外的电气集中设备广泛采用继电器作为主要控制元件，由继电器构成的逻辑开关电路来实现车站复杂的联锁关系,所以通常称它为继电集中。它分为大站、中站和小站电气集中的三种基本类型。

根据中间站站场简单、咽喉区短、调车作业少的特点而设计的电气集中叫小站电气集中。目前我国铁路采用的小站电气集中有 6026、6031、6032、6036 等定型电路。与电锁器联锁相比较，小站电气集中取消了扳道员，增加了电动转辙机和轨道电路，不但节省了排列进路、开放信号的时间，改善了劳动条件，而且提高了车站作业的安全程度和作业效率。

一、设备简介

如图 4.3 所示，小站电气集中由室内设备和室外设备两大部分组成。室内设备包括控制台、继电器组合及组合架、电源屏和分线盘，室外设备包括信号机、电动转辙机、轨道电路、电缆线路、电缆盒和变压器箱等。

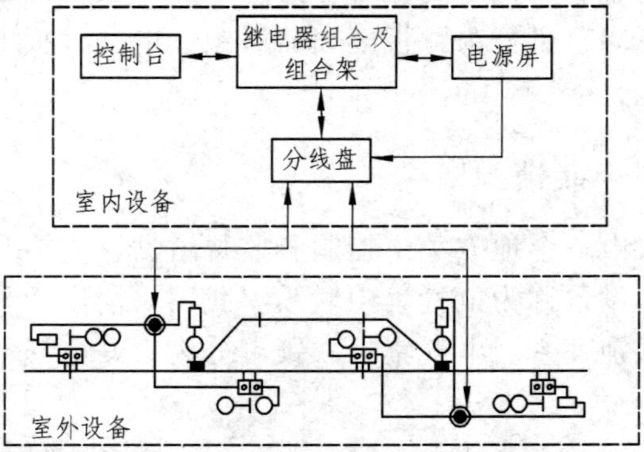

图 4.3　小站电气集中设备组成示意图

1. 控制台

控制台是控制和监督全站信号设备的中心。在控制台盘面上设有模拟站场图形和各种按钮及表示灯。车站值班员利用控制台上的按钮可以集中操纵全站集中区域的道岔、排列列车和调车进路、开放或关闭信号等，并且通过控制台上的各种表示灯（包括电铃）可以集中监督全站的道岔、进路、信号机的状态，线路的占用情况等。在控制台的下部设有若干块“零层配线端子板”，供控制台内部配线和控制台与组合架、电源屏之间的配线用。6036 型小站电气集中的控制台采用标准单元块拼装而成。一般采用 15 块（高）×30 块（宽）或 10 块（高）×20 块（宽）这两种控制台类型，单元块尺寸为 43 mm×43 mm。

2. 继电器组合及组合架

继电器组合架是放置继电器组合的地方，它是完成电气集中联锁关系的核心部分，也是我们学习电气集中联锁的重要内容。每个组合架共有 11 层。最上面或最下面一层称为“零层”，上面装有组合架零层配线端子板，供组合架与控制台、电源屏之间连线的配线用；其余 10 层用来安装继电器组合，一般每层可容纳 10 个继电器和其他附属元件。

3. 电源屏

为了对电气集中车站实行不间断地供电，保证全站信号设备的正常使用，室内设有小站电源屏。屏内设有转换盘、综合盘、24 V 整流器盘和逆变器盘。由电源屏给电气集中电路提供所需要的各种交、直流电源。

4. 分线盘

分线盘是室内外电缆线路连接的地方，一般设置在继电器室内便于室外电缆引接的地方。

5. 信号机

电气集中车站一般采用透镜式色灯信号机，并采用交流 220 V 电源集中供电方式。进站、预告、正线出站信号机和专用线、牵出线的调车信号机一般采用高柱信号机（自动闭塞区段有连续式机车信号设备的正线出站信号机也可采用矮型信号机），侧线出站和调车信号机一般采用矮型信号机。

6. 电动转辙机

电动转辙机是以电动机为动力来转换道岔的一种设备。目前全路广泛使用 ZD6 型直流电动转辙机，并采用集中供电方式和四线制道岔控制电路对全站的道岔进行集中控制。

7. 轨道电路

电气集中车站的到发线、道岔区段、无岔区段和各进路的接近区段均需装设轨道电路，主要用来反映进路的空闲状态、列车或车列的占用情况，并实现电气集中的联锁关系。在非电化区段的电气集中车站，一般采用交流50 Hz连续式轨道电路。

8. 电缆线路及电缆盒、变压器箱

室内的控制台与组合架、电源屏之间，室内与室外信号设备之间的联系线路均采用信号电缆。室外电缆线路的分歧点、连接点以及终点都设有电缆盒或变压器箱。电缆盒有分向电缆盒、终端电缆盒和杆上电缆盒等类型。变压器箱有 XB_1 和 XB_2 两种类型。

二、控制台

(一) 控制台的盘面布置

控制台的盘面布置如图 4.4 所示。在控制台盘面的中部设有模拟站场图形。为了车站值班员操纵瞭望的方便，其模拟站场图形必须与站场实际情况相对应。在站场模拟图形中，对应每架信号机处设置一个信号复示器，对应每一到发线两端的信号复示器处设置一个进路按钮（两位自复式），对应每一进路口端的信号复示器处设置一个信号按钮（两位自复式）。进路按钮和信号按钮的命名方法是在相应信号机的名称后面缀上“A”即可，如 X_{I}A、X_{II}A、X_3A、D_6A、SLA、D_2A、D_4A 等。对应每个进路按钮和信号按钮设置一个按钮表示灯（白色），安装在各自按钮的近旁。

在控制台盘面的上部设有道岔总定位按钮 ZDA 和总反位按钮 ZFA（两位自复式），对应每组道岔设置一个道岔按钮 CA（三位按下自复、拉出停留式）和道岔定位表示灯 DBD（绿色）、道岔反位表示灯 FBD（黄色）以及单独锁闭表示灯（红色），对应每个进路口设置一个故障解锁按钮 DJA（两位自复式加铅封）。另外，在其上部还设有一块道岔动作电流表和一个轨道电路电源停电表示灯（红色）。

在控制台盘面的下部，每个咽喉区分别设置一个引导按钮 YA（两位自复式加铅封）、道岔切断按钮 CQA（两位停留式）、主灯丝断丝报警按钮 DSA（两位非自复式），在 CQA 和 DSA 的上方分别设有红色表示灯；全站设置总取消按钮 ZQA（两位自复式）、总人工解锁按钮 ZRA（两位自复式加铅封）、挤岔按钮 JCA（两位停留式）、接通道岔表示按钮 TCA（两位停留式）、接通光带表示按钮 TGA（两位自复式）各一个，在 ZQA 和 JCA 的上方各设一个红色表示灯，在 ZRA 的上方设一个 3 min 延时解锁表示灯和 30 s 延时解锁表示灯（红色）。当到发线的中间道岔采用局部控制方式的情况下，还设有局部

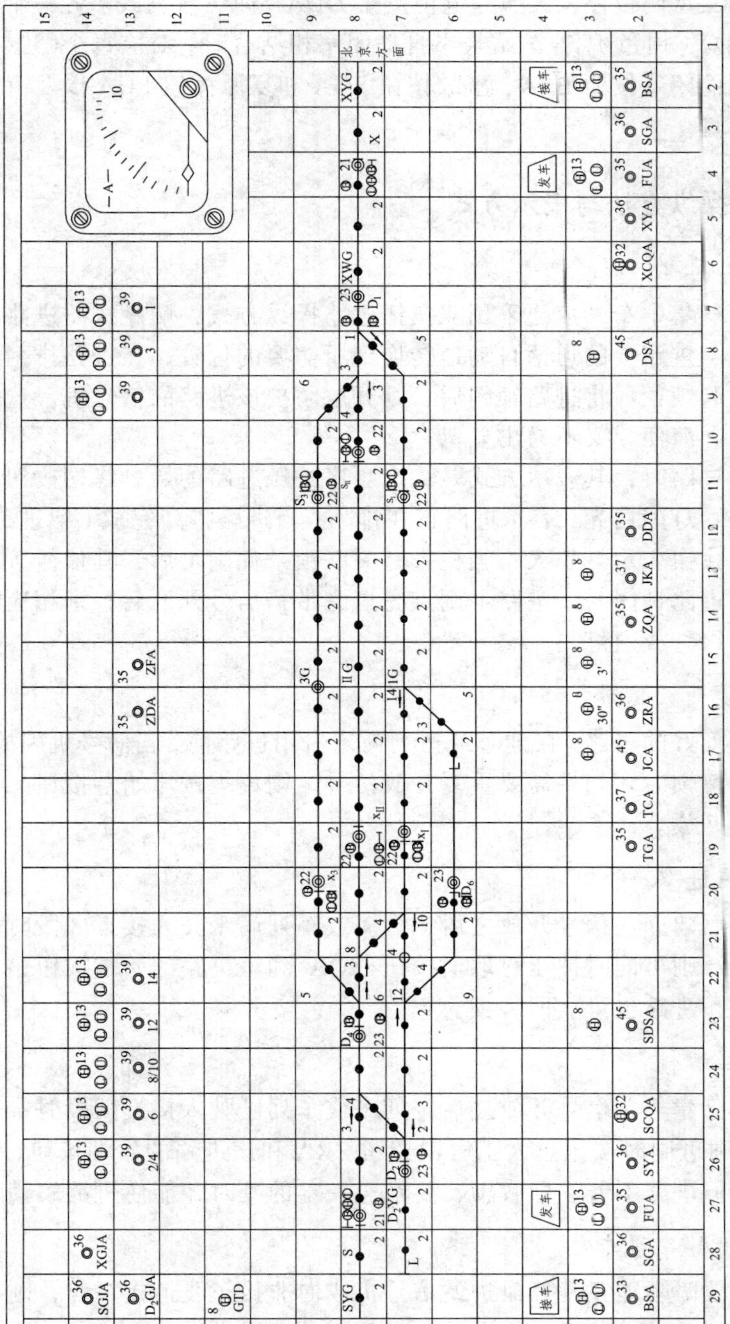

图 4.4　控制台盘面布置图

控制按钮 JKA（两位停留式）和电笛按钮 DDA（两位自复式）各一个以及局部控制表示灯（白色）。若车站与半自动闭塞相结合时，对应每个咽喉还设有办理闭塞用的闭塞按钮 BSA、事故按钮 SGA 和复原按钮 FUA 以及有关半自动闭塞表示灯。

（二）操纵方法与表示方式

1. 排列进路

目前电气集中车站广泛采用双按钮进路操纵方式，顺序按压进路的始端和终端按钮，进路上的道岔自动地转换到所需要的位置，在进路排列完成并且检查有关联锁条件将进路锁闭后，则开放防护该进路的信号机。这种操纵方式既形象、简便，又不易出差错。

在排列进路时，其表示方式是：当顺序按压进路的始、终端按钮后，相应的按钮表示灯闪白光，表示进路正在排列；当进路排列完成（即进路开通）后，其进路按钮表示灯熄灭；当检查有关联锁条件满足后，其信号按钮表示灯熄灭；当进路锁闭时，进路上则点亮白光带；信号开放后，则相应的信号复示器点亮绿灯或白灯。

2. 重复开放信号

对已排列好的进路，在列车或车列尚未占用进路前，若信号机因故关闭，但进路尚未解锁时，如果需要重复开放信号，则仅需按压始端按钮，该信号机即可再次开放。

3. 取消进路

在进路已建立，信号开放之后，列车或车列尚未驶入接近区段时，若要取消该进路，则可同时按压总取消按钮 ZQA 和该进路的始端按钮，信号即可立即关闭，进路也可立即解锁。

4. 人工解锁

在进路已建立，信号开放之后，列车或车列已驶入接近区段时，若要取消该进路，则可同时按压总人工解锁按钮 ZRA 和该进路的始端按钮，信号可立即关闭，但进路不能立即解锁，要经过一定的延时才能使进路解锁。

5. 办理引导接车

若电路故障不能正常开放进站信号机或向非接车股道接车时，则可办理引导信号进行接车。其操纵方法是：先采用单独操纵道岔方式或进路操纵方式将接车进路开通，再按压道岔切断按钮 CQA 实行全咽喉道岔总锁闭，然后登记、破封，再按压引导按钮 YA，则进站信号机即可开放引导信号而进行接车。待列车全部进入股道后，则可拉出 CQA 使全咽喉的道岔解锁。

6. 单独操纵道岔与单独锁闭道岔

当需要单独操纵某组道岔至定位或反位时，必须同时按压 ZDA 或 ZFA 和该道岔的 CA。当需要单独锁闭某组道岔时，可拉出该道岔的 CA，该 CA 上方的单独锁闭表示灯点亮红灯，以引起值班员的注意。要解除该道岔的单独锁闭时，可按压该道岔的 CA，使该道岔的单独锁闭表示灯熄灭，表示已解除其单独锁闭。

7. 故障解锁

如果因电路故障，已锁闭的进路既不能正常解锁，也不能实行取消解锁或人工解锁，则可通过按压相应进路口的故障解锁按钮 GJA，使已锁闭的进路实行故障解锁。例如上行咽喉区的列车进路组的故障解锁是通过按压 SGJA 来使列车进路解锁，（D_4 调车进路组与上行咽喉的列车进路组相重叠，故其 SGJA 可以共用）；D_2 调车进路组的故障解锁是通过按压 D_2GJA 来使调车进路解锁。

8. 接通道岔表示和光带表示的操纵方法

当需要了解各道岔的位置时，可按压接通道岔表示按钮 TCA，使各道岔表示灯点亮。亮绿灯表示道岔在定位，亮黄灯表示道岔在反位。拉出 TCA 后，则各道岔表示灯熄灭。当需要了解全站各进路的开通情况时，可按压接通光带表示按钮 TGA，从而点亮全站各道岔区段（包括无岔区段）的白光带，表示出进路的开通情况。松开 TGA 后，则所有区段的白光带熄灭。

9. 挤岔报警及操纵

当全站任一道岔发生挤岔事故或失去表示时，挤岔表示灯 JCD 点亮红灯，挤岔电铃自动报警，通知值班员。当确认是道岔故障后，则可按压 JCA 使挤岔电铃停止报警。当道岔维修好后，挤岔表示灯 JCD 熄灭，挤岔电铃又再次鸣响，通知值班员道岔已修复，这时值班员则可拉出 JCA 使电铃停响。

10. 主灯丝断丝报警及操纵

当全站任一列车信号机灯泡的主灯丝断丝时，则断丝表示灯点亮红灯，主灯丝断丝电铃自动报警，通知值班员。当确认是主灯丝断丝时，则可按压主灯丝报警按钮 DSA，使断丝报警电铃停响。当灯泡更换好后，断丝报警表示灯熄灭，断丝报警电铃又再次鸣响，通知值班员灯泡已更换好，这时值班员则可拉出 DSA 使电铃停响。

第三节　大站电气集中

一、大站电气集中的特点和设备概况

（一）大站电气集中的特点

由于大站的道岔、进路和信号机比较多，站场布置比较复杂，调车作业比较繁忙，为了提高大站的作业效率和安全程度，满足大站的运营要求，所以设计了大站电气集中。大站电气集中与小站电气集中相比较，它具有如下特点：

（1）在大站排列进路时，进路上的道岔几乎是同时进行转换的（但不是同时启动），一旦第一条进路选出之后（不包括道岔的转换时间）就可以立即排列第二条平行进路。而小站在排列进路时，进路上的道岔是从站内向站外方向按顺序逐个转换的，而且要待第一条进路锁闭之后（包括道岔的转换时间）才能排列第二条平行进路。很显然，大站电气集中具有排列进路速度快、效率高的特点，这对解决大站的进路上道岔数量多、作业繁忙的问题是极为有利的。

（2）大站电气集中的进路解锁方式是采用逐段解锁制。逐段解锁制有利于提高作业效率，解决大站作业繁忙的问题。比如，前者进路一旦车已出清进路上的某些轨道区段时，就可立即利用这些出清的区段办理后者进路。它与小站电气集中的进路一次解锁制相比较，其通过能力和作业效率要高得多。

（3）大站电气集中为了满足大站繁忙调车作业的需要，在车站的咽喉区设置了大量的调车信号机，这样能大大提高作业效率，缩短机车车辆的走行距离，保证行车安全。而小站电气集中由于站形简单、调车作业少，故在咽喉区很少设置咽喉调车信号机。由此可见，咽喉调车信号机的设置也是衡量电气集中作业效率的一个标志。

（4）大站电气集中的全套电路几乎均采用定型组合拼贴而成。这样一方面能使大站电气集中的工程设计大大简化，提高工程设计的效率；另一方面其定型组合内部配线可以由工厂提前配制，能大大缩短施工周期，使设备很快投入运用。

（5）大站电气集中的大部分电路均采用站场式网络结构。这种站场式网络结构既能使电路形象、直观，方便工程设计，不易出差错，又能使电路大大简化，节省继电器接点，避免增设复示继电器，从而节省工程投资，同时能使组合单元标准化、定型化。

（6）在大站电气集中里，不论多复杂的进路，只要按压进路的两端按钮，进路即可自动排列、信号自动开放。而在小站电气集中里，有的个别调车进路，如尽头线向到发线中间道岔区段调车时，则不能按照按压进路两端按钮的方法来进行操纵，而要按逐段进路分别进行操纵。显然，在操纵方法上，大站电气集中比小站电气集中要优越得多。

（二）大站电气集中的设备概况

大站电气集中的设备与小站电气集中的设备大同小异，也分为室内设备和室外设备两大部分。室内设备主要有控制台、区段人工解锁按钮盘、电源屏、继电器组合及组合架、分线盘和轨道电路测试盘；室外设备主要有色灯信号机、电动转辙机、轨道电路、电缆线路以及箱盒等。如图 4.5 所示是 6502 大站电气集中设备组成示意图。

控制台是车站信号设备的控制中心。一方面可通过控制台上的各种按钮集中控制全站的道岔、进路和信号机等，另一方面可通过控制台上的各种表示灯和电铃来监督全站的道岔、进路和信号机的状态等，便于车站值班员指挥行车。

电源屏是车站电气集中的供电设备。它能保证不间断地供给整个电气集中所需要的各种交、直流电源。一般车站设置一套电源屏，其中包括有：调压屏 1 台、转换屏 1 台、交流屏 2 台（其中 1 台备用）、直流屏 2 台（其中 1 台备用）。

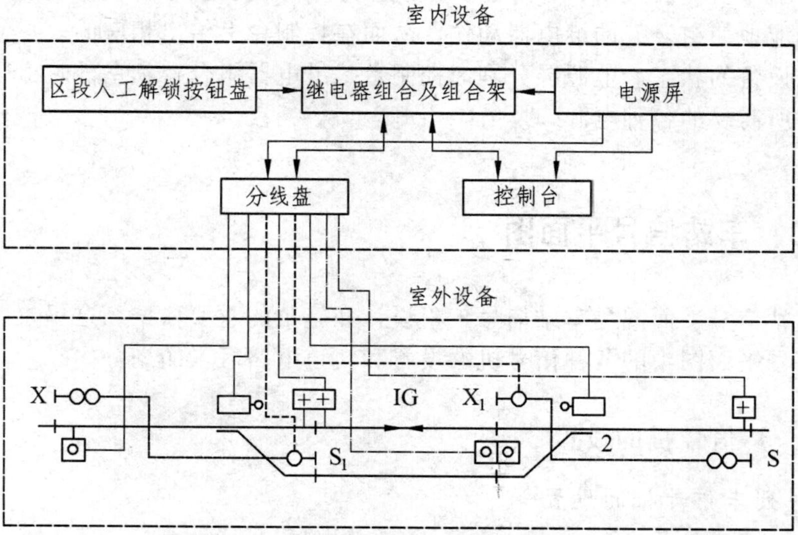

图 4.5　6502 大站电气集中设备组成示意图

继电器组合及组合架是完成联锁任务的设备，是放置继电器和其他附属元件的地方。每个组合架共有 11 层，其中最上面（或最下面）一层称为零层，上面装有组合架零层配线端子板，供组合架与控制台、电源屏之间连线的配线用；其他各层用来安装继电器组合，一般每层可容纳 10 个继电器和其他附属元件。

区段人工解锁按钮盘是大站电气集中的辅助设备。它担负两项任务：① 当区段因故不能解锁时，用它来完成区段的故障解锁任务；② 当正常的关闭信号设备发生故障不能关闭信号时，用它来完成关闭信号的任务。

分线盘是室内外电缆连接的地方。一般应设在便于室外电缆引入的地方，即放在电缆柜的通道上，以便于引线和分线，这样既美观又不占空间。

轨道电路测试盘是为了在室内测量各轨道电路区段的交流电压和直流电压。

在室外站场上设置了各种色灯信号机用于给出各种信号显示，从而指挥行车。每组道岔相应设置了相应的电动转辙机用来转换道岔。每个轨道区段设置了轨道电路用于监督轨道的占用情况。室外导线一般采用地下电缆，分信号电缆、道岔电缆和轨道电路电缆三种。另外在室外还设有各种变压器箱和电缆盒，供放置变压器和连接电缆用。

从图 4.5 所示的设备组成示意图可看出各设备之间的相互联系。由控制台来集中控制组合架上继电器的动作，再由继电器电路来自动检查一系列联锁条件，然后通过组合架的继电器动作（经由分线盘）来控制室外的道岔、进路和信号机。反过来，室外道岔、进路和信号机的状态，由电缆经过分线盘又相应地使组合架的继电器动作，从而在控制台上给出相应的表示，反映出信号设备的状态。电源屏分别向控制台、继电器组合架和室外轨道电路供给各自所需要的各种电源。

二、车站信号平面图

车站信号平面图是车站信号工程设计和施工的重要依据，这里主要介绍车站信号平面图中的各种信号机的设置和轨道电路区段的划分。

（一）信号机的设置

1. 列车信号机的设置

列车作业包括接车、发车和通过列车。把由区间开来的列车接入到车站内准许接车的股道里称为接车。进站列车所经过的路径称为接车进路。因此在车站的每一个接车口应各设一架进站信号机，用它来指挥列车能否进站。把车站内的列车开往区间去称为发车。出站列车所经过的路径称为发车进路。为此在车站的每条发车进路的起始点应各设一架出站信号机，用它来指挥列车能否出站。通过列车进路实质是由一个咽喉区的正线接车进路和另一个咽喉区同方向的正线发车进路组成，它是由一个咽喉区的进站信号机和另一个咽喉区同方向的出站信号机来共同指挥列车通过。

现以图 4.6 所示车站信号平面图为例具体介绍列车信号机的设置方法。站场是一个双线区段的车站，并有单线区段与车站连接。在车站的下行咽喉区有两个接车口，则在双线区段北京方面的接车口处设置一架进站信号机 X，在单线区段东郊方面的接车口处也设置一架进站信号机 X_D。在车站的上行咽喉区只有一个接车口，因此只设一架进站信号机 S。在下行咽喉区的两架进站信号机 X、X_D 各防护着 5 条接车进路，每条接车进路由进站信号机起，至股道另一端能起阻拦作用的列车信号机止。例如，X 至 Ⅰ 道接车进路是以进站信号机 X 为起点，以 Ⅰ 道另一端的出站信号机 $X_Ⅰ$ 为终点；上行 4 道接车进路是以进站信号机 S 为起点，以 4 道另一端的出站信号机 S_4 为终点。若股道另一端无列车信号机时，则接车进路的终点为股道末端的警冲标。

在车站的Ⅱ、Ⅲ、4、5 这四条股道均可分别向北京方面、东郊方面和天津方面发车，故每股道的两端均是发车进路的起点，因此在下行咽喉区应分别设置出站信号机 $S_Ⅱ$、$S_Ⅲ$、S_4、S_5，在上行咽喉区分别设置出站信号机 $X_Ⅱ$、$X_Ⅲ$、X_4、X_5。由于 Ⅰ 道仅有下行单方向运行列车，所以在 Ⅰ 道的左端不设上行出站信号机，其右端能作为下行 Ⅰ 道发车进路的起点，应设置出站信号机 $X_Ⅰ$。发车进路是由出站信号机起至站界标为止。出站信号机除防护发车进路外，还要防护闭塞分区或所间区间或站间区间。

在列车信号机的命名编号中，“X”表示为下行方向，“S”表示为上行方向；没有数字注脚的为进站信号机（若一个咽喉区有两架进站信号机时，应加以区别，如东郊方面的进站信号机用“X_D”表示，避免与北京方面进站信号机“X”混淆），有数字注脚的表示其是属于哪一股道的出站信号机。

2. 调车信号机的设置

调车作业包括车辆的摘挂、取送、转线、机车出入库和平面非溜放的整编作业等。调车作业一般是利用牵出线与到发线、咽喉区与到发线之间的线

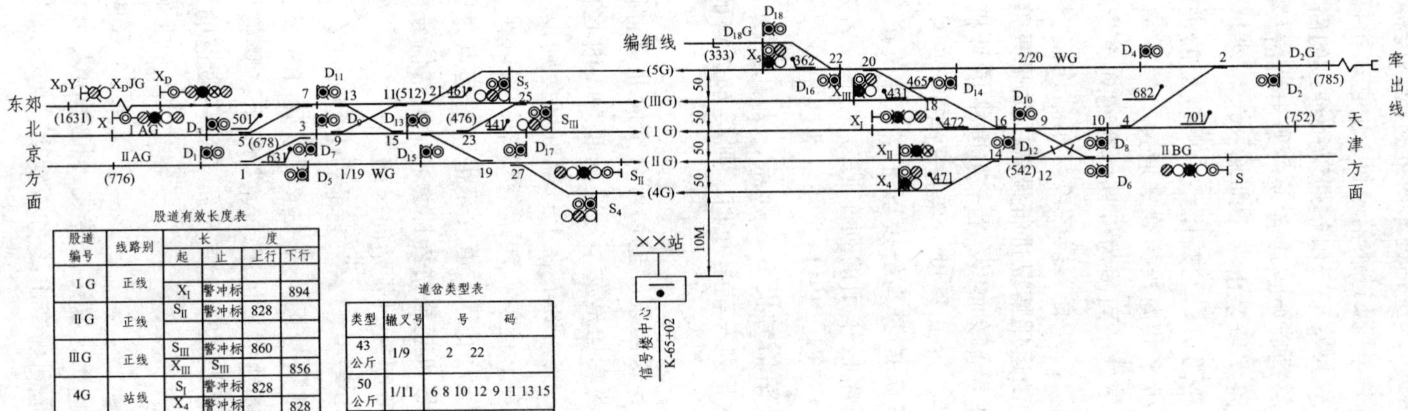

股道有效长度表

股道编号	线路别	长度 起	长度 止	上行	下行
ⅠG	正线				
		$X_{Ⅰ}$	警冲标		894
ⅡG	正线	$S_{Ⅱ}$	警冲标	828	
ⅢG	正线	$S_{Ⅲ}$	警冲标	860	
		$X_{Ⅲ}$	$S_{Ⅲ}$		856
4G	站线	$S_{Ⅰ}$	警冲标	828	
		X_4	警冲标		828
5G	站线	S_5	警冲标	820	
		X_5	警冲标		820

道岔类型表

类型	辙叉号	号码
43公斤	1/9	2 22
50公斤	1/11	6 8 10 12 9 11 13 15
50公斤	1/12	1 3 5 7 17 19 21 23 25 27 4 14 16 18 20

图 4.6 车站信号平面布置图

路进行的。调车作业必须在机车连挂的情况下进行推送，不允许平面溜放作业。另一种情况，在设有编组线的区段站或大型编组站上，有大量的车列解体、编组作业，这些作业需要在将到达的车列从到发线拉到非集中区的编组线上之后进行，当车列重新编组后又需要从编组线拉至到发线上来发车。以上这些调车作业均要由调车信号机来指挥行车。

由于各车站线路的布置和调车作业的复杂程度不同，调车信号机设置的灵活性也比较大。然而一般来说，调车信号机设置的原则是：① 最大限度地满足调车作业的需要；② 尽量缩短机车车辆的走行距离，提高调车作业效率；③ 最大限度地满足各种平行作业的要求。总之，设置调车信号时必须结合车站运营的具体要求和设备的运用情况进行设置。如果只追求缩短调车行程，就要多设调车信号机，结果会增加设备投资；如果只为降低投资而少设调车信号机，则将造成调车作业的不便，影响作业效率。这一矛盾只有通过对车站的调查研究，并同车站有关人员洽商后才能解决。

下面结合调车信号机在调车作业中的作用，具体说明调车信号机的设置方法。

（1）由尽头线、牵出线、专用线、编组线、到发线、机待线、调车场、机务段等向咽喉区调车时，均需要在调车进路的起始点设置起始调车信号机，如 D_2、D_{17}、D_{18} 等。股道上的调车信号机一般与同一位置的出站信号机合并为出站兼调车信号机，如 $S_{Ⅰ}$、$S_{Ⅲ}$、S_4、S_5 等。

（2）为了满足转线作业的需要，在折返道岔岔尖前面紧靠尖轨的钢轨接缝处应设置调车折返信号机（又称回程调车信号机），如 D_{13}、D_{15} 等在转线作业中是指挥调车车辆折返用的信号机。

（3）为了增加平行作业，提高车站的作业效率，应设置调车阻拦信号机（又称目标信号机）。例如，由 $S_{Ⅱ}$ 向无岔区 1/19WG 调车时，为了不影响经由 1/3 道岔反位进路的安全，则在 1 号道岔岔后应设置调车阻拦信号机 D_5。有了 D_5 起调车阻拦作用，就允许建立经由 1/3 道岔反位的进路，增加了平行作业，提高了作业效率。

我们把调车信号机划分为上述三种用途的信号机，只是为了在设置调车信号机时有所原则可遵循，但并不是说一架调车信号机只能起一种作用，有的调车信号机还能起两种作用。例如，在Ⅱ道与 4 道之间的转线作业时，D_{15} 能起折返作用；在 D_1 向无岔区段 1/19WG 调车时，D_{15} 又能起阻拦作用。

按照调车信号机设置的位置不同又可将其分为如下几种类型：

（1）尽头线调车信号机：凡是在牵出线、尽头线、专用线、机待线、编组线、调车线等设置的调车起始信号机，如 D_2、D_{18} 等，称为尽头线调车信号机。

（2）差置调车信号机：在咽喉区中部同一条线路上的两架反向的调车信号机之间相隔一个无岔区段（其长度能容纳一个机车，规定不小于 50 m）设置的调车信号机，如 D_5 和 D_{15} 等，称为差置调车信号机。差置调车信号机是成对出现的。

（3）并置调车信号机：在咽喉区中部同一条线路同一坐标点上的两架反向调车信号机，如 D_7 和 D_9 等，称为并置调车信号机。并置调车信号机也是成对出现的。

（4）单置调车信号机：在咽喉区中部的某一位置上只设了一架调车信号机，它既没有与哪架信号机差置，也没有与哪架信号机并置，也不在尽头位置，并且在它的内面和外方均是道岔区段，这样的信号机称为单置调车信号机，如 D_{11}、D_{13} 等。

（5）股道头部调车信号机：凡是在股道两端处设置的调车起始信号机，如 D_{17} 等，称为股道头部调车信号机。

在调车信号机的命名编号中，“D”表示为调车信号机，并在“D”的右下脚注有数字。下行咽喉区的调车信号机从站外向站内依次编为奇数，如 D_1、D_3、D_5…上行咽喉的调车信号机从站外向站内依次编为偶数，如 D_2、D_4、D_6…

（二）轨道电路区段的划分

在电气集中的联锁区域内，凡有信号机防护的进路和信号机的接近区段均需要装设轨道电路，用以反映进路和接近区段是否空闲。为了确切地反映列车或车列所在的位置，并满足提高站内作业效率的要求，轨道电路要划分为许多区段。其划分的原则大致如下：

（1）每架信号机的前后应划分为不同的区段，因此凡有信号机的地方均要装设钢轨绝缘。

（2）凡是能平行作业的进路，应设钢轨绝缘把平行进路隔开。例如，每组双动道岔渡线上的绝缘以及 3 号与 5 号道岔之间、21 号与 25 号道岔之间的绝缘都是根据这一原则装设的。

（3）集中道岔的绝缘节，岔尖一端的应装设在基本轨的接缝处，另一端的绝缘节应装设在警冲标外方 3.5 m 处。若距警冲标的距离不足 3.5 m 的绝缘节，则称为“超限绝缘”。在车站信号平面图上应将超限绝缘用圆圈标明，以便设计电路时采取安全措施。

（4）在一个轨道电路区段内，道岔的数目原则上不得超过三个。因为一个区段的道岔数目太多时，轨道电路的分支漏泄电流太大，不易调整。非电码化安全型交流连续式轨道电路的分路灵敏度低，道岔分支漏阻对它的影响较大，因此作为一种安全措施，允许在每个分支上各接一个轨道继电器，这称为“一送多受”轨道电路，即送电端一个，受电端有两个或三个。

（5）在作业繁忙的大站上，有时为了在列车或车列通过道岔后及时使道岔解锁，为排列其他进路创造条件，所以要把轨道电路区段适当划短一些，以提高咽喉区的通过能力。

轨道电路区段的命名方法：道岔区段以道岔号码缀上“DG”来命名，如1DG、3DG、9-15DG等；咽喉区无岔区段以该无岔区段两端的道岔号码缀上“WG”来命名，如1/19WG、2/20WG等，进站信号机X内方的无岔区段命名为ⅠAG，北京方面发车口处的无岔区段命名为ⅡAG；股道区段以股道号码缀上“G”来命名的，如ⅠG、ⅡG等。

第四节　车站计算机联锁

随着计算机技术的迅速发展，尤其是对可靠性技术和兼容技术的深入研究，出现了计算机联锁，它正渐趋成熟并被推广使用。根据各国对计算机联锁的研究和试用情况来看，由于计算机在逻辑功能和信息处理方面具有很强的功能，它非常适用于车站联锁。计算机联锁是采用微型计算机和其他一些电子、继电器件组成具有“故障-安全”性能的实时控制系统。计算机联锁安全可靠、处理速度快，与继电集中联锁相比具有十分明显的技术优势，无论在安全性、可靠性、经济性等方面都是继电集中联锁无法比拟的，而且其设计、施工、维修和使用大为方便。它具有广阔的发展前景，为世界各国所关注，是车站联锁设备的发展方向。

一、计算机联锁概述

（一）计算机联锁的发展概况

车站联锁设备经历了从机械联锁到继电联锁的发展过程，并进行过电子联锁的试验，目前正在向计算机联锁发展。20 世纪中期，有些国家从设计可靠的计算机硬件入手，应用“故障-安全”元器件构成计算机联锁，但因价格昂贵，没有得到推广。20 世纪 70 年代后期，随着电子计算机尤其是微型计算机的迅速发展和推广使用，以及可靠性技术的进步，各国相继研究计算机联锁，从软件入手，采用通用计算机，通过软件冗余来实现“故障-安全”。

我国第一套计算机联锁设备于 1984 年在南京梅山铁矿地下运输线正式开通，后陆续在冶金、矿山等铁路试用。1989 年，铁道科学研究院（以下简称铁科院）通号所研制的计算机联锁系统首先在郑州北编组站峰尾开通，这是计算机联锁系统应用于国家铁路的开始。以后，铁科院通号所于 1993 年又在拉滨线平房站安装计算机联锁，通号总公司于 1994 年在浦口交通站安装计算机联锁，至此，我国铁路开始在铁路干线采用计算机联锁。但是 1997 年以后，许多单位纷纷开发计算机联锁，在未进行任何技术审查和许可的情况下盲目上道，一度形成无序发展的局面。1998 年铁道部决定对此进行整顿，加强计算机联锁的上道管理，实行“三证”（即制造许可证、制式检测合格证、产品合格证）制，确保计算机联锁积极、稳妥、健康地发展。

铁科院通号所研制的 TYJL-Ⅱ型、TYJL-TR9 型计算机联锁于 1997 年 12 月通过铁道部技术鉴定。通号总公司研究设计院研制的 DS6-11 型、DS6-20 型计算机联锁于 1999 年 1 月通过铁道部技术鉴定。北方交通大学（现北京交通大学）研制的 JD-1A 型计算机联锁于 2000 年 5 月通过铁道部技术鉴定。卡斯柯公司的 VPI 型计算机联锁于 2000 年 8 月通过铁道部技术鉴定。这些计算机联锁的水平较高，有的达到国际先进水平。

在此过程中，还相继引进美国、英国、德国、日本、意大利的计算机联锁共 20 多个站。由于各方面的原因，主要是不适应我国铁路运输和联锁的特点，它们在实际运用中大多效果不理想。

我国计算机联锁发展非常迅速，现已有数百个车站安装了计算机联锁设备，有的区段已发展为成段计算机联锁。在继续发展计算机联锁的过程中应注意以下几点：

（1）CTC（调度集中）区段和列车速度超过 160 km/h 的区段、客运专线、煤运专线、高速铁路均应采用计算机联锁；基建、更新改造和大修工程应成段发展计算机联锁，以便有利于 CTC 和 TDCS（列车调度指挥系统）的发展。还应加快以联锁为核心的车站、区间、列车控制一体化的研发和应用。

（2）枢纽和有需求的区段应积极发展区域计算机联锁。

（3）继续完善计算机联锁的功能。要充分利用计算机的综合优势，实现 6502 电气集中基础上安全可靠功能的新突破。进一步研究和制定适应客运专线和高速铁路的联锁技术条件，开发相应的计算机联锁。

（4）全面提高计算机联锁的软件、硬件质量。要高标准配置系统硬件，优化软件设计，完善自诊断和检测功能，实现“高安全、高可靠、无维修”的目标。

（5）要进一步完善出厂检测和现场测试手段，为规范管理创造有利的条件。同时，要加强对已上道运用设备的抽检，确保运用质量。

（二）计算机联锁的特点

计算机联锁与传统的继电联锁的主要区别在于：

（1）利用计算机对车站值班员的操作命令和现场监控设备的表示信息进行逻辑运算后，完成对信号机、道岔及进路的联锁和控制。

（2）计算机发出的控制信息和现场发回的表示信息，若实现串行信息接口，均能由传输通道串行传送，可节省大量的干线电缆，并使采用光缆传输成为可能。

（3）用 CRT 屏幕显示代替现行的表示盘，大大缩小了体积，简化了结构，不但方便使用，还可根据需要多台并机使用。

（4）采用积木式的模块化软件和硬件结构，便于站场变更，并容易实现故障控制、分析等功能。

在计算机联锁里，没有到发线出岔、6‰ 下坡道延续进路、非进路调车等继电电路时的结合电路的概念，也不存在方向电路、方向电源的电路层次结构，对于长进路一次解锁、中途返回解锁等都能合理地实现。

与继电联锁相比，计算机联锁具有以下显著优点：

（1）进一步提高了安全性、可靠性。

继电联锁的安全性、可靠性是建立在继电器等元器件的逻辑电路基础之上的，因此系统的安全性、可靠性受到继电器等元器件的指标限制。例如，轨道电路不良，只能对轨道继电器提出种种要求，而系统仅能做到三点检查。计算机联锁就灵活得多，它能连续检查列车头部和尾部的位置，可以防止由于轨道电路分路不良造成的错误动作和漏解锁。计算机联锁采用二重系或三取二表决冗余技术，增加了系统的可靠性。如软件冗余技术，对每台计算机设计两组程序，由于它们的数据结构不同，两组程序存入存储器的区域也不相同，两组程序以不同的步骤运算，对硬件的故障很容易发现，从而提高了系统的可靠性。同时，因两组程序对外界干扰有不同的反应，通过比较电路很容易发现，即增加了抗干扰功能，外部比较器则采用“故障-安全”元件。因此，计算机联锁系统的安全性、可靠性比继电联锁提高不少。

（2）增加和完善了联锁功能。

继电联锁虽然不断改进和完善，但受到继电器电路的限制或由于费用昂贵等原因，在联锁功能方面仍存在不足。例如，由于轨道电路的误动而造成进路错误解锁的可能性仍然存在，以致妨碍进路的预排；再如，在转线调车作业过程中，如果调车车列越过折返信号机而继续前进，折返信号机前方的道岔区段加以锁闭，可能危及行车安全。目前只能由调车员指示调车机车在车列刚刚全部越过折返信号机时显示下运行（折返信号机前方的同向调车信号机关闭状态），这不够严密。这些缺点，在计算机联锁系统中，可以用较少的硬件投资和发挥软件的作用加以克服。

因为计算机具有工作速度快、信息量大的特点，所以计算机联锁很容易实现自动控制功能，还能安全地实现自动选路等继电集中无法完成的功能。运行图变更时，还能自动选择最佳方案。计算机联锁不仅可以扩大控制范围，适用于任何规模的车站（尤其是大型枢纽及远离咽喉区的信号设备的控制等），而且还可以利用计算机进行站内行车业务管理，以提高效率。CRT 显示也较传统的表示盘灵活方便。

计算机联锁系统减少了人工直接干预，以减少和防止操作失误，同时简化了操作手续，从而提高了作业效率。此外，计算机联锁系统为提高办理列车进路的自动化程度创造了条件。例如，可将接发车计划（包括车次号、到发股道、到发时间以及车站出入口等）预先存在计算机中，利用车次号系统选择接车进路，利用列车接近车站的信息确定办理进路的时机。对于发车进路来说，由于涉及列车始发、旅客乘降、货物装卸等情况，在办理方式上可以采取人工、定时和按计划自动办理等。

在行车信息管理方面，计算机联锁系统可以向旅客服务系统（如广播、车次到发显示牌等）、列车运行监视系统以及行车指挥系统提供信息。由于这类系统日趋计算机化，系统之间就容易结合。

计算机联锁系统还能很方便地进行自身的管理，包括对人员的操作、设备工作情况的记录和打印，对电子器件、信号设备的检测、诊断并给出必要的表示、打印等。自动监测功能既用硬件也用软件来实现，能及时发现故障，确定故障位置。

（3）方便设计。

计算机联锁使设计工作为之一新。由于其采用模块结构，容易实现标准化，进一步提高了工厂化施工的程度。它将车站联锁的逻辑编成程序，不论站场如何变化，或遇到任何类型的站场，都不需要重新改变硬件系统，只要补充和改变程序，即可满足联锁的要求。它采用标准接口，不需增加设备就可以和其他自动化系统结合。通过辅助设计系统，线路图和进路表等车站固有的联锁条件以人机对话的形式输入后,即可自动做成联锁图表和数据外存。

（4）省工省料，降低造价。

继电联锁全部采用继电器，组合间配线复杂，特别是信号楼和现场设备间所用电缆很多。由于计算机联锁采用了计算机软硬件，用它取代成千上万只继电器，从而省工省料，而且其价格日益降低。计算机联锁的信息若能串行传输，就可大大减少干线电缆。计算机联锁的室内设备的体积远小于继电联锁，可大大节约占地面积。这些都降低了造价。

此外，计算机联锁易于实现标准化，可缩短设计周期和施工周期，并可降低设计、施工、维护费用。由于施工、改建和故障修复时间的缩短，减少了对运输的干扰，其经济效果是显著的。据报道，目前计算机联锁设备的价格已接近继电联锁设备。计算机联锁之所以能付诸实用，经济合理是重要原因。

二、计算机联锁系统设备的组成及功能

现以运用最为广泛的 TYJL-Ⅱ型计算机联锁系统为例，对计算机联锁设备的组成及功能进行介绍。该系统为分布式多微机处理系统，采用多级递阶网络结构进行联锁控制。它采用双机热备工作方式，有双套软件，可分散或集中安装，采用总线或专线方式，用电缆或光缆传输信息。其系统硬件结构框图如图 4.7 所示。

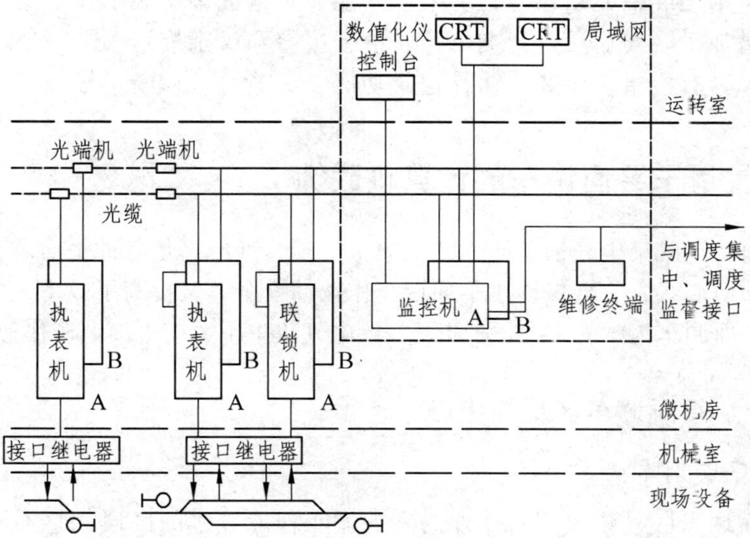

图 4.7 TYJL-Ⅱ型计算机联锁系统结构框图

第一级是监控机，完成车站值班员操作命令处理和现场信息图像处理以及语音报警功能。它采用双机互为备用并可迅速切换的工作方式以保证系统不受仍何单机故障的影响。

第二级是联锁机，完成现场信息采集，将采集信息与车站值班员的操作命令进行联锁运算，对现场设备发出控制命令。

第三级是执行表示机和输入输出接口。执行表示机完成联锁机输入输出扩展的作用。输入输出接口由继电器组成，用以与现场设备联结，完成信息采集和控制命令输出的任务。

另有维修机，可自动储存长达一个月的站场信息，车站值班员操作信息，联锁系统提供的表示信息、故障诊断信息的全部记录，并可在线以图像方式再现，便于维修。

控制台有多种形式，如数字化仪加显示器、数字化仪加表示盘、按钮盘加显示器以及控制表示合一的控制台。根据需要可分设控制台，每个控制台既可分区局控，又可统一集中操作。

现场设备保留电气集中采用的设备，如道岔起动电路、信号点灯电路、轨道电路仍采用成熟的电路。

系统软件分为人机对话处理、联锁逻辑处理和执行表示三个软件包，各个软件包之间由专用的系统管理软件沟通。

该系统除完成 6502 电气集中的全部功能外，还可扩展以下功能：

（1）有单钩溜放和连续溜放的功能，能满足平面调车作业的需要。

（2）用大屏幕显示器时，屏幕上除能显示电气集中表示盘上的所有表示外，还增加了时间显示、音响信号、语音报警和汉字提示。

（3）具有检错、诊断、储存记录功能，故障可被诊断至板级。

三、用于平面调车的计算机联锁

平面调车区集中联锁（简称调车集中）是一种能满足各种平面调车作业的集中联锁新制式，它既保证了平面调车作业的安全，又提高了效率，填补了我国铁路平面调车集中的空白，弥补了一般电气集中不适应平面调车作业的缺陷。

（一）平面调车区及其特点

1. 平面调车区

平面调车区是指以调车作业为主或调车作业较多的区域，它不同于驼峰调车场，不起峰。大致有以下几种情况：

（1）编组线调车区。

编组线调车区为纯调车作业区，担负着车列的编组任务，有较多的平面溜放作业。以前采用手扳道岔方式，安全性差、劳动强度大、效率低，不能满足运输发展的需要。尤以驼峰调车场尾部最为突出，驼峰头部和尾部设备相差悬殊，极大地限制了解编能力的提高。

（2）编发线调车区。

部分编组线兼作发车线，这在电气集中电路设计中最为困难。若采用一般电气集中就无法溜放，影响调车作业的效率；若采用非联锁设备，又不能保证出发列车的安全。

（3）发车线调车区。

有些车站需利用到发线和相邻的编组线、货物线进行编组作业，装设电气集中后限制了溜放作业的进行。

2. 平面溜放作业

平面溜放包括单钩溜放、连续溜放和多组溜放。

单钩溜放作业的特点是：随推随溜随时后退；在调车信号机前机车可能跟进；溜放进路要求一锁到底且信号显示正确；溜放车组经过后进路应及时自动解锁；为简化操作手续，有预办或储存进路的要求。

连续溜放作业的特点是：要求车列运行前方的道岔可以随意扳动，以便分解溜放车组；机车驶过的进路是锁闭的，以保证退路安全，即进路的锁闭与解锁方法正好与一般电气集中相反。

多组溜放则是将已溜放的大车组在走行途中又再度分解为若干车组。

平面溜放与驼峰溜放不同，其作业复杂得多。它是随推随溜，分钩地点不定，随时准备可能在分路道岔前折返运行，在溜放过程中还可能向股道推送和取车。多组溜放就更复杂。

3. 一般电气集中对平面调车作业的局限性

一般电气集中对于站内平面调车作业，不仅限制作业效率而且影响安全。由于它不能满足运营要求而限制了调车作业，不仅不能进行连续溜放和多组溜放，即使进行单钩溜放也不适应，不得不在没有安全保证和效率很低的情况下勉强进行作业。其影响调车作业的主要情况有：

（1）如果勉强按调车信号的显示进行单钩溜放，当车列占用调车信号机的接近区段甩出车组后，进路不能正常解锁，必须进行 30 s 限时人工解锁，作业效率受到很大影响，也使总人工解锁按钮长期不能加封而影响安全。

（2）调车信号机的开放只能保证所防护的进路的安全，不能确保到股道的进路都已锁闭，沿途各调车信号机都已开放。

（3）在牵出运行时，如在折返调车信号前不能及时停住，则多经过的区段已解锁，车列折返时将通过未锁闭的区段，这很不安全。

（4）当推送车列驶向股道满线时，车列不能全部进入股道，不得不就地退回，但此时退路已经解锁，车列不能随意退回，处于进退两难的境地。这时只能在人为保证下退行，不仅效率低下，而且无安全保证。

由于这些问题的存在，一般电气集中不能满足溜放作业的要求，只能用人为规定来限制调车作业，例如，不许溜放，不许随意后退。然而在实际工作中又往往被迫违章作业，使安全得不到保证。

（二）平面调车联锁的基本概念

1. 平面调车集中联锁的主要技术原则

（1）溜放与一般调车作业的关系。

牵出线溜放作业和不同区域的一般调车作业应能平行进行。多于一条牵出线时，应能允许不同的牵出线平行进行溜放调车作业。同一溜放调车区，或进行一般调车作业，或进行溜放调车作业，不许混合进行。

（2）溜放进路上轨道电路区段的划分。

溜放进路上的分路道岔只设区段锁闭。每组分路道岔单独设轨道电路区段，需设岔前保护区段。为防止瞬间失去分路引起不良后果，增设一组绝缘，构成双区段轨道电路。双区段轨道电路还可减少车列折返的走行距离。

（3）溜放车组间隔距离。

相邻车组间的最小间隔应能保证前行车组出清道岔轨道区段后，后续车组方可进入岔前保护区段。按限制苛刻的 9 号道岔计算，该间隔应不小于 23 m。

（4）中途折返道岔的解锁和转换时机。

为减少车列折返时的无效行程，例如，车列在岔尖前折返时，不必出清岔前保护区段，这时要改变道岔的锁闭条件，使道岔在车列占用岔前保护区的情况下能转换。但为了保证安全，采用延时解锁的方式，9 号道岔延时 13 s，6 号道岔延时 20 s。

（5）相邻车组的侧冲防护。

平面溜放的脱钩速度和车组间隔难于准确控制，目前尚未应用有关的测试设备，有可能出现侧面冲突的危险。可通过测量车辆过岔速度来判断发生侧冲的可能性。例如，当过岔速度低于某限定值时，则判定可能发生侧冲，这时应锁闭相关道岔，以防护侧冲的发生。

（6）溜放进路分路道岔的控制。

溜放进路上的分路道岔可采用手动单独控制和按预先储存的控制命令自动控制（实际上是半自动控制）的方式。当过程控制系统和信息处理系统联网后，可实现全自动控制。

（7）溜放作业指挥。

调车人员随车运行，不能处于固定地点指挥，地面信号机有时也会造成司机瞭望困难。目前的做法是，实现集中联锁后，仍由调车员手信号指挥，多采用无线调车，地面信号机显示月白色闪光。

（8）连续溜放进路控制命令储存、传递、执行时机。

采用预排溜放进路的半自动控制方式时，溜放开始前，将进路控制命令（亦称码令，一般为代码形式）预先储存起来。溜放进路分段建立，分段使用，分段解锁。进路控制命令在溜放车组作用下分段传递和执行。

2. 平面调车集中联锁的技术条件

（1）分路道岔轨道电路区段应设岔前保护区段，并设计成双区段轨道电路。

（2）分路道岔的控制电路应满足一些特殊条件：分路道岔转辙机一经启动，车辆驶入保护区段到达岔尖前，道岔应保证能转换到底；已被操纵的道岔，因故不能启动时，车辆进入保护区段后应自动断开其动作电路，使其不再能转换；自动控制的分路道岔启动后，在规定时间内因故未能转换到底时，在车辆进入轨道电路前应自动转换回原来位置。

（3）分路道岔为集中联锁道岔时，在授权后方可受溜放控制，应满足上述要求，并设道岔位置表示器。

（4）连续溜放区的分路道岔应能手动单独控制和自动或半自动控制。

（5）溜放进路上的分路道岔只设区段锁闭或延时锁闭。

（6）溜放进路控制命令储存器的容量应能满足作业的需要，多组溜放的二次分钩数量按需要设计。

（7）溜放区的所有区段均应设置轨道电路，以实现全区域轨道占用的监督。

（8）溜放过程中，为保证机车车辆后退的安全，后退进路应处于锁闭状态。机车车辆在岔前折返时，允许道岔在车列占用岔前保护区段的情况下解锁并转换。

（9）预测可能发生的侧冲并实现侧冲防护锁闭。

（10）使用储存方式作业时，应满足作业过程中的要求和提供完善的表示，如储存或循环储存进路控制代码，对储存的进路控制代码进行检查、修改，溜放过程中办理错钩或减钩，作业过程中改变作业方式（如由自动改手动）等。

3. 平面调车集中联锁的分类及选用

按功能分，平面调车集中联锁有单钩溜放、连续溜放和多组溜放三种电路类型。单钩溜放电路又分固定牵出线型和非固定牵出线型两种。

应根据运营需要来选用电路类型。单钩溜放用于溜放作业较少的线束。当中间站、区段站进行溜放，且同一溜放区内同时只由一台调车机车作业时，宜采用单钩溜放电路。连续溜放适用于对沿途摘挂列车进行站顺等编组作业的线束，驼峰调车场尾部有较多连续溜放（包括多组溜放）作业时宜采用连续溜放电路。

按设备类型分，平面调车集中联锁有继电平面调车集中联锁和计算机平面调车集中联锁。继电平面调车集中联锁为较早的制式，有单钩溜放电路（电号 6514）和连续溜放电路（电号 6513）。单钩溜放电路是叠加在 6502 电气集中电路上的。连续溜放电路可单独使用，也可叠加在 6502 电气集中电路上。随着计算机技术的迅速发展，研制了计算机平面调车集中联锁。先是在 6502 电气集中基础上叠加计算机平面调车集中，一般调车作业仍由 6502 电路完成，平面溜放调车的功能由计算机完成。后来用计算机联锁取代 6502 电气集中，完成联锁功能并增加平面溜放调车作业功能。目前发展的就是这种具有平面溜放功能的计算机联锁。它充分利用计算机的特长扩展了功能，提高了安全性、可靠性，满足运营的要求，并有利于维修和站场的变更和扩建。目前，编尾平面调车集中已有近 70 个采用了计算机联锁，占编尾平面调车集中的 70%。

复习思考题

1. 什么是联锁？
2. 试述联锁的技术条件。
3. 什么是进路？
4. 简述进路的种类和划分方法。
5. 试述确定敌对进路的原则。
6. 进路的锁闭关系有哪些？
7. 阐述小站电气集中的构成及其作用。
8. 简要说明小站电气集中的操纵方法与表示方式。
9. 试述大站电气集中的特点。
10. 阐述大站电气集中的构成及其作用。
11. 什么是计算机联锁？
12. 简述计算机联锁的组成及其功能。

第五章　调度集中与调度监督

学习指导

【学习目标】

（1）掌握调度集中和调度监督的概念；
（2）掌握分散自律调度集中系统的结构和功能；
（3）了解调度监督的构成。

【学习建议】

（1）学习时间：5～7 小时
第一节建议学习时间：3 小时
第二节建议学习时间：2 小时
（2）学习方法
① 点播学习网络课程第五章的内容；
② 参加在线导学直播；
③ 阅读教材列出的参考资料中有关调度集中和调度监督的内容。

【学习重难点】

（1）调度集中的概念；
（2）分散自律调度集中系统的结构和功能。

第一节　分散自律调度集中

一、概　述

调度集中是调度中心（调度员）对某一区段内的信号设备进行集中控制，对列车进行集中指挥、管理的技术设备。分散自律调度集中系统是综合了计算机技术、网络通信技术和现代控制技术，采用智能化分散自律设计原则，以列车运行调整计划控制为中心，兼顾列车与调车作业的高度自动化的调车指挥系统。

分散自律调度集中系统是铁路现代化的重要技术装备，是现代铁路综合信息化建设的重要内容，也是现代铁路的新型运输组织形式。它与我国铁路路情紧密结合，做到以 TDCS 为平台，以调度集中为核心，以行车指挥自动化为目标，实现铁路运输指挥的现代化。

分散自律调度集中是为了适应中国复杂的运输状况而研发的行车控制系统，系统具备综合化、智能化、自动化、信息化和网络化的突出特点。分散自律调度集中是建立在 TDCS 之上的行车控制系统，除具备铁路局 TDCS 的所有功能之外,还采用现代技术和分散自律模式进行行车和调车的协调控制，克服了传统调度集中的弊病，真正适应中国铁路运输的状况，具有很高的可用性，系统的可靠性和可维护性也得到大大提升。

分散自律调度集中系统主要具备以下基本功能：

（1）实时监控站场信号设备和列车运行状态，实现站间和区段透明显示；

（2）追踪列车运行位置和到发时刻，自动描绘列车实际运行图；

（3）利用计算机辅助编制和调整列车运行计划，实现调度指挥计算机化；

（4）通过系统网络向车站下达计划和调度命令；

（5）通过系统网络和无线通信向机车下达调度命令、调车作业单、行车凭证和进路预报等信息；

（6）自动编制车站行车日志，生成运统二（三）报表；

（7）追踪列车编组状态；

（8）遥控所有联锁设备按钮，具备列车、调车和非正常作业人工遥控功能；

（9）按照列车运行计划和车站站细，由自律机自动自主控制列车进路；

（10）按照调车作业计划，由自律机根据机车请求和列车运行状况，自动自主控制调车进路，并对调车状况进行监控和报警；

（11）实现维修作业的综合管理和远程登、销记；

（12）具有完备的网络安全防护功能；

（13）实现 TMIS（原铁路运输管理信息系统）和 TDCS 的结合和信息交换。

控制计划编制是基于 TDCS 的列车运行调整系统的分散自律调度集中自动控制的前提。列车运行调整是行车指挥自动化的重要内容，但在分散自律调度集中系统中，计划的编制和调整考虑因素更多、更加细致。控制计划编制得是否合理、准确，将直接影响列车进路的自动控制和列车运行的效率和安全。

分散自律控制的基本模式是车站自律控制子系统按照列车运行调整计划和站细自动自主控制列车进路。同时，在分散自律条件下人工办理的列车、调车进路也必须受自律条件的约束。调车自律控制允许调度指挥中心通过助理调度员终端办理无人车站的调车作业。对于有人车站，也允许车站通过车站调车控制终端办理车站调车作业。

分散自律调度集中系统是分布式控制系统，车站自律系统相对独立，彼此协调工作，系统比较复杂，功能覆盖较广。

二、分散自律调度集中系统的整体结构

（一）系统硬件结构

1. 控制中心硬件结构

分散自律调度集中系统控制中心一般设在铁路局调度所，负责控制整个调度区段列车运行。如图 5.1 所示，控制中心主要由数据库服务器、CTC 应

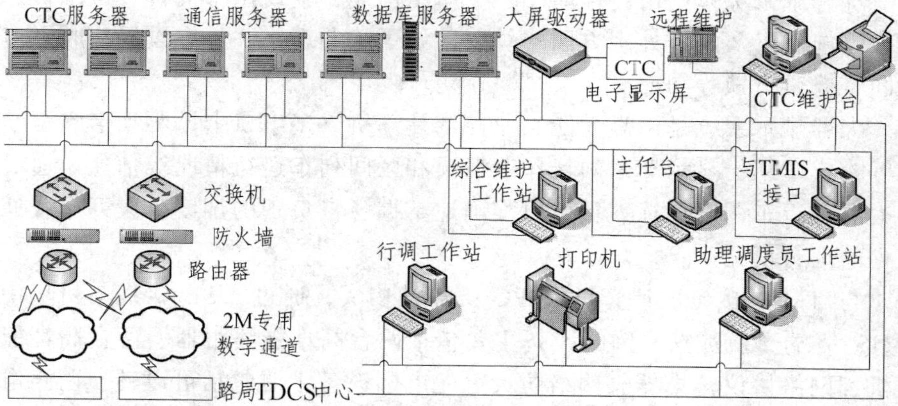

图 5.1 控制中心硬件结构示意图

用服务器（双机热备型）、通信前置服务器、大屏显示系统、行调工作站、助理调度员工作站、综合维修工作站、CTC维护工作站、网管工作站、打印设备、远程维护接入、TMIS接口计算机以及局域网等设备组成。

数据库服务器一般由两台高性能的64位RISC服务器和磁盘阵列构成，并安装有集群软件和商业数据库。所有数据全部写在共享磁盘阵列中，保证双机切换时的数据完整和一致。

CTC应用服务器一般是由两台高性能PC服务器构成，两台服务器互为热备，为系统的稳定运行提供保障。CTC应用服务器是整个分散自律调度集中系统的核心，负责整个系统的数据收发、数据处理以及数据储存等工作。

通信前置服务器一般由两台高性能PC服务器构成，两台服务器互为热备，用于调度指挥中心和车站子系统之间的数据交换。

行调工作站一般由两台安装了多屏卡的工作站构成，主要完成显示监控管辖区段范围内列车运行位置、指挥列车运行的功能（人工编制和调整列车运行计划、调度命令的下达、与相邻区段行调台交换信息），为CTC系统提供详细的列车会让方案，是分散自律调度集中系统完成自动控制功能的主要依据。

助理调度员工作站一般由高性能PC工作站构成，主要实现调度中心人工进路操作控制、闭塞办理、区段解锁、非常处理等功能，同时还可实现无人车站的调车作业计划的编制、调整、指挥以及在自律约束条件下的调车进路人工办理等调车相关功能。

CTC维护工作站一般由高性能PC工作站构成，主要用于系统设置、调试和技术支持。在授权的情况下，它具有远程维护与技术支持功能。同时它还具有监视系统运行状况的功能，对系统、现场设备运用情况，操作命令，报警信息进行记录、分析、回放、输出和打印。

综合维修工作站由高性能PC工作站构成，主要用于设备日常维护、天窗维修施工以及故障处理方面的登、销记手续办理，并具有设置临时限速，区间、股道封锁等功能。

大屏显示系统是由高性能工业控制计算机、多串口卡、驱动卡和驱动分机等构成，用于显示车站站场作业情况和区间列车运行情况等信息。通过观察大屏，行车调度指挥人员可以准确地掌握各自负责的调度区段列车或调车车列的运行情况。

与TMIS接口的计算机由PC工作站构成，通过USB接口与机房中的TMIS终端交换数据。网络设备主要包括两台高性能路由器、两台高性能交换机、网络协议转换器、网络防火墙。电脑设备主要包括可以转换两路电源的电源屏和两台构成双机热备的10 kV·A不间断电源。

2. 车站系统硬件结构

车站系统主要设备包括车站自律机、车务终端、打印机、综合维修终端、电务维护终端，网络设备、电源设备、防雷设备、联锁系统接口设备和无线系统接口设备等，如图 5.2 所示。

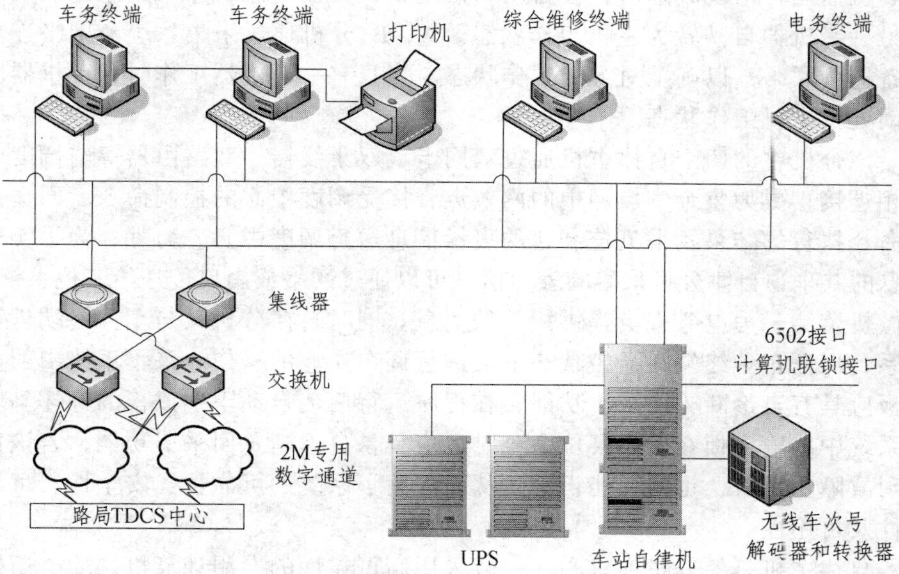

图 5.2　车站系统硬件结构示意图

车务终端采用两台双机热备的低功耗工业控制计算机，主要完成运统报表的生成、站间透明的显示、车站调车作业计划的编制、调车进路的办理及其他控制操作。对于设有信号值班员的车站，可以考虑增设专门的控制终端。对于无人值守车站，一般只设一套车务终端，在值班室设综合维修终端。

综合维修终端、电务维修终端（微机检测）采用低功耗工业控制计算机。综合维修终端只在无人值守车站设置。

网络设备一般包括两台路由器、两台集线器、两台网络协议（如 G703/V.35 等）转换器。

电源设备一般包括两台在线式不间断电源，为车务终端和车站自律机供电。

车站自律机一般由具有高可靠性能的专用计算机和采控设备组成，并通过串口和无线车次号解码器、无线调度命令转接器进行连接。车站自律机主要完成列车自动进路控制以及按照列车控制执行计划、《站细》《行车管理规则》（以下简称《行规》）及《铁路技术管理规程》（以下简称《技规》）对列车进路和调车进路进行可靠分离控制。

3. 车站自律分机的一般结构

车站自律分机系统一般要求为双机热备制式。A 机和 B 机互为热备，各自有一套独立的主机、驱动及采集系统，双套系统对现场的信息处理互不干扰。当两套机器同时工作时，只有一套机器为主机状态。如处于主机状态的一套机器运行出现故障时，会自动切换到备机工作状态，原来处于备机状态的另一套机器自动转为主机工作状态。A、B 分机通过采集系统及网络连接设备进行联络，以确定对方的工作状态。当只有一套机器工作时，该机器会自动处于主机工作状态。

该分机中的两个自律主机通过双网卡、双集线器、双路由器等与调度中心相连接，成为整个广域网中的两节点，接受调度中心的控制命令，回送控制命令执行的结果及采集控制台的表示信息送至调度中心。另外，为了实现信息的共享，自律分机采集的表示信息可以通过网络或串口传送给其他系统，如微机监测，为电务人员提供相关的信息。同时自律分机又与车务终端进行联系，保证车务终端在遥控状态下可进行调车作业的操作。采集系统中的采集板应具有自诊断（回采）功能，在程序运行后能自动识别该板的好坏。驱动系统中的输出板在发出某位命令时也应具备自诊断（回采）功能，若该位出现故障主机板，也同样能识别，从而提高了系统的可靠性、安全性、可维护性及可用性。

自律主机是各分机的核心，一般采用高可靠性的专用计算机，如卡斯柯信号有限公司独立研制的 ARC 主机等。自律主机主要完成信息的处理，命令的发送、通信及自律逻辑分析处理等。

（二）系统软件结构

分散自律调度集中系统的软件系统主要包括：通信服务子系统、信息表示子系统、自律控制子系统、控制计划编制子系统、列车控制子系统、调车控制子系统、综合维修子系统、车务终端子系统、网络安全防护子系统和车地信息传输系统等。各子系统的功能参见分散自律调度集中系统功能与操作。

三、分散自律调度集中系统功能

分散自律调度集中系统包含了铁路局 TDCS 系统的所有功能，在此基础上还具备调度集中的控制功能和分散自律控制特点。

（一）行车调度功能

在 TDCS 的基础上，分散自律调度集中系统还具备列车进路和调车进路的自动或人工排路，从而实现了行车指挥自动化。

1. 用户登录及交接班登陆

（1）用户登录：调度员（车站值班员）必须进行登录，输入动态密码，确认身份与密码后方可进入系统。

（2）交接班登录：当调度员（车站值班员）交接班时，可以退出系统重新登录，也可以直接选择交接班退出操作状态。

2. 调度监督信息处理及显示

调度监督信息的处理及显示包括以下项目：

（1）信号设备状态表示。

（2）列车运行位置及车次号显示。

分散自律调度集中的车次校核必须确保计划车次、追踪车次和无线校核车次三者的一致性。当出现车次不一致时，系统报警并通过三取二方式进行提示，由调度员人工确认修正。

（3）基本运行图的编辑、修改和显示。

（4）班计划的编辑、修改和显示。

（5）列车运行计划（阶段计划和控制执行计划）的编制。

列车运行计划是行车调度员以班计划为依据安排的列车实际运行计划，包括开行列车的车次、到发点、中停车站、停靠股道、作业时间及会让时间等。它是列车运行的依据，也是分散自律调度集中系统列车进路自动排路的数据来源。

分散自律调度集中系统的控制执行计划编制是在 TDCS 基础上增加了控制执行计划的编制，包括：严格精确的股道分配，在股道分配中除了要考虑行车和作业的方便和运输的习惯外，还要考虑《行规》《技规》及《站细》中的各项规定；对超限列车，除了根据车次号进行识别外，还要增加人工设置的手段；当车站与调度中心通信中断且未转入非常站控前，调度员不得更改本站已下发的行车计划；在下达阶段控制计划时，进行合法性、时效性和无冲突性检查；更加丰富的报警等。

（6）实际运行图的自动生成和描绘。

3. 调度命令的编制和网络下达

分散自律调度集中系统的调度命令形式包括：

（1）调度中心各工种之间的调度命令。主要指值班主任、计划调度员给行车调度员下达的调度命令，如施工命令和班计划命令等，以及行调的重要调度命令需要值班主任同意时，由行调发给值班主任进行批准。综合维修调度员发给行调的如施工命令，由行调进行批准。

（2）行车调度员给车站值班员、机务段值班员、乘务室值班员的调度命令。这是调度命令的主要形式。

（3）行车调度员、车站值班员给机车司机的调度命令。分散自律调度集中系统通过车地无线传输系统，将此类调度命令直接传输到机车的接收设备上，并可打印输出，代替传统的停车取命令的方式。

（4）车站值班员给行车调度员的调度命令请求。当车站请求施工时，车站值班员将施工申请以调度命令请求的形式发送给行车调度员。

4. 列车编组和速报

（1）列车编组。分散自律调度集中系统与 TMIS 系统联网，从 TMIS 系统中取得列车编组（运统一，又名确报），是调度员安排甩挂作业和调车作业的依据。

列车的编组和列车运行线实现绑定，点击运行线可查询列车编组信息，并可从编组信息中提取列车速报信息。

（2）列车速报。通过无线车次校核设备获取列车编组信息。

5. 甩挂作业

列车调度员根据列车编组单和车站存车情况，结合作业列车的具体运行情况安排列车在中间站的甩挂作业，形成甩挂作业计划，通过网络下达到车站。车站值班员根据甩挂作业计划安排站内调车作业，制定调车作业通知单。

车站的甩挂作业结束后，车站值班员将列车的新的编组发送到调度指挥中心，系统自动更新列车的编组，以便安排前方站的甩挂作业。

分散自律调度集中系统可以处理无行车人员的车站的甩挂调车作业。此时由助理调度员根据甩挂作业计划制定这类车站的调车作业通知单，组织车站的调车作业。

6. 车站站存车

中间车站的站存车由车站值班员在车务终端上输入该站当前的存车情

况，发送到调度指挥中心，供各工种查询。亦可由行车调度员电话收听，手工输入。

无人站的站存车由助理调度员输入维护，并且由系统进行管理。

7. 车站行车日志及车站运行图

自动生成车站运统二、运统三报表，显示本站相关的阶段计划列车运行图。

8. 车站站间透明

分散自律调度集中的车站子系统，能够提供本站以及相邻两站的车站站场平面显示。车站值班员和信号员可以了解到邻站的信号设备状态、进路排列情况、列车运行位置等信息，实现站间透明，提高本站的接、发车作业和调车作业的效率。

分散自律调度集中的车站子系统可显示包括相邻车站的计划和实际运行图。

9. 运输指标统计

进行列车运行早、晚点，列车运行速度、旅行速度等运输指标的统计。

（二）分散自律调度集中系统的控制模式

分散自律调度集中系统具有两种控制模式：分散自律控制模式和非常站控模式。

1. 分散自律控制模式

分散自律控制的基本模式是用列车运行调整计划自动控制列车运行进路，同时在分散自律条件下调度指挥中心具备人工办理列车、调车进路的功能，车站具备人工办理调车进路的功能。

分散自律控制模式下，从进路控制的方式出发，定义了两种进路控制方式：计划控制方式和人工按钮控制方式。

（1）计划控制方式。

计划控制状态可由人工激活或禁止，是指自律机是否将收到的列车运行计划作为检查进路合理性的依据，并根据计划产生控制进路。计划控制状态是系统正常的进路控制状态。

（2）人工按钮控制方式。

人工按钮控制方式是指由操作员在操作员台或助理调度员台操作界面上

操作按钮进行控制，或者由车站值班员在车务终端操作界面上操作按钮进行控制。人工办理进路时，自律机根据这个计划进行进路的办理和列车计划的冲突检测，如果有冲突，则系统会弹出对话框报警，询问是否强行办理。

2. 非常站控模式

当分散自律调度集中系统故障或发生其他紧急情况时，车站操作员可以按下 6502 控制台上的紧急站控按钮，切断分散自律调度集中系统控制输出继电器的电源，直接通过控制台按钮进行控制。在计算机联锁车站，则在计算机联锁系统的操作界面上操作进入非常站控，此时计算机联锁系统不再执行任何 CTC 的控制指令，由操作员在计算机联锁系统的操作界面上操作按钮，进行控制。

（三）列车计划和列车进路控制功能

分散自律调度集中系统的进路控制功能包括列车进路的控制和调车进路的控制。列车进路的控制分为自动按图排路和人工排路。

1. 自动按图排路

当系统处于自控状态，即自动按图排路状态时，自律机能按阶段计划自动排列列车进路。当计划中的接车股道安排不当时，自律机能够给出报警，由人工修改。当接、发车进路存在变更进路时，自律机选基本进路。当接车进路有延续进路时，自律机自动选排延续进路。人工可修改计划中的股道安排。

2. 人工排路

人工直接用鼠标点击始端和终端按钮（延续按钮）直接办理进路，自律机进行联锁逻辑判断和《站细》检测后输出。点击取消进路按钮和始端按钮直接取消进路。

（四）调车计划和调车进路控制功能

调车计划的制订和调车进路的控制纳入到调度集中系统，是新一代分散自律调度集中系统的特点之一。

1. 调车计划的制订

调度指挥中心的助理调度员负责编制无人车站的调车作业计划。

（1）调车作业通知单。调车计划是以调车作业通知单的形式体现的。助理调度员做的无人车站的调车作业通知单能够发送到机车上，由司机打印后转交调车组人员。助理调度员做的有人车站的调车作业通知单能够发送给车站值班员，由车站打印后转交调车组人员。由本务机执行的调车作业的调车作业通知单必须附有站场示意图。

（2）调车进路的选路。调车进路的选路有人工完成和智能辅助生成两种方式。

2. 调车进路的排列

（1）调车进路排列和列车计划的冲突检测。

在车站处于分散自律控制状态时，系统检测调车进路的办理与列车计划的冲突。一旦检测到冲突，弹出对话框报警，并询问是否继续办理。车站直接办理上述有冲突的调车进路时，必须输入预计进路占用时分。如果调车进路没有在预计的时间释放，则报警。

系统具有调车计划的自动调整功能。

（2）调车自动排路。

调车进路可以由自律机自动触发，如本务机担当的甩挂作业第一钩进路和调车机掉头进路等。自动触发的条件是：本次调车作业的作业单已发到机车并收到回执，与列车计划自律的调车开始时间已到，已收到机车司机向分散自律调度集中系统自律机发送的无线调车进路排列申请信息。

（3）调车进路人工排路。

人工直接用鼠标点击始端和终端按钮直接办理进路，自律机进行联锁逻辑判断、《站细》和列车运行计划检测后输出。点击取消进路按钮和始端按钮直接取消进路。

（五）CTC 显示及控制功能

（1）显示车站信号设备信息及信号设备报警状态（控制台上的报警表示灯）。

（2）显示 CTC 状态信息。

（3）显示车站联锁操作按钮。原则上现有 6502 电气集中控制台上的按钮在 CTC 操作界面上要全部保留。

（4）显示 CTC 控制按钮，如执行命令按钮、上电解锁按钮、自动办理闭塞、到达复原、股道封锁、区间封锁等。

（5）显示信息提示窗口。在信息提示窗口中显示根据计划要办理的列车进路及办理时间。

（6）具备非正常情况下的CTC控制的直接控制功能（重点是无人车站），如开放引导信号、人工故障解锁、实行引导总锁闭等。

当车站自律机与中心子系统网络通信中断后（以下简称通信中断），系统应立即自动报警。

对于双线自动闭塞区段无人车站，在通信中断且未转为非常站控模式前，调度员不得改变该站来车方向列车运行调整计划设定的车序，由车站自律机按原已收到的列车运行调整计划和列车实际运行情况继续自动执行。列车运行调整计划执行完毕后，通信仍未恢复正常时，系统应将该站设置为自动通过状态。

对于自动站间闭塞区段无人车站，在自动站间闭塞正常工作情况下，通信中断且未转为非常站控模式前，调度员不得改变该站来车方向列车运行调整计划设定的车序，由车站自律机按原已收到的列车运行调整计划和列车实际运行情况继续自动执行，直到列车运行调整计划执行完毕。

对于有人车站，在通信中断后可参照上述条款执行，也可及时转为非常站控模式组织接发列车。

（六）综合维修管理

系统在中央设置综合维护工作站，主要用于设备日常维护、天窗维修、施工以及故障处理方面的登、销记手续办理，并具有设置临时限速，区间、股道封锁等功能。

（七）系统维护监视

具备可视化的维护环境，可对系统进行全面监视，全面记录管理系统报警和内部时间以及操作员和维护人员的任何操作。

四、分散自律调度集中系统的配套系统

1. 网络安全防护

调度集中网络子系统是基于 TCP/IP 协议的网络系统，与专用网络相比较，具有较高的开放性和互联性，使整个系统具有很好的可扩展性和强大的接口功能，同时也提出了更高的网络安全防护要求。

调度集中系统对网络的安全防护要求，包括网络结构和介质安全，防雷害、抗干扰能力，防黑客、抗病毒能力等。对于网络介质而言，所有应用网

络均为双路冗余备份，所有设备均为双网卡，以保证系统的可靠性和可用性。除了双通道冗余之外，还要求网络具有高度的安全性，网络既要能防止被黑客非法入侵，也要能防止病毒在网络上蔓延，防止关键数据被非法复制、窃听等。

调度集中系统的网络安全防护主要包括边界访问安全（防火墙需求）和防御黑客入侵（入侵检测系统）以及病毒传播防护。防火墙产品作为边界访问控制限制产品，可以在调度中心与车站之间，以及 GTC 与其他系统之间抵挡住 9096 以上的攻击和非法访问。入侵检测系统作为监控黑客以及非法可疑行为的专用设备，主要监控邻界口的通信。网络版杀查毒软件可以随时监控网络上每台安装 Microsoft Windows 系列操作系统的计算机，一旦发现病毒立即查杀。

同时，与其他系统联网时不采用 TCP/IP 协议，而应用带光电隔离的 RS-232、RS-422、RS-485 等通用通信方式相连。

2. 调度命令无线传输系统

调度命令无线传输系统是分散自律调度集中的重要配套系统，该系统可以通过现有的无线列调系统把调度命令、行车凭证、调车作业单、进路预告信息传输到机车。该系统的运用，将原来车站值班员、调度员人工完成的工作由设备自动完成，减轻了工作人员的劳动强度，提高了生产效率，并为分散自律集中区段的无人化创造了必要条件。调度命令系统由 TDCS 设备、无线列调设备、TDCS 无线车次号车站接收解码器、机车运行安全监控记录装置（以下简称监控装置）、TDCS 无线车次号数据采集编码器（以下简称车次号编码器）、调度命令车站转换器（以下简称车站转换器）、调度命令机车装置（以下简称机车装置）等构成，如图 5.3 所示。

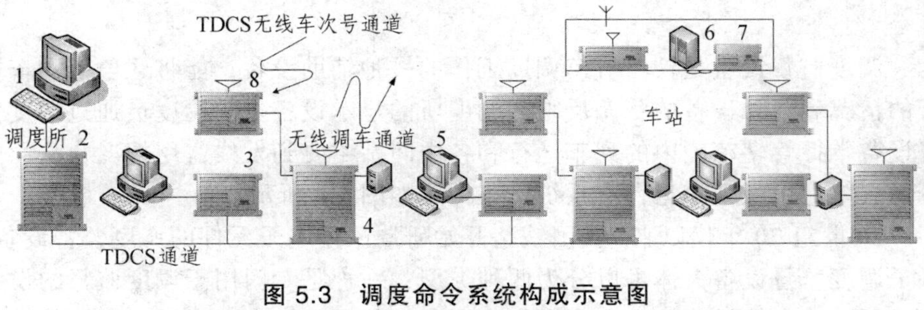

图 5.3　调度命令系统构成示意图

1—行车调度台；2—TDCS 总机；3—TDCS 车站设备；4—车站转接器；
5—无线列调车站台；6—无线列调机车台；7—机车装置；
8—TDCS 无线车次号车站接收解码器

调度所设备利用铁路局现有的 TDCS 设备。车站设备利用车站现有的 TDCS 设备及无线列调站台、TDCS 无线车次号车站接收解码器，增加车站转换器。机车设备利用现有的无线列调机车台及监控装置、车次号编码器，增加机车装置。

系统主要具备以下功能：

（1）调度员向辖区内的运行列车发送调度命令，在 CTC 区段调度员向辖区内的运行列车发送行车凭证。

（2）车站值班员向辖区内的运行列车发送行车凭证。

（3）TDCS 可自动向辖区内的运行列车发送列车进路预告信息。

（4）列车接收调度命令后能自动确认和手动确认，并将确认信息发送到发送方显示。

（5）调度命令发送方未收到自动确认，应自动重发；自动重发后仍未收到自动确认，应提示调度命令发送方发送失败。

（6）机车装置判断是发给本次列车的调度命令，在显示操作终端上显示。

（7）机车装置提示司机手动确认调度命令，司机根据需要选择打印。

（8）TDCS 设备和机车装置应存储调度命令并记录操作过程。

（9）机车装置收不到来自监控装置的机车号和车次号，应显示所有接收到的调度命令，但不发送自动确认信息。

（10）系统中各终端的提示应具有语音提示功能，对各种命令的提示音应有区分。

（11）机车装置可向车站发送调车请求。

第二节 调度监督

调度监督设备是铁路行车调度工作的一种辅助设备，能将区段上列车运行的情况和信号设备的状态反映到调度所的显示设备上。调度员通过调度监督设备掌握管辖范围内的列车运行和各中间站主要到发线占用情况，从而能更加有效地组织列车运行。系统设备构成如图 5.4 所示。

20 世纪 70 年代以来，我国铁路开始研制采用电子元件的调度监督设备。电子调度监督设备大体可以分为两种类型：一种是专门用于调度监督的设备（专用监督型），另一种是在调度集中设备的基础上结合实际情况研制的设备（通用调度监督）。从满足技术要求上来比较，二者是一致的，只是选用的元器件和参数等有所不同。

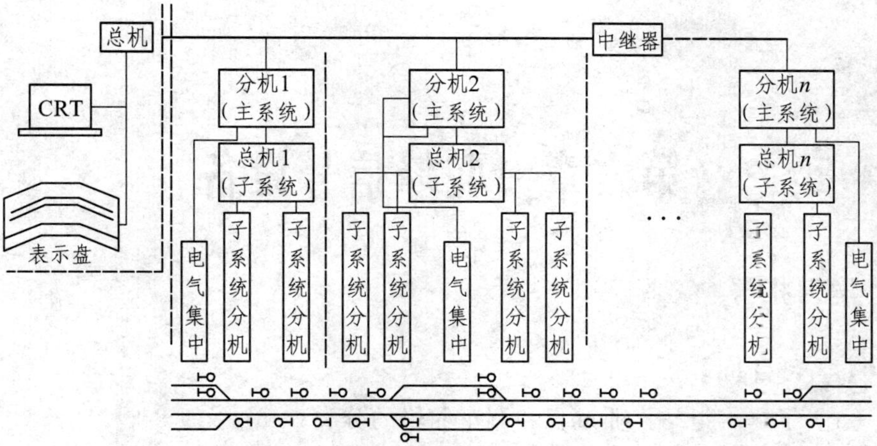

图 5.4 调度监督设备构成图

复习思考题

1. 什么是 CTC?
2. 什么是分散自律调度集中?
3. 分散自律调度集中的功能有哪些?
4. 说明分散自律调度集中系统的结构。
5. 什么是调度监督?
6. 调度监督有哪些作用?

第六章　驼峰信号设备

学习指导

【学习目标】

（1）了解编组站作业过程和调车驼峰的分类；
（2）了解驼峰信号设备的布置；
（3）掌握驼峰轨道电路的技术要求和工作原理；
（4）了解驼峰机车信号系统的构成及作用；
（5）掌握道岔自动集中的概念及操纵方法；
（6）掌握自动化驼峰的内容；
（7）了解调速自动化基础设备的原理；
（8）掌握驼峰自动化系统组成和原理。

【学习建议】

（1）学习时间：12 ~ 15 小时
第一节建议学习时间：1 小时
第二节建议学习时间：4 小时
第三节建议学习时间：3 小时
第四节建议学习时间：4 小时
（2）学习方法
① 点播学习网络课程第六章的内容；
② 参加在线导学直播；
③ 阅读教材列出的参考资料中有关驼峰信号设备、驼峰道岔自动集中和自动化驼峰的内容。

【学习重难点】

（1）调车驼峰的分类；
（2）驼峰信号设备的布置；
（3）驼峰轨道电路；
（4）驼峰机车信号系统；
（5）驼峰道岔自动集中；
（6）自动化驼峰。

第一节 驼峰调车场机械化与自动化概述

一、编组站概述

在铁路运输网中，编组站用于处理大量货物列车的编组、解体作业。在车辆全周转的时间中，车辆在车站停留时间占的百分比较大，一般为 60%左右，而车辆在技术站（如大的编组站）的停留时间又占在站停留时间的 60%以上。由此可见，改善编组站的工作组织及技术设备，对加速车辆周转，降低运输成本有着极为重要的意义。

编组站一般设有接、发列车的到达场、出发场或到发场以及改编列车的编组场（也称驼峰调车场）。其配列方式一般有纵列式和横列式，如图 6.1 所示。

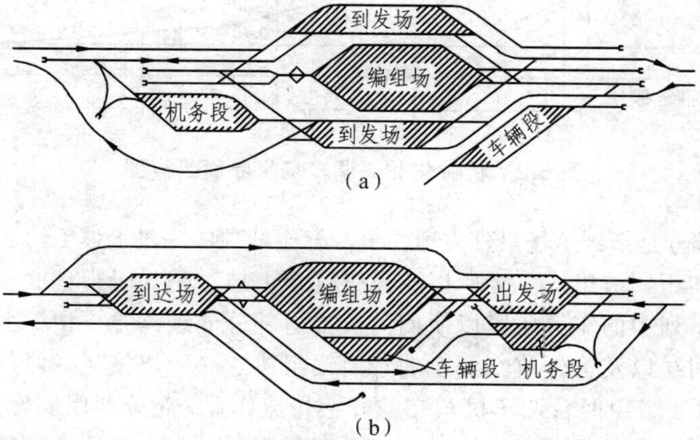

图 6.1 编组站配列方式

在编组站上，进行车列的编组和解体的调车作业是它的主要任务。当货物列车到达编组站的到达场后，调车机车根据调车作业计划，将准备解体的车列由到达场推向驼峰调车场，被摘钩的各车组越过峰顶后，在驼峰信号楼行车人员的操纵指挥下，溜入预先储存或随时准备的有关编组股道。这样，对到站列车的解体与编组作业，可以通过驼峰调车场来完成。因此，提高驼峰调车场的工作又是推动整个编组场工作的关键。故在编组站上，一般都设有专门的机械化和自动化的驼峰信号设备，以提高工作效率和保证作业安全。

二、驼峰调车场概述

驼峰调车场是用驼峰溜放法来进行车列解体作业的。所谓驼峰，就是将一段线路抬高成为一个小丘，使其两边有一定的坡度，看上去像一个单峰骆驼背。所谓驼峰溜放，就是调车机车将车列推上这个峰顶后，利用车辆的自重使之自动地溜入峰下调车场的股道中去。

如图 6.2 所示是一个机械化驼峰调车场平断面示意图，它分为推送部分、峰顶平台、溜放部分三个部分。

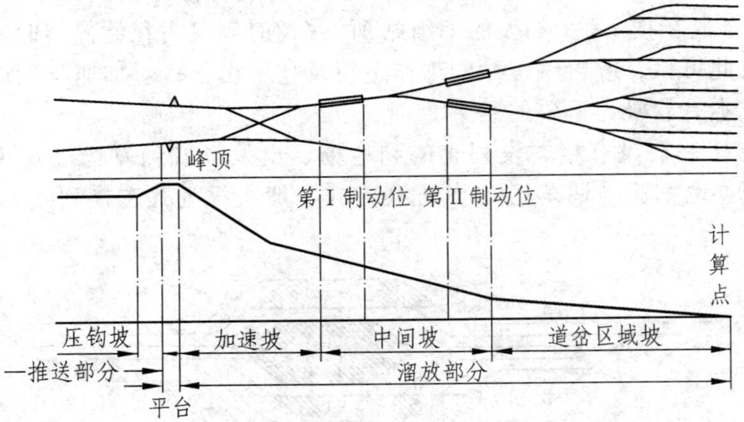

图 6.2 机械化驼峰调车场平断面示意图

推送部分是指到达场最外方道岔警冲标至峰顶的一段上坡（约 3‰ ~ 8‰），由推送坡和压钩坡组成。之所以要设置这个上坡，是为了得到必要的驼峰高度，并使车列中的车辆压紧以便摘钩。推送部分的线路主要由一条或两条推送线、迂回线以及为停放禁溜车的禁溜线组成。一般机械化驼峰均设有两条推送线，以便组织两台调车机车在驼峰上轮流作业，充分利用驼峰进行溜放。同时，当某一推送线由于维修或故障需要封锁时，也不致停止驼峰作业。

峰顶平台是为了联结两个不同方向的反坡竖曲线，并使驼峰保持一定的计算高度而设置的，它是驼峰的最高部分。由峰顶至峰下难行线警冲标内方 100 m 处（计算点）的长度称为机械化驼峰计算长度，峰顶与难行线计算停车点之间的高度差叫做驼峰的计算高度，简称峰高。在机械化驼峰上，对峰高的要求是保证难行车在不利条件下（如冬季顶风溜放）能够以规定的初速度（一般定为 5 km/h）沿着阻力最大的线路自由溜放，并能够溜到计算停车点。

溜放部分是指由峰顶至调车场计算点（即峰下各股道警冲标内方 100 m

的地点）之间的坡段。在这一部分的纵断面又分为三个坡段，即加速坡、中间坡及道岔区域坡。

加速坡主要用于加速车组溜放，缩短峰顶至第一分路道岔或至第一制动位间前后钩车的溜放间隔。这部分包括从峰顶到第一制动位始端的坡段。加速坡坡度采用 40‰～50‰ 为宜。

中间坡是由第一制动位始端至第二制动位末端的一段下坡。其主要作用是把加速坡和道岔坡连接起来，同时在其上设置制动位。其坡度一般不小于 9‰，以便在困难条件下溜放时，不制动就可不降速，若因制动过猛而停车的难行车尚能自动启动。

道岔区域坡是从第二制动位末端至计算停车点的一段下坡。这段坡主要是为了克服道岔阻力和曲线阻力而设的，其坡度以 1.5‰～3.5‰ 较合适。

三、调车驼峰的分类

为了适应不同的改编能力的需要，我国的调车驼峰可分为简易驼峰、非机械化驼峰、机械化驼峰、半自动化驼峰和自动化驼峰。

（一）简易驼峰

简易驼峰的特点是尽量利用已有调车线逐步改善，因此投资省、上马快。一般每股牵出线连接 5～8 股调车线，压钩坡短而陡，峰高约为 1.5～2 m。在牵出线与编组线的连接上，即驼峰头部平面可仍采用原有梯形接线，人工扳道；也可改用非对称式线束形接线，集中扳道。

简易驼峰的改编能力，每条牵出线每昼夜约为 200 辆以上。它大多使用于区段站上，担任因区段牵引定额不同而需要的加减轴以及区段列车、沿零摘挂列车和区段站内货线、专用线小运转列车的取送倒站顺工作。

简易驼峰要准备通过改进它头部的道岔联结方式，改善溜放坡道，而逐步过渡为非机械化驼峰。按需要可逐步安装驼峰信号、驼峰道岔电气集中或自动集中等设备。

（二）非机械化驼峰

非机械化驼峰是没有装设车辆减速器而且调车线少于 16 股道的驼峰调车场。它的头部平面与溜放纵断面设计得比较合理，即基本上由两个线束组成，一股溜放线。必要时可设两股牵出线作为推送上峰线，以便当一股推送线推峰作业时，另一股可预先把待溜车列推到峰顶等候解体（即预推），提高驼峰的通过能力。一般每昼夜解体能力在700辆以上。

非机械化驼峰比简易驼峰的溜放坡度合理，峰高较高，道岔区长度较短。设计时要求保证难行车在不利条件下能溜到调车线入口警冲标以后50 m处，所以溜放车组进入调车线速度比较高，溜放距离较远，一般要在调车线上设置两个铁鞋制动部位，一个在调车线入口，要求能自动脱鞋，另一个在调车线中部要求能把车组制停。除特长车组外，一般不需要像简易驼峰那样准备制动员登车拧手闸。但因为没有车辆减速器，在道岔区内不能调整列车间隔，所以要求车组间隔比较长些，即推上峰顶的速度一般平均要在3 km/h以下，而且调车线数目也不能多，以便缩短道岔区长度。

非机械化驼峰调车场采用铁鞋或手闸作为制动设备，道岔的操纵采用自动集中或在现场人工操纵。

非机械化驼峰调车场一般使用在中小型编组站上，担任编组部分直达列车以及区段列车、沿零摘挂列车和小运转列车的任务。

（三）机械化驼峰

机械化驼峰调车场，在我国使用于大中型编组站上，主要担任技术直达与直通列车编组的任务，有时也编组部分区段列车及少量需要倒站顺的沿零摘挂列车和枢纽小运转列车。每昼夜解体车数为3 000辆左右。

机械化驼峰调车场在16股道以上，分成3～6个线束，每线束6～8股道。驼峰的高度为3～5 m。驼峰的平纵断面更加合理，特别是溜放部分的加速坡加大到30‰～40‰，因此起速较快，在溜放部分设减速器制动位1～2个，以调整难易行车的溜放间隔。

机械化驼峰由设在驼峰头部的间隔制动减速器进行溜放间隔调整，车组进入调车线后，由铁鞋制动员利用铁鞋进行目的调速。

机械化驼峰装设的信号设备更为完善，加装了驼峰信号机、驼峰辅助信号机和复示信号机，有的还安装了驼峰机车信号。道岔的控制均采用驼峰自动集中。

（四）半自动化驼峰

半自动化驼峰是在机械化驼峰的基础上发展起来的，在技术上已突破了原机械化驼峰信号设备的概念，采用了测速雷达、测重、测长、半自动控制机等新技术。所谓半自动调速，就是驼峰作业员，根据调车线的空闲长度、车辆走行性能、气候等条件，预先在控制台上选定一个能在峰下调车线内与原来的停留车安全连挂的速度(称定速)。若溜放车组的实际速度高于给定的速度，控制机给出制动命令，使减速器对溜放车组进行制动，车辆开始减速；当减速至等于定速时，控制机给出缓解命令，减速器自动缓解，使溜放车组按作业人员预先给定的速度离开减速器。其工作原理如图 6.3 所示。

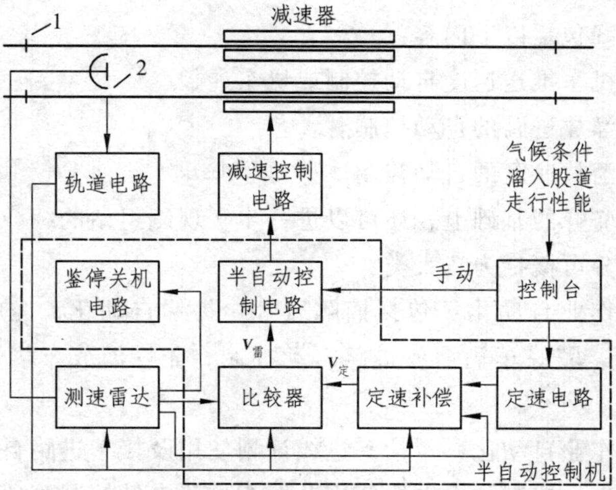

图 6.3　半自动调速系统工作原理

1—轨道电路；2—雷达天线

我国半自动调速系统的运营效果是：

(1) 提高了车辆安全连挂率。在距减速器 250 m 的范围内，速度在 5 km/h 以下的安全连挂率为 80% 左右，最高连挂速度不超过 7 km/h。

(2) 提高了驼峰的解体能力。比机械化驼峰的设计能力提高了 10%～15%。

(3) 保证了作业安全。由于采用了减速器半自动调速，车辆在股道内走行速度平稳，消除了溜放车组高速接近停留车的可能性，大幅度地减少了车辆冲突；减少了制动人员的工伤事故，特别是在气候恶劣、能见度低的条件下，调车安全有保障。

(4) 减少了铁鞋制动员人数和减轻了制动员的劳动强度。

(5) 减少了铁鞋制动。显著地减少了铁鞋制动次数和铁鞋消耗量，从而大大减少铁鞋对钢轨和车轮的损伤。

半自动化驼峰的溜放部分应设置车辆减速器，调车线始端应设置车辆溜放速度半自动控制系统，调车线内可采用相应的调速设备，道岔控制应采用自动集中。半自动化驼峰一般可设在大中型编组站上。

（五）自动化驼峰

自动化驼峰除具有上述半自动化驼峰的设备外，还增设了实现自动控制调速的电子计算机，并且增强了在编组线内作为目的制动用的调速工具，基本上取消了铁鞋。

自动化驼峰包括以下内容：

（1）驼峰机车推送速度自动控制或机车遥控。

（2）驼峰溜放进路的自动控制。

（3）车组溜放速度的自动控制。

在自动化驼峰的基础上，还可以进一步实现编组站的综合自动化，其内容按作业性质分可概括为三大类：

（1）调车作业自动化：包括摘解风管、提钩自动化，驼峰调机推送车列解体自动化，驼峰车辆溜放进路自动控制，驼峰溜放车辆速度自动控制等项目。

（2）行车作业自动化：包括到达线计划使用及接车进路自动控制、本务机出入段进路自动控制、出发线使用及发车进路自动控制等项目。

（3）站务组织自动化：包括到达列车预确报自动传递、到达车辆货票自动传递、掌握现在车自动化、抄车号自动化等项目。

我国现阶段的主攻方向和技术关键是解决车组溜放速度的自动控制问题，其中主要应解决在编组线内溜放钩车的“自动连挂”问题，以便取消铁鞋制动和手闸制动。

自动化驼峰可以提高解体速度、减少调机下峰整理作业次数、缩短作业间隔时间、避免车组溜入异线和保证车组的安全连挂，从而大大提高了驼峰的解编能力和运营效果。

第二节　驼峰编组场的基本信号设备

一、驼峰信号设备的布置

图 6.4 所示为机械化驼峰信号设备平面布置图。

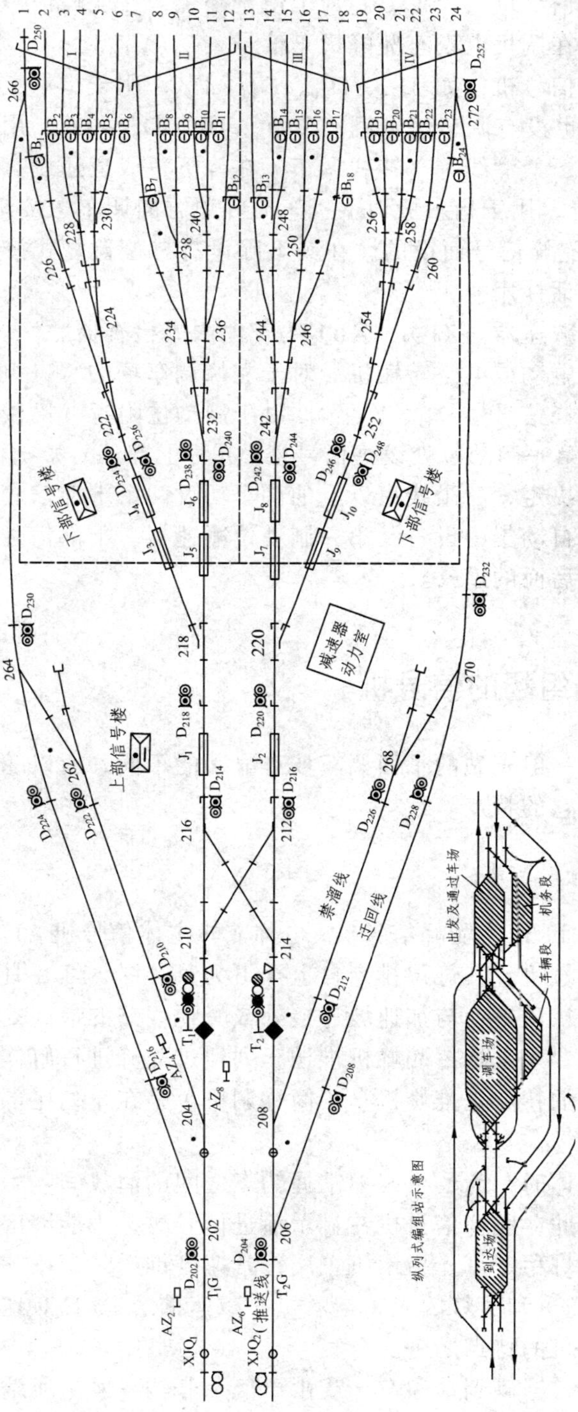

图 6.4　机械化驼峰信号设备平面布置图

峰顶设有驼峰信号机 T_1 和 T_2。为了便于瞭望，在驼峰信号机前方设有驼峰复示信号机或在调机上设有驼峰机车信号。

峰下设有调车信号机，如 $D_{14} \sim D_{20}$、$D_{34} \sim D_{48}$，用于指示上、下峰和在股道间调车；峰上也没有调车信号机，如 $D_2 \sim D_{12}$、$D_{22} \sim D_{32}$，用于指示场间和各线路（迂回线、禁溜线等）转线调车。在峰下每股道还设有一个线路表示器，如 B_1、B_2 等，用于指示股道上机车向峰顶方向调车。按钮柱（$AZ_2 \sim AZ_8$）是为了关闭驼峰信号而设的，在其上除设有二位自复式按钮外，还装有送话器，兼作通话柱用。

$J_1 \sim J_{10}$ 为车辆减速器。XJQ_1、XJQ_2 为车辆限界检查器。

转辙设备采用电动或电空转辙机。对于驼峰调车场的每一组道岔，均设一段轨道电路。驼峰信号楼 N_1、N_2、N_3 设于制动位附近。机械化驼峰一般设有两个制动位，第一制动位处设主信号楼（亦称上部信号楼），下部信号楼的数量由股道数量决定，三个线束以上的调车场设两个下部信号楼。主信号楼控制全场信号、自动集中设备及第一制动位减速器。下部信号楼控制第二制动位减速器及其后面的道岔。

二、驼峰编组场的信号机

驼峰编组场与一般车站的平面调车场有显著的不同，所以驼峰编组场的信号机及其布置有它的特点。

1. 驼峰信号机

图 6.4 中的 T_1 和 T_2 为驼峰信号机，也称驼峰主体信号机。它们都是四个灯位的高柱色灯信号机，其灯位排列自上至下为黄、绿、红、月白。驼峰信号机的安设位置为峰顶平台与加速坡连接处或峰顶线路的最高处。

驼峰信号机主要用来指挥驼峰机推送车列经过驼峰进行解体及送禁溜车等作业，这一作业的特点是推峰机车（简称调机）是在车列尾部顶送车列向峰顶前进。

另外，推送解体时，为了更好地掌握钩车之间的溜放间隔，需要对推送速度进行调整。因此，驼峰信号机在显示前进信号时，为能够区分推送速度的等级，除了用绿灯稳定灯光指示机车用正常速度推送外，增加了绿灯闪光（指示机车加速推送）和黄灯闪光（指示机车减速推送）。具有速度增减的闪光显示是驼峰信号机的特点之一。

在推送过程中，当碰到禁溜车，或由于摘不开钩，发生所谓“钩鱼”的情形时，应能指挥驼峰机车拉着车列后退。所以驼峰信号机必须有后退显示，在显示后退信号时，必须保证原推送进路不能解锁，以保证后退的安全。这是驼峰信号机的特点之二。

在有两条推送线的站场，为了组织平行作业，缩短两列车解体的间隔时间，通常可在一条推送线进行推送解体，在另一条推送线由另一台推峰机车将车列预先顶送到峰顶等待解体，这叫做“预先推送”。《技规》规定，预先推送时，驼峰复示信号机应显示黄灯。

机械化驼峰的驼峰信号机的开放由上部信号楼统一办理，这叫做集中控制。非机械化驼峰的驼峰信号机的开放，则在信号楼授权后，由调车员在峰顶控制，这叫做双重控制。附带说明，在未装设驼峰信号机的简易驼峰上，由调车员在峰顶用手信号指挥调车。

驼峰信号机的显示可以在推送过程中进行变换，这就可能出现由进行信号变换为停止信号。这时，为引起现场有关人员注意，应伴随发出音响信号。

一般信号机都应在保证运行安全的前提下提高作业效率，驼峰信号机亦不例外，不过驼峰解体作业的特点使得驼峰信号机主要是保证车列在推送进路上的安全，即驼峰信号机应与其敌对的信号机、推送线上与开通进路有关的道岔、峰下个别交叉渡线等加以联锁，而与溜放进路上的分歧道岔则不发生联锁。所以在溜放过程中的作业安全，还应由作业人员加以监视，遇到危险情况，应及时采取措施。

2. 调车信号机

在驼峰编组场，除设有驼峰信号机及其复示信号机之外，还设有一些调车信号机，它们主要是用来指挥解体作业以外的调车作业。根据使用条件不同，驼峰上的调车信号机可分为两类，即线束调车信号机和峰上调车信号机。

（1）线束调车信号机（也称峰下调车信号机）。

线束调车信号机是用来指挥驼峰调车机车在峰下进行转线作业及指示机车上、下峰的调车信号机。在峰下指挥转线的线束调车信号机设于峰下各线束分路道岔前，如图 6.4 中的 $D_{14} \sim D_{20}$、$D_{34} \sim D_{48}$。指示机车上峰的线束调车信号机应为高柱信号机。如有两台以上机车作业，或在一个线束设一架信号机而瞭望有困难时，可在编组线上每股道增设线路表示器。这时，指示机车上峰的线束调车信号机可改用矮型调车信号机。

在编组线每股道设有线路表示器时，该表示器随所属线群上峰信号机的开放而点灯，随所属线群上峰信号机的关闭而关闭，而以道岔位置区分开通的股道。

（2）峰上调车信号机。

在驼峰编组场内，除了峰下线束转线调车信号机以外的调车信号机，如相邻车场间分界的调车信号机，由推送线至迂回线、禁溜线等连接线路上转线作业的调车信号机都称为峰上调车信号机，如图 6.4 中的 D_2、D_4、D_6、D_8、D_{50}、D_{52} 等。这类调车信号机是根据作业灵活性的需要而设置的，其控制电路应根据调车场头部线路繁简而选用不同的形式，对头部线路比较复杂者，可选用 6501 或 6502 型大站电气集中的调车信号机电路，但从简化电路的角度出发，把自动选路改为个别操纵道岔手柄建立进路，按压信号按钮开放信号的方式，这样可以省去选路网路，电路简单。对执行组电路，则和大站电气集中基本一样，所以进路锁闭和解锁的要求与一般大站电气集中类似。调车信号机的开放应满足以下条件：进路中道岔及防护道岔的位置正确，敌对进路未锁闭，敌对信号未开放，进路处于锁闭状态，进路中道岔区段空闲，检查了侵入限界绝缘区段，进路未进入人工解锁等。

此外，在推送线上的有关调车信号机，除能单独操纵外，还要随着驼峰信号机的开放而开放，这是驼峰上这类调车信号机的一个特点。

从图 6.4 所示典型的机械化驼峰编组场峰上调车信号机的布置看，各信号机的主要作用是：D_2、D_4 主要用于推送线与迂回线或禁溜线之间的转线作业，兼作到达场至驼峰场调车的阻拦信号；D_6、D_{24}、D_{10}、D_{22}、D_{12}、D_{26}、D_8、D_{28} 均用于在迂回线和禁溜线上构成无岔区段，以便在该线上存车；D_{30} 和 D_{32} 用于禁溜线与迂回线间转线作业；D_{50}、D_{52} 用于编组线其他股道与迂回线转线作业；D_{14}、D_{16} 为峰下线束转线作业的阻拦信号，兼作上峰调车指示信号。

三、驼峰轨道电路

（一）轨道电路区段的划分及技术要求

驼峰编组场轨道电路与车站电气集中的轨道电路一样，做到了自动监督线路是否空闲和完整，并且借助于机车车辆自动、连续地控制信号的显示。如进路锁闭，无车占用时，信号开放；机车车辆驶入进路内，信号关闭。另外，驼峰编组场线束区（即属于道岔自动集中轨道电路）轨道电路与道岔自动集中设备发生联系，则做到了溜放车辆借助于轨道电路，自动控制进路命令的传递。正因为如此，驼峰场溜放进路的轨道电路有特殊要求，而其他地方的轨道电路与车站电气集中要求基本相同。

为了提高驼峰解体能力，要求溜放车组之间的间隔越短越好。峰下分路道岔区的轨道电路划分，除保证安全外，要尽可能缩短轨道电路长度。所以每一个道岔为一个轨道电路区段，并且道岔轨道电路区段越短越好，这样有利于缩短车组之间的间隔。但轨道电路不能短于四轴车的第二、第三轴之间最大的距离，以避免车辆跨在轨道上，出现无车的错误表示。

道岔轨道电路区段虽然越短越好，但前面曾提出，为了提高溜放效率，溜放进路不使用进路锁闭，而只用轨道电路的区段锁闭，所以，为了保证安全，岔尖前的轨道电路必须有一定长度。此长度应保证，车组第一轮对压上轨道电路的轨端电气绝缘节时，刚接通的转辙机启动电路，车组第一轮对到达岔尖时，能使转辙机转换完毕。这段轨道电路一般称为保安区段，也称保护区段，如图 6.5 所示。

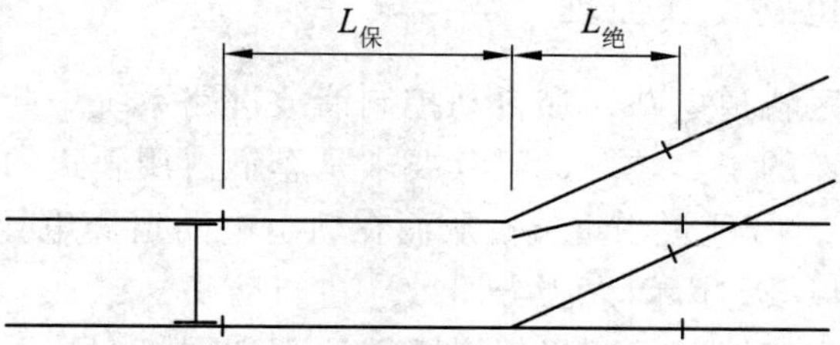

图 6.5　轨道电路保护区段

保安区段的长度按下式计算：

$$L \geqslant V_{max}(t_{继} + t_{转} + 0.2) \qquad (6.1)$$

式中　V_{max}——溜放车组通过保安区段的最大速度；

$t_{继}$——轨道继电器、道岔转极继电器的动作时间；

$t_{转}$——转辙机动作时间；

0.2——安全量。

一般（$t_{继} + t_{转} + 0.2$）为 1.0 ~ 1.2 s 或 1.2 ~ 1.4 s，采用电动转辙机时为 1.2 ~ 1.4 s，采用电空转辙机时为 1.0 ~ 1.2 s。

从上式可以看出，采用快速动作的电路和转辙机、快速释放的轨道继电器，有利于缩短保安区段的长度，进而缩短了溜放行程。这样，不但有利于提高作业效率，而且节省了占地面积及投资。

峰顶至第一分路道岔间如需装设轨道电路，应单设无岔区段，不能与第一分路道岔装成一段轨道电路，以免影响解体效率。两道岔之间的线路，即无岔区，是否设置轨道电路，可根据道岔自动集中控制的需要决定。

为了使值班员确认车组是否完全进入编组线，在连接编组线的分路道岔区段末端至警冲标方向内方 3.5 m 处，设警冲标区段轨道电路，此段轨道电路一般只作表示用。

凡属道岔自动集中的轨道电路，在技术要求方面也有特殊性。首先，为了缩短保安区段，要求采用快速释放的轨道继电器。其次，因为驼峰场的轨面是比较脏的，油污、砂子、煤屑等物从车组上散落下来，经过辗压形成导电不良的薄层，致使轨道电路分路效应变坏。特别有时会遇到高阻轮对的车辆，甚至不能分路（尤其单个车辆）。此外，溜放的轻车组（空车辆，两轴车）跳动现象也较多，使轨道电路瞬间失去分路效应较严重。为此，轨道电路除了能满足基本工作条件外，还必须采取防止轨道电路瞬间失去分路效应和分路效应变坏的措施，以及采用应变时间短的受电元件。

（二）轨道电路工作原理

驼峰场溜放区轨道电路，在自动控制溜放进路系统中起重要作用。它是溜放进路信息传递的工具之一，对其要求是车辆占用轨道的应变时间短（即占用信息来得快）、分流灵敏度高，从而在轨道电路道砟电导增加时，保证设备的可靠工作，以及对瞬间失去分路效应进行防护。

我国使用的交流连续式驼峰轨道电路原理如图 6.6 所示。送电端采用 BG_5 型变压器，限流电阻用 R-6/65 型变阻器，受电端采用 60×60 方型硒整流片或 2CZ11 硅二极管桥接整流器，执行元件采用 JWXC-2.3 型继电器。

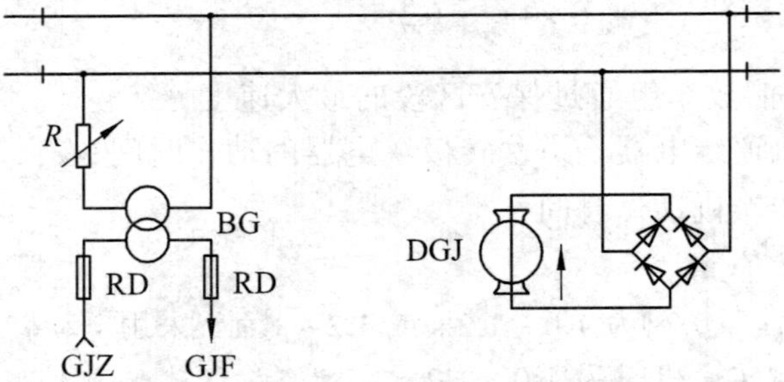

图 6.6　交流连续式驼峰轨道电路原理

这种轨道电路，限流电阻便于调整，分路效应良好（分路灵敏度高），继电器释放快。因为受电端采用硒片，利用其非线性特性，当分路时，硒片上的正向电压降低，其正向阻值急剧上升，使受电端电阻增大，因而加速了继电器的释放。继电器的线圈并联使用，使之减少电感值，则可进一步加速继电器的释放。

图 6.7 所示是驼峰直流轨道电路原理。因为当编组站处在电气化牵引区

段时，其牵引电源对上述交流轨道电路有干扰，可能产生误动。为此，一般考虑采用直流轨道电路，由送电端整流器供给直流电源。

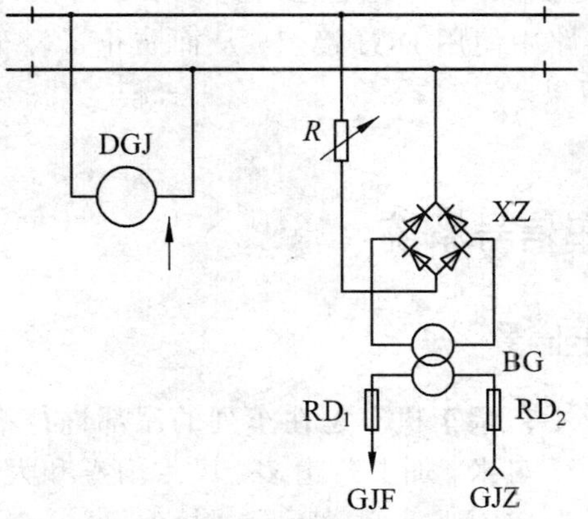

图 6.7　驼峰直流轨道电路原理

图 6.8 所示是溜放区分路道岔双区段轨道电路原理。在分路道岔上，为防止轻车跳动，短时间失去分路作用，造成轨道继电器错误吸起，而采用了双区段轨道电路，就是把一个道岔区段的轨道电路分割为两段轨道电路。

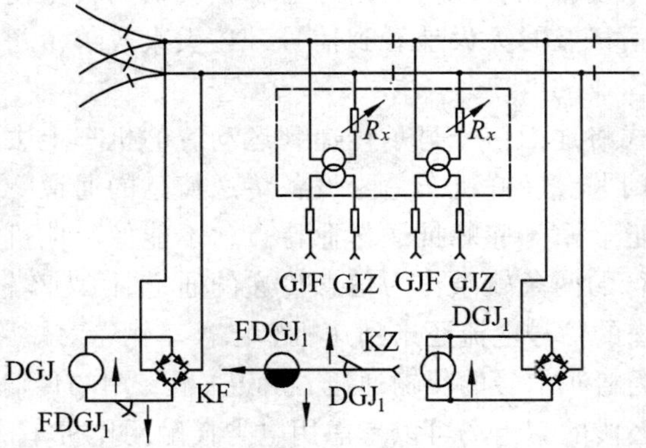

图 6.8　溜放区分路道岔双区段轨道电路原理

一般在岔尖与基本轨接缝处分开，前面一段为 DG_1，后一段为 DG，各设一个轨道继电器 DGJ_1 和 DGJ，另外还设一个 DGJ_1 的反复示继电器 $FDGJ_1$。平时无车组占用时 DGJ_1 和 DGJ 都励磁吸起，$FDGJ_1$ 由于 DGJ_1 前接点切断其电路而处在失磁落下状态。当车组进入 DG_1 区段时，DGJ_1 被分路失磁落下，因此 $FDGJ_1$ 电路接通励磁吸起，由于 $FDGJ_1$ 后接点接在 DGJ 电路中，所以继电器 DGJ 虽然还没有被车组轮轴分路，但也失磁落下。由于继电器 $FDGJ_1$

采用缓放型继电器，故车组在 DG_1 区段跳动时，DGJ_1 会随着车组跳动而瞬间吸起，但 $FDGJ_1$ 依靠缓放在此瞬间仍在吸起状态，所以 DGJ 始终在失磁落下状态。当 $FDGJ_1$ 经缓放落下，车组也已经进入 DG 区段，使 DGJ 仍继续失磁落下。在传递命令电路中使用 DGJ 接点，从而防止了轻车跳动造成短时间失去分路效应的不良后果。

四、驼峰机车信号系统

（一）驼峰机车信号

在驼峰推送作业中，调车机车是在车列的尾部进行推送，司机距驼峰主体信号最远时可达一千多米，加上弯道多、风雪雨雾和太阳迎面照射等影响，都会给司机瞭望信号造成困难，常常因为司机看不清信号影响推送作业的正常进行。有的驼峰编组场为了解决这个问题沿推送线路加装多架复示信号机，但这样一来，高柱信号机林立，反而会使司机误认信号造成事故。为了满足改编工作量不断增长的需要，使司机正确、及时地辨认信号是一个需要解决的问题。为此，普遍要求装设驼峰机车信号设备。

驼峰机车信号设备能将地面的信号显示在调机司机室内复示出来，这样一来，不仅可使司机及时无误地看到信号，还大大改善了司机的劳动条件，从而提高了推送作业的效率。

采用什么方式将地面信号显示传递到运动着的机车上去是驼峰机车信号首先需要解决的问题。驼峰机车信号设备传送信息的通道一般有两种，即有线通道和无线通道。由于驼峰推送作业特点，不能像其他机车信号设备一样直接利用列车走行的两条轨条作为信息传递的通道，因为车辆在前机车在后，钢轨上从峰顶送来的信号电流还未到达机车已被车辆轮对短路。因此可用走行轨的一条轨条作为机车信号的传输通道，再设一根专用的传输线作为信号的回线。对于电气化区段的编组场可以考虑用电力接触网作机车信号的传输通道。

采用无线传输方式的驼峰无线机车信号，目前被国内外广泛使用。无线机车信号设备示意图如图 6.9 所示。将地面信号显示转换成一定频率的信号，用该信号去调制地面无线电台的射频，由无线电台向空间发送。在调车机车上的无线电台接收地面台发送的电磁波，将调制信息解调出来，点亮机车上的信号复示器。这种用来作为机车信号的发送和接收设备的无线电台，还可以同时兼有驼峰控制楼操作员和调机司机直接通话的功能，方便解体作业的进行。

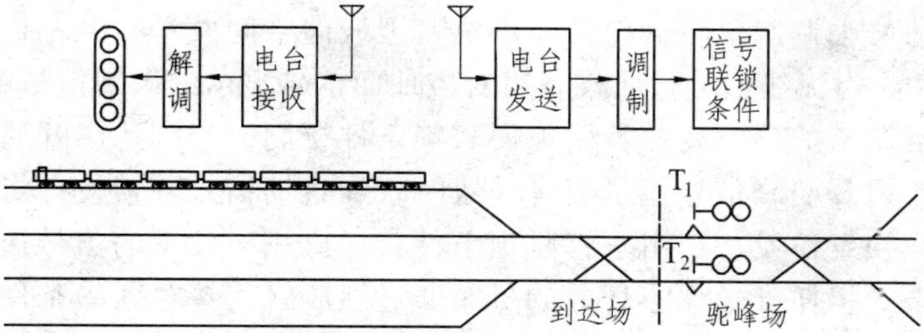

图 6.9 无线机车信号设备示意图

由于驼峰信号机不只一架，推送进路不只一条，调车机车不只一台，机车信号设备必须能正确区分哪台机车复示哪架信号机的显示，什么时候开始复示。采用无线传输信息的方式，这些问题就需要特殊地加以考虑，以图 6.10 所示的情况为例，当 T_1 地面信号机开放推送信号，四台调车机车Ⅰ、Ⅱ、Ⅲ、Ⅳ中的哪一台机车复示 T_1 信号显示呢？这就要根据作业需要和地面进路的开通情况来决定。当采用无线机车信号时，代表 T_1 信号显示意义的信息是通过电台向空间发送的，如不加装其他设备，它将不受地面进路开通情况的限制，可能被四台机车同时接收，造成四台机车同时推送的结果，这显然是不允许的。这个问题可以通过不同的途径得到解决，例如不同的调机使用不同的发射频率，由驼峰作业人员人为决定发射哪种频率，即人为决定哪台调机复示地面的哪架信号显示。但是万一发生办理错误时，例如当指挥调机Ⅲ推送车列，应该发送调机Ⅲ的射频，若错误扳动调机Ⅳ的旋钮，则调机Ⅳ收到前进信号，但此时调机Ⅳ进路并未开通，将造成调车事故。为此，机车信号应该与地面进路开通情况发生联锁，亦即驼峰信号开放以后，只有推送进路开通的那台（或两台，一台推送，一台预先推送）机车能复示地面信号显示。

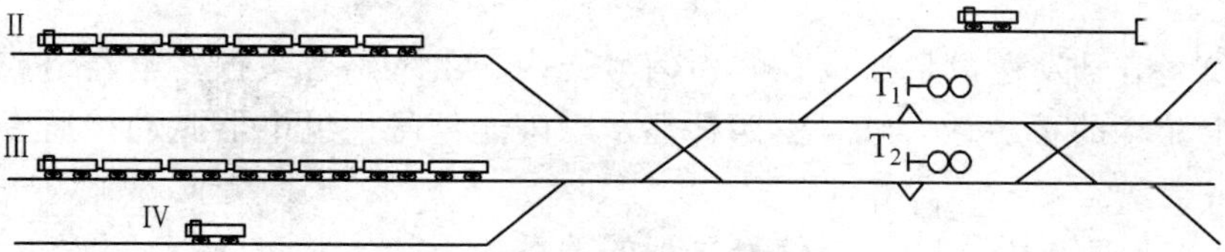

图 6.10 无线机车信号原理

现以我国已研制成功的 TWJX 型无线机车信号为例，对驼峰机车信号系统工作原理进行说明。其设备框图如图 6.11 所示，分发送和接收两大部分。当驼峰指挥信号楼同意办理推送作业后，到达场便可建立推送进路。在上述手续办理完毕后，向驼峰楼送来进路联锁条件，经驼峰信号联锁设备，将地面信号显示条件送至无线信号发送设备，由它将地面信号显示内容转换成相应频率的信号去调制电台的射频，由电台天线向空间发送。调车机车电台接收到信号后，由无线信号接收设备将对应地面信号显示的调制信号解调出来。能否点亮机车上的信号复示器由地面联锁条件控制，当到达场开通的进路与车列所在股道及驼峰信号显示三者一致时，到达场信号联锁设备将联锁条件送至进路联锁发送设备，由它将联锁条件转换成相应频率的信号送至到达场股道的始端。担任推送作业任务的机车通过感应线圈接收联锁条件信号，并根据联锁条件内容决定信号复示器复示那一架驼峰主体信号的显示。

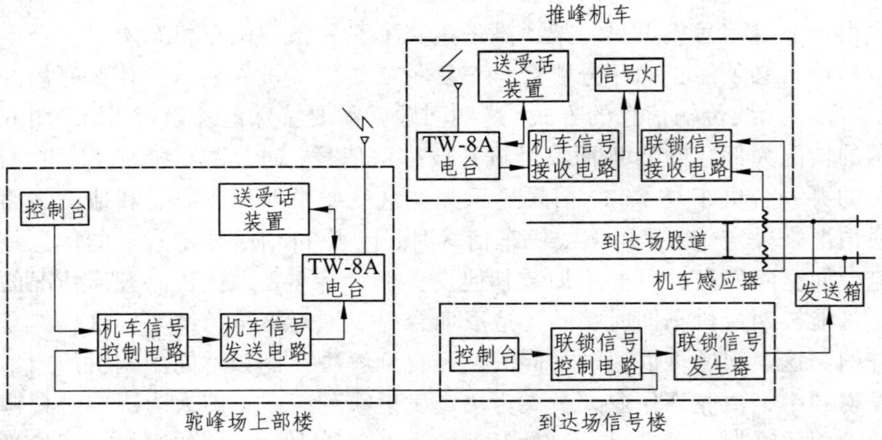

图 6.11　驼峰无线机车信号原理

当无线电台不发送地面信号的信息时,电台可供驼峰操作员和司机通话。

TWJX 型驼峰机车信号的主要设备及功能如下为:

（1）无线电台：采用无线通道作为信号的传送通道。为了传送信号及通话，选用异频双工无线电台。在峰顶信号楼内设置车站台，在机车上设置机车台。

（2）信号发送设备：设在峰顶信号楼内，由八路音叉振荡电路组成 T_1、T_2 两个驼峰的黄、绿、红、白四种显示。闪光信号由继电器脉动接通音频振荡电路实现。

八路振荡电路的频率与信号显示的关系如下：

T_1 峰信号：黄灯（U_1）为 4 078 Hz，绿灯（L_1）为 4 196 Hz，红灯（H_1）为 4 318 Hz，白灯（B_1）为 4 443 Hz。

T_2 峰信号：黄灯（U_2）为 4 572 Hz，绿灯（L_2）为 4 705 Hz，红灯（H_2）为 4 841 Hz，白灯（B_2）为 4 981 Hz。

振荡器平时不工作，只有开放信号时，信号联锁条件电路接通所要求的振荡电路电源，它才开始工作。为保证一部电台一组高频能同时送出 T_1、T_2

峰两种信号显示命令，信号发送的输出采用时间分隔的方法进行控制。使 T_1 峰信号及 T_2 峰信号交替地通过电台送出，保证 T_1、T_2 峰作业的推峰机车均能可靠地接收到正确的信号显示信息。

（3）信号发送的继电电路：此电路由继电器电路构成，到达场和峰顶信号楼各设一套。它与驼峰信号开放电路及推送进路条件构成联锁。即当机车从到达场向峰顶推送解体车列时，只有确认推送进路办理正确，驼峰信号开放，才能接通机车信号发送条件。

（4）进路联锁条件电路：此设备设在到达场信号楼内，由继电电路构成。它与推送进路条件构成联锁。当有多台机车在到达场工作时，此电路保证只有同意进行推送作业的机车上的机车信号设备工作，而其他机车的机车信号设备均处于关闭状态。该进路联锁条件电路检查电气集中办理的进路，并利用电气集中推送进路条件把联锁发送设备接入已办理推送进路的股道。

（5）联锁信息发送电路：此设备分设在到达场信号楼及峰顶信号楼，分为 T_1 峰 T_2 峰两套发送电路。在到达场的设备工作条件是：在推送进路办理完毕，在进路联锁条件电路控制下，向指定股道送出要求机车按 T_1 峰或 T_2 峰信号显示的命令执行,保证机车信号显示与所在推送进路的信号显示一致。在峰顶信号楼的设备工作条件是：值班员办理上峰进路，机车到达峰顶，在峰顶联锁条件电路控制下，向指定的峰顶股道送出固定的联锁命令，即向 T_1 峰送出要求机车按 T_1 峰信号显示的命令执行，向 T_2 峰送出要求机车按 T_2 峰信号显示的命令执行。

（6）联锁接收设备：此设备安装在推送机车上。联锁接收电路的主要功能是根据地面联锁发送设备送入轨道的联锁命令，控制机车信号显示的时机和显示内容。在推送作业过程中，保证信号能连续显示，从而保证了机车信号在双峰多台机车工作时的作业安全。联锁接收设备由感应器、滤波器、放大电路、门限电路、音叉滤波电路及继电器动作电路组成。只有一台机车工作的驼峰，机车上不需要这种设备。

（7）信号接收设备：它的主要功能是将电台接收的信息，还原为机车信号显示。

（二）驼峰机车遥控

驼峰机车遥控设备是供驼峰值班员在驼峰信号楼内直接操纵驼峰机车的速度变换、停车、后退等，司机只进行监视。或者由计算机控制进行变速推送。

1. 驼峰机车无线遥控系统

系统设备的配置如图 6.12 所示，该系统由下列设备组成：

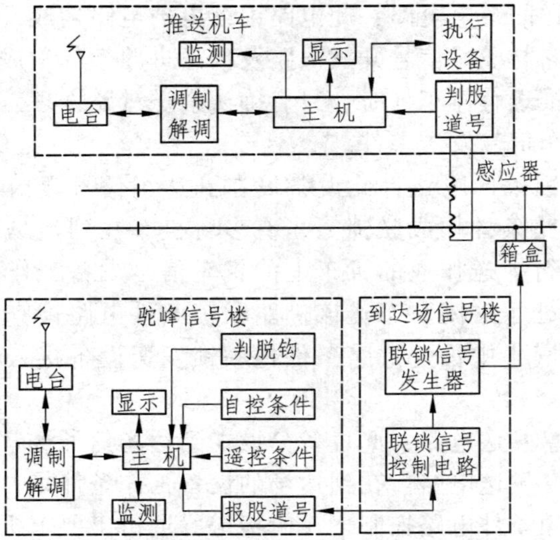

图 6.12　驼峰无线推送机车遥控设备框图

（1）控制对象选择设备：在到达场经常停留有多台机车，值班员根据站场的作业程序，排通机车推峰进路后，就自动地把推峰机车选出，保证机车只在进行推峰作业时接收到与其作业相符的控制命令。

（2）控制命令发送及接收设备：用无线传递遥控机车控制命令，系统的信息采用频率编码方式，并具有回执信号显示。

控制命令的发送受到达场及峰顶值班员的控制。只有当到达场推峰进路办理完毕、有关道岔位置正确、信号开放时，信号发送环节才能工作。它保证发送的控制命令与地面推峰信号一致。当地面信号显示发生故障时，遥控设备将送出较限制的控制命令。

（3）机车速度控制设备：简称速度控制器，根据接收的速度控制命令，对机车走行速度实施控制。在预推作业中，完成起车、加速，使车列以 10 km/h 的速度运行到接近峰顶；当车列近峰顶时，实行定距离停车。

（4）回执表示：把推峰机车的调车代号和它所收到的控制命令，回执到控制台值班员面前，使值班员直观了解到该推峰机车实际运行情况。

该系统对机车可完成下列控制过程：

（1）定速度控制。在预推作业中，机车遥控的预推命令可使机车自动起动、加速。当车速达到 10 km/h 时，使机车保持一定速度前进。

（2）定距离控制。为了保证列车在预推中较准确、安全地停在峰顶指定位置，在距峰顶 187 m 及 80 m 时，机车得到两次定距离停车命令。车上设备自动记录走行距离，并按照设备存储的停车曲线，从速度为 10 km/h 不断减速，能在指定的距离内停车。

（3）停车控制。在主推或预推作业时，机车得到停车命令或命令中断，均使机车制动停车。预推作业在距驼峰色灯信号机 35～40 m 处，设置必须停车点，车列头部进入此点将自动停车。

（4）变速度控制。在主推作业时，为提高解体效率，要求实行变速推送，即机车按照值班员的要求，改变推送速度。根据车站情况确定速度，一般采用 3 km/h、5 km/h、7 km/h、10 km/h 的变速范围。

（5）在推送作业中，司机可随时将遥控变为主动控制。

（6）机车接收的控制命令，遥控时实际走行的速度均可直接显示在值班员控制台上，便于值班员掌握推送作业情况。

（7）该系统适用于双推送线、多台机车作业的编组站。

（8）该系统与地面信号设备及进路具有联锁功能，保证作业安全，值班员控车手续简便。

2. 驼峰机车移频遥控系统

该系统采用移频信息控制机车的变速推送。它由移频信息的发送系统、移频信息的接收系统和速度自动控制系统组成，如图 6.13 所示。

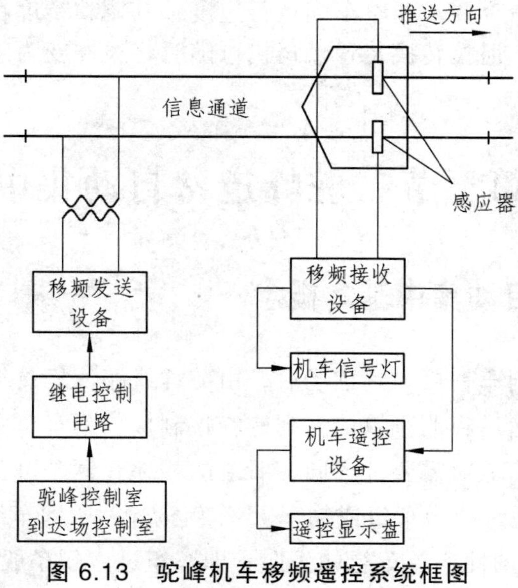

图 6.13　驼峰机车移频遥控系统框图

对该系统的主要技术要求如下：

（1）移频发送、接收设备：系统信息采用550 Hz、650 Hz、850 Hz 3个载频，650 Hz、850 Hz各有9个信号频率，550 Hz有2个信号频率，用以完成区分推送峰位，实现遥控运行状态控制及机车信号灯四灯八显示；遥控信息分“开机信息”与“控制信息”，每次推送作业必须先发送“开机信息”，后发送“控制信息”，否则“控制信息”不起作用；遥控信息应变时间应不小于2 s；转换过程中，信号不出现乱显示，当控制命令由运行变为停止时，发出音报警信号。

（2）信息通道：采用钢轨做传送信息的通道，它应保证整个推送进路连续、可靠接收信息，不影响原轨道电路的正常工作。

（3）继电控制电路：只有当排完推送进路并且进路锁闭后，该进路才能送出信息。

（4）开机信息和控制信息：每次排完进路信号开放后，送出开机信息，持续（2 ± 0.5）s，开机信息完毕后 0.5 s 送出控制信息，整个推送作业完毕停止发送信息；当在设有两个峰位并同时作业的情况下，遥控信息按所排峰位的控制给出，并且不受另一峰位遥控信息的影响。

（5）机车速度自动控制装置：该装置能根据遥控信息控制自动起车、鸣笛、调速、制动、停车，并有前进、后退方向表示和速度、控制器挡位、制动等级、定距离停车的距离显示；在预推作业时，能按照接收的定距离停车信号（U_1、H_1）使解体车列在距地面信号机前规定距离内停车；在主推作业中，按解体控制命令要求调整车列运行速度，其调整精度在 ± 1 km/h 之内；此外还设有手动、遥控转换装置，司机可随时将遥控变为手动控制。

第三节　驼峰道岔自动集中

一、道岔自动集中基本概念

需要解体的列车，接入到达场后，由驼峰线路值班员编制解体作业计划（简称调车单），然后将调车单传送到驼峰控制楼。调车单中主要内容有：车辆分组情况（在溜放时需要进入同一股道的相邻几辆车可分为一组，也可以一辆车为一组，通常称为车组或钩车）、车组的序号（即车组的溜放顺序，一般称钩序）、车组的性质、车组的去向（即车组进入哪条股道）等。

驼峰楼根据调车单将车列解体工作准备好，包括开放驼峰信号、准备溜放进路。车列被推送到峰顶时，提钩人员从车组的分钩处提钩。提钩后，该车组从峰顶开始溜放，当车列中没有禁溜车时，车组一个跟着一个往各自的目的地溜放，直到最后一个车组推过峰顶，一个车列解体工作即已完毕。若车列中含有禁溜车，当溜放至禁溜车时，车列首先后退，将禁溜车送至禁溜线后，再继续进行溜放。一般在一列车或几列车解体完毕后，机车下峰进行整理作业，然后开始新车列的解体作业。

解体的车组由峰顶向峰下溜放，分别溜往不同的股道。这些溜放进路有着共同的始端和不同的终端，因此，它们是一些彼此交叉的进路。又由于车组在峰顶是连续提钩溜放的，从峰顶到末级道岔之间必须允许有几个车组同时走行。因而，各车组的溜放进路只能逐段建立、逐段使用、逐段解锁。简单地说，就是要求前行车组一离开道岔区段，就要及时地转换道岔，为下一车组准备进路。显然要提高驼峰解体能力，溜放进路控制适时性是十分重要的。

如果人工用手柄逐个地操纵道岔，那么即使所有手柄都集中在控制台上，也难以做到对道岔的及时和正确的控制。因为值班员必须通过主观判断来决定道岔的转换时机，在作业繁忙，溜放区有多个车组同时在走行时，由于劳动强度大和精神过度紧张，就容易产生控制的错误。

溜放进路如果按大站电气集中进路式选排进路的办法，即按压进路始、终端按钮选排进路，当然可以大大简化办理进路的手续。基于驼峰解体作业的特点，峰顶是所有溜放进路的共同始端，因此只由一个确定终端的按钮就可以确定一条溜放进路。操作方式可由双按钮选路简化为单按钮选路。但是由于车组是一个接一个连续溜放的，因此不能要求按下一个按钮就立即排出这条进路，也不能待一条进路使用完毕后再排另一条进路。一段的做法是，按压一个进路按钮，将这个操纵动作变换成一条进路命令，这个进路命令在车组的溜放过程中分段执行。即当车组下峰前，命令控制第一分路道岔转至规定位置；车组溜至第一分路道岔区段，控制第二分路道岔转至规定位置；车组离开第一分路道岔区段，第一分路道岔根据第二车组的进路命令转到规定位置；车组溜至第二分路道岔区段，控制第三分路道岔转到规定位置……

如果规定在一个车组下溜前必须按压进路按钮，那么，在溜放过程中要求值班员下溜一个车组就按压一个进路按钮，值班员的工作还是相当紧张的。但是另一方面，从一个车列溜放结束到下一车列的开始溜放期间，由于推送机车要有一个整理和准备的过程，因此，值班人员有一段相对空闲的时间。这就提出了一个要求：应该让值班人员能在一列车溜放前，按调车作业单将进路命令预先按顺序储存起来。溜放时，在溜放车组的作用下，将储存的进路命令按顺序输出和执行。这样一来，值班员可以把主要精力用于对溜放过程的监督和及时纠正错误方面。根据这种构思构成的设备称为“驼峰道岔自动集中”设备。但是不难看出，这实际上还只是一种溜放进路的半自动选排设备，因为它还需要值班员参与选排进路的操作。还有一种溜放进路的自动选排设备，一般是利用电子计算机来完成自动选排进路的功能，此外还能自动监督车辆溜放、确认摘钩错误、记录车辆溜放的实迹、显示错溜车组的位置，以及股道满线时，自动开通另一条进路等。

道岔自动集中装置，已有很大的改进和提高。从电路构成的元件来看，有些采用电子元件构成，有些采用集成电路构成。从系统功能来看，自动化程度也有所提高，不仅能自动排列和控制溜放进路，而且能自动监督（追踪）车辆溜放、自动确认和处理追钩、自动确认和记录摘钩错误等。所以，道岔自动集中系统设备的技术经济指标，除了能适时、正确地自动控制溜放进路外，还必须考虑监督功能。

道岔自动集中设备至少应该完成的工作：将值班员按压进路按钮的动作转换成一条进路命令；将进路命令储存起来；随着车组的溜放输出，传递、分段执行进路命令。进路命令一般以代码的形式给出，一条命令包含有对进路上各个道岔的控制内容。显而易见，对进路命令的储存和传递就是对进路代码的储存和传递。

二、驼峰道岔自动集中的操纵

当驼峰值班员接到调车作业单以后，等到上次的作业单下溜结束，首先按下开始按钮，此时在储存钩序表示灯亮“1”字，溜放钩序表示灯亮“1”字，表示设备恢复到正常状态。此时驼峰值班员可以根据作业单进行预先储存车组进路工作。

如作业单所列的任务是：

第一钩　进 3 道

第二钩　进 1 道

第三钩　进 4 道

第四钩　进 2 道

值班员首先按下进路按钮 3A，经过有关继电器的动作，在储存钩序表示灯上点亮的仍然是“1”字。在储存进路表示灯上点亮了“3”字，值班员看到进路表示灯点亮“3”字，即表示第一钩进 3 道的命令已经储存完毕，则可放开 3A 进路按钮。当按钮放开以后，储存进路表示灯灭灯，而储存钩序表示灯由“1”变成“2”字，表示可以储存第二组命令了。后续过程可以简述如下：

按下 1A（第二钩）	“2”（储存钩序表示灯）
（进 1 道）	“1”（储存进路表示灯）
放开 1A	“3”（储存钩序表示灯）
	灭灯（储存进路表示灯）
按下 4A（第三钩）	“3”（储存钩序表示灯）
	“4”（储存进路表示灯）
（进 4 道）	“4”（储存钩序表示灯）
放开 4A	灭灯（储存进路表示灯）
按下 2A（第四钩）	“4”（储存钩序表示灯）
（进 2 道）	“2”（储存进路表示灯）
放开 2A	“5”（储存钩序表示灯）
	灭灯（储存进路表示灯）

至此，4 组进路预先储存完毕。

由上述可知，进路按钮按下时，储存进路表示灯点亮，并与所办理的进路相符。进路按钮放开后，进路表示灯灭灯而储存钩序表示灯进位，表示可以储存下一组，因此，最后钩序表示灯的数字为实储入车组数加 1。应该说明，当车组一次储满时，储存钩序表示灯也熄灭，此时当下溜以后恢复点亮“1”字，为循环储存准备了条件。

在储存命令中对各种不同的特殊情况可以用变更按钮、总取消按钮、检查按钮以及进位按钮等。如储存完毕可以通过检查按钮和进位按钮来校对已经储存的进路是否正确，如果发现储存的命令不正确，可以通过按压和拉出变更按钮，对储入的进路命令加以个别取消和全部取消。

储存完毕开始自动溜放前，首先检查所有的道岔手柄是否都在中间和自动转换位置，这可以通过自动集中白色表示灯的点亮来证实。然后按下自动溜放按钮，点亮自动溜放白色表示灯，这时溜放钩序表示灯亮“1”字，溜放进路表示灯亮“3”字，与预先储存的第一钩进 3 道相符，此时值班员即可开放驼峰信号让下溜车组进行自动溜放作业。下面的动作将根据车组压入头部道岔的情况自动地将预先储存命令发出，即：

第一车组压入头部道岔，溜放钩序表示灯亮“2”，溜放进路表示灯亮“1”；

第二车组压入头部道岔，溜放钩序表示灯亮“3”，溜放进路表示灯亮“4”；

第三车组压入头部道岔，溜放钩序表示灯亮“4”，溜放进路表示灯亮“2”；

第四车组压入头部道岔，溜放钩序表示灯亮“5”，溜放进路表示灯亮灭灯。

当值班员看到溜入钩序表示灯点亮“5”字和储存钩序表示灯“5”一致时，表示预先储入的命令已经全部发出，溜放完毕，至此调车作业单的任务已完成。如果这时需要进行新的调车作业单的命令储存工作时，再按一下开始按钮，则储存和溜放钩序表示灯都由“5”转为“1”字，设备恢复正常状态。

在下溜过程中对各种不同情况的处理可以用取消按钮及增加按钮。对本车组未进入头部道岔之前可以通过按压取消按钮，取消本车组的进路命令，或按压增加按钮而增加新的进路命令。该操作对其他的储存命令没有任何影响。

三、驼峰自动集中技术条件

（1）储存一钩进路命令只需按一个进路按钮，并且不产生重复储存。

（2）可以进行一次储存（当一列车钩数小于储存器容量时），亦可以进行边溜边存（当一次列车钩数大于储存器容量时）。

（3）在储存过程中，能对储存命令进行变更，而不影响已经预先储存的命令。

（4）能一次取消全部预先储存的进路命令。

（5）在解体作业开始前，可以对预先储存的进路命令逐钩或连续检查，并能纠正错误，而不影响预先储存的其他车组的进路命令。

（6）在解体作业过程中，能取消变更预先储存的进路命令，并能增加新的进路命令。

（7）对于储存和溜放钩序及进路均有数码表示灯。

（8）进路命令随车组溜行向峰下自行传递，即当车组压入道岔轨道区段时向下一传递环节传递命令。

（9）暂储于道岔传递环节的命令，在该命令所属车组通过道岔区段后自行取消。

（10）发生追钩时，应能取消后行车组的进路命令。

（11）当自动集中设备故障时，可以改用半自动或手动作业方式来排列溜放进路。

四、溜放进路程序控制系统

（一）系统的组成

驼峰溜放进路程序控制系统是以微型计算机为核心，通过输入输出接口及数据通信接口连接控制台、CRT 显示终端、调车作业单打印机、报警打印机、转辙机等外部设备的自动控制系统。其系统结构如图 6.14 所示。

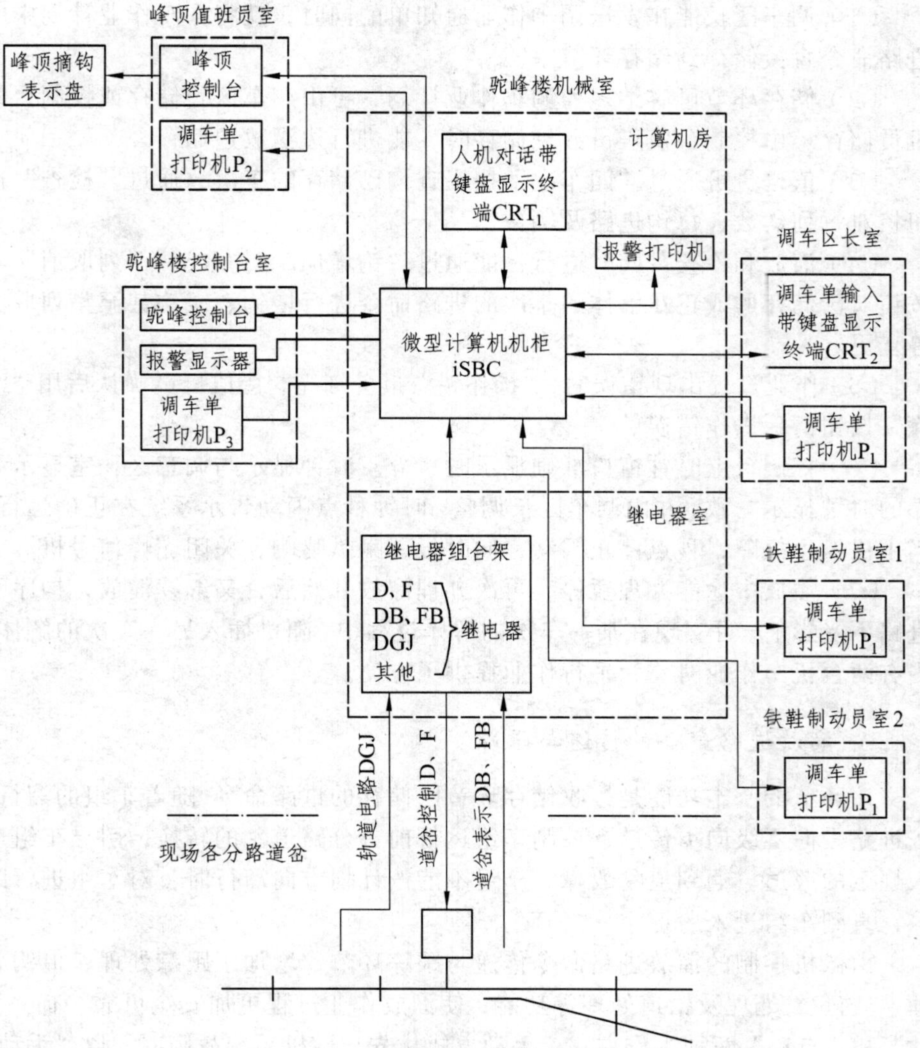

图 6.14　驼峰溜放进路程序控制系统框图

（二）系统功能

1. 调车作业通知单的自动传递

调车区长制定解体计划后，通过带键盘的显示终端就可将调车作业计划输入到主机内，并且以调车作业通知单的形式发送到各调车作业点。

2. 进路命令的储存

进路命令的储存方式分自动和人工两种，其功能如下：

（1）调车区长能在发送调车作业通知单的同时，就将调车作业计划中的进路命令直接储存到储存环节中。

（2）储存环节可容纳多列调车作业计划，可由调车区长储存或控制台值班员储存。由控制台值班员办理储存时，能进行边溜放边储存。

（3）值班员可通过“问车次”按钮查询已储存的车次，通过“检查”按钮核对每列钩数、每钩进路及辆数。

（4）溜放和检查可同时进行，能通过“钩增加”“钩取消”“列取消”等按钮对已储存的或正在解体的车次的进路命令进行增钩、减钩甚至整列取消等变更。

（5）作业过程出现错误时，“操作错”报警灯亮，待值班员确认后用“清除”按钮清除操作错误。

（6）控制台上时钟窗口准确显示时、分。时钟显示与调车区长室显示终端的时钟显示一致，并由调车区长调整。时钟秒点闪动告示系统在正确运行，当主机发生故障，秒点停止闪动，同时报警喇叭鸣响，关闭驼峰信号机。

（7）溜放中途能办理暂停，再次办理溜放开始后，又继续溜放，钩序、进路不受影响。可实现在某一车次的解体过程中，随机插入另一车次的解体，当有两台机车作业时，为平行作业提供了方便。

3. 溜放进路命令的传递与跟踪

该环节的基本功能是接收储存环节已储存的进路命令，随着车组的溜行，按进路去向逐级向下传递，控制车组运行前方分路道岔的转换，引导车组进入规定的股道。遇到道岔故障，车组不能按计划方向溜行时，对车组进行跟踪，直到车组进入股道。

由微机控制的溜放进路命令传递与跟踪环节，增加了跟踪处理、追钩处理、“钓鱼”处理及错道处理等功能，使溜放作业过程更加安全可靠。有“手动”和“自动”两种工作方式，手动方式优先。微机系统故障时，以“手动”方式继续作业，不会停止作业。

（1）跟踪处理：对因道岔故障而造成的错道车组，能随着错道车组的自由溜行进行跟踪，直到错道车组出清末级道岔进入股道为止。报警设备打印和显示错道车组的钩序、错进股道及计划进入股道的号码。

（2）追钩处理：追钩时，能自动取消追钩车的命令，而不影响后行车组进路命令的传递及车组的正确运行。对于两道岔之间死区段距离小于 1～4

轮对距离的情况，追钩判别更为准确。

（3）“钓鱼”处理：解体过程中遇有摘不开钩而发生“钓鱼”时，无论发生在哪一级道岔，“钓鱼”处理程序都能自动辨认，并随着车组的回牵而反向传递进路命令，直到车组反向出清第一分路道岔区段时，将控制台上的溜放钩序、进路、辆数数码灯恢复车组进入第一分路道岔前的显示，整个回牵过程值班员不必作任何操作。

4. 溜放作业过程的监测与报警

微机溜放进路控制系统对溜放作业过程具有部分监测及报警功能。

报警打印机及报警显示器分别打印和显示的内容有 17 项，如日期，“自动”状态开始时、分，“手动”状态开始时、分，取消或增加的钩序、股道、辆数及所属车次，解体开始的时、分、车次及峰位，等等。

五、驼峰自动集中微机储存、控制系统

（一）系统组成

驼峰自动集中微机储存、控制系统，是以“TWC-1 驼峰自动集中微机储存器”为核心的分布式多 CPU 结构，各分机之间采取 RS-232 或电流环串行连接。系统包括调车作业单传输机、峰顶分机、峰顶智能化提钩显示盘、报警 CRT 终端、报警打印机等。驼峰自动集中微机储存、控制系统的配置图如图 6.15 所示。

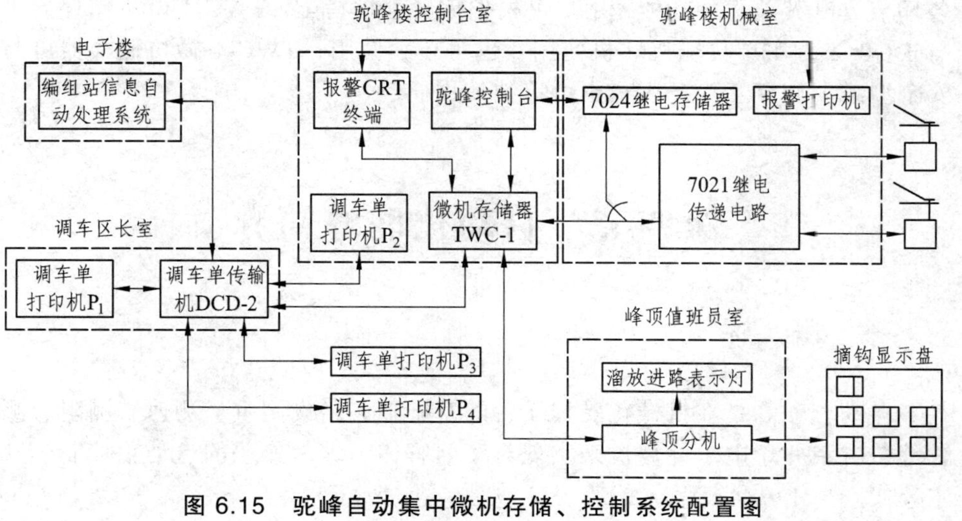

图 6.15 驼峰自动集中微机存储、控制系统配置图

（二）系统的功能及特点

“TWC-1 微机储存器”与安全型继电储存器相比较有如下特点：

（1）通过调车作业单传输机将“编组站信息处理系统”产生的作业计划自动储存到“TWC-1 微机储存器”中，不必值班员办理人工储存作业。

（2）微机储存器能预排 4 列解体计划，每列 50 钩。由于能同时预存多列解体计划，可实现溜放暂停，即溜放过程中暂停该列解体，而从预存的几列计划中调出任一列进行解体。这就可充分利用解体过程中送禁溜线、迂回线的时间，提高双推单溜驼峰场解体效率。

（3）继电自动集中对解体过程中由于提不开钩而发生的“钓鱼”必须人工参与，要求值班员掌握好时机及时按下“增加”按钮，否则储存器多输出车组的命令造成后续车组错道。微机系统对上述“钓鱼”能自动处理并打印记录，不需人工介入。

（4）TWC-1 对于解体计划具有灵活的输入、检查和修改功能。TWC-1 可自动接收 DCD-2 传输来的解体计划，也可由控制台值班员人工办理储存。值班员可通过“问车次”按钮查询已储存的车次，通过“检查”按钮了解每列的钩数、每钩的进路及辆数，且溜放和检查可同时进行，通过“钩增加”、“钩取消”、“列取消”等按钮对储存的或正在解体的车次的进路命令进行增钩、减钩、整列取消等变更。

TWC-1 微机储存器通过控制台 CRT 和报警打印机实现对全部储存和部分溜放过程的实时监测功能，有利于作业安全、故障修复和分清责任。该系统具有使用灵活、设计施工简单、易于维修等特点。由于系统为多 CPU 结构，各环节具有其独立的功能，用户可根据需要合理搭配。TWC-1 微机储存器可与 DCD-2 调车单传输机联机使用，也可单独使用；TWC-1 微机储存器可与安全型继电储存互为备用，也可单独使用。

第四节　自动化驼峰简介

一、概　述

自动化驼峰是在机械化驼峰设备的基础上，增设测重、测速、测阻、测长等装置，并用电子计算机来实现对车列解体、编组作业的自动化控制。其主要实现以下功能：

1. 溜放进路自动控制

机械化驼峰调车场采用道岔自动集中设备后，在溜放作业不太繁忙时，能够给作业员有足够的时间来按压进路按钮，办理预先储存进路及检查、核对进路。但在作业繁忙时，这种用人工预先储存进路的方式影响了驼峰作业效率。为此，自动化驼峰对溜放进路的控制，采用电子计算机来完成进路命令的储存、核对、增加、取消等手续，并由电子计算机来代替道岔自动集中设备的全部功能；或者由电子计算机来完成进路命令的储存等任务，进路命令的传递及执行仍由道岔自动集中设备来完成；也可以在道岔自动集中设备的基础上，将调车作业计划做成穿孔纸带或卡片的形式，通过光电输入设备，把解体计划转变成电信号后，再送入储存器，以代替人工按压进路按钮的作用，从而实现溜放进路自动控制。

2. 驼峰调车机车推送速度自动控制

在驼峰调车场的待解车列，是由驼峰调车机车在车列尾部向峰顶推送的。在机械化驼峰调车场，调车机车的推送速度是由司机根据驼峰信号机的显示进行控制的。而自动化驼峰调车场对驼峰调车机车推送速度的控制，则是通过无线电遥控装置或自动控制装置进行的，使车列能够以最大允许推送速度过峰，提高了解体能力，并减轻了司机的劳动强度。

3. 提钩自动化

目前，驼峰调车的提钩作业均由提钩员按照“调车作业通知单”上的计划，在预定地点于适当时机将钩舌提开，车列即分解成钩车，钩车越过峰顶后向下溜放。这种作业方式劳动强度大、安全性较差、效率低。自动化驼峰调车的提钩作业，由电子计算机来控制机械手，在峰顶附近将解体车列的车钩摘开，实现提钩自动化。

4. 溜放速度自动控制

在驼峰调车场，由于溜放钩车的情况复杂，有难行车、易行车。在连续溜放的过程中，有时难行车在前，有时易行车在前，而且每个钩车的去向、目的、行程又各不相同，因此需要设几个制动位，对溜放钩车的速度进行控制。对溜放钩车速度的控制，实际上就是控制钩车离开减速器的速度（称出口速度）。机械化驼峰调车场，由人工来控制减速器。当钩车接近减速器时，作业员根据间隔制动或目的制动的要求，对钩车出口速度 $v_{出}$ 作出判断，并凭实践经验目测钩车下溜的实际速度 $v_{测}$。然后，将 $v_{出}$ 与 $v_{测}$ 进行比较，如果实际速度大于出口速度时，应对钩车进行制动，反之则不必制动。这种用人工判断速度、人工控制减速器，很难实现准确地调速，从而经常发生“追钩”“开天窗”超速连挂等情况，降低了驼峰的作业能力。

自动化驼峰能实现对钩车溜放速度的自动控制。它安装了测试主要数据的设备，如测重设备，用于测定钩车的重量等级；测速设备，用于测定钩车的实际速度；测阻设备，用于测定钩车的溜放阻力；测长设备，用于测定股道的空闲长度。利用电子计算机计算出钩车的出口速度，并与钩车的实际速度相比较后，控制减速器，即可实现钩车溜放速度自动控制（简称调速自动化）。

二、调速自动化基础设备

实现钩车溜放速度自动控制是自动化驼峰的核心。其主要设备除了调速工具外，还有一套用于自动控制的测试和控制设备。

（一）测重设备

车辆的重量这个参数，不仅是非重力式减速器制动级别的依据，还可近似地代替阻力判定出口速度。另外，在进行自动化编组时，它也是不可少的参数。因而，测重设备是驼峰自动化的必要测试设备之一。

测量车辆重量的方式很多，一般都是通过测量轴重来实现的。测量车辆轴重不外乎机械法和电磁法两种方法，如由车轴压在钢轨上造成钢轨挠度带动机械触点的机械测重，利用贴在钢轨底部的应变电阻片的阻值变化的应变电阻测重及压磁测重。我国驼峰上安装使用的测重设备是压磁测重器。压磁测重器是通过压磁传感器（压磁头）将车轴的重量转换为电信号，通过对电信号的测量来进行测重。压磁传感器则利用铁磁材料——冷轧硅钢片——的磁弹性效应，即压力对磁性的影响，将物体的重量转变成电信号。信号电压的大小与它所承受的压力的大小成正比。

（二）测速设备

测速设备是调速自动化和半自动化系统的必不可少的测量设备，因为无论自动调速还是半自动调速，都必须掌握车辆在调速部位的实际走行速度。

对测速设备的基本要求是：

（1）能在整个调速位连续地测量溜放车辆的速度；

（2）能满足自动化调速系统对测速精度的要求；

（3）必须能长时间连续、稳定、可靠地工作；

（4）测速距离不小于调速位长度；

（5）造价、维修工作量和维修费用应尽量地少，因为其使用量很大。

测速设备有多种类型，如钢轨接触器测速、钢轨刻槽振动测速、雷达测速等。雷达测速因其技术成熟而被广泛采用。

1. 雷达测速的基本原理

利用多普勒原理测速的雷达称为多普勒雷达。其测速原理如图 6.16 所示，由雷达天线向溜放车辆发送频率为 f_1 的超高频电磁波能束，运动的车辆将反射回一部分能量。

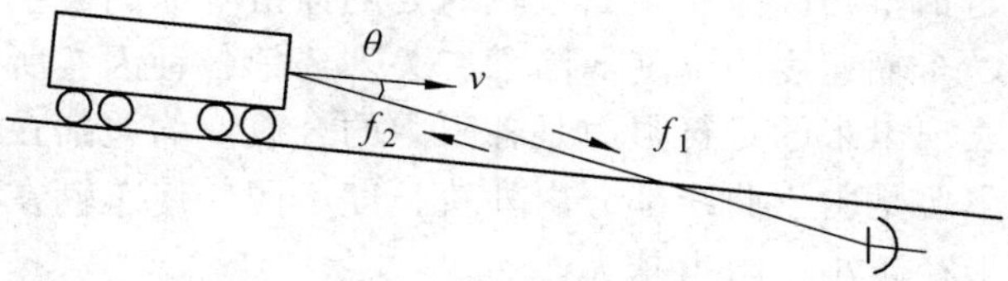

图 6.16 多普勒雷达测速原理

由于多普勒效应，反射波的频率是 f_2，而且 $f_2 \neq f_1$。当车辆迎着雷达溜放时，$f_2 > f_1$；当车辆远离雷达溜放时，$f_2 < f_1$。f_2 与 f_1 之差称为多普勒频率 f_d，$f_d = |f_2 - f_1|$。f_d 与溜放车辆的走行速度 v 存在如下关系：

$$f_d = \frac{2v}{c} f_1 \cos\theta \qquad (6.2)$$

式中 c——光速，约为 3×10^8 m/s；

θ——f_1 与 v 的夹角，当 θ 很小时，$\cos\theta \approx 1$。

2. TZ-103 和 TZ-104 驼峰雷达控制机

前者是旧产品，后者是新一代产品，它们是驼峰自动化系统的重要基础设备之一。

TZ-104 的速度测量和减速器控制精度均比 TZ-103 有较大提高。整机具有不间断自检功能，并采用了多种冗余措施。系统的主要特点是：

（1）采用测量多普勒信号周期的方法，实现丢脉冲、多脉冲及野值等的判别和处理，解决了速度测量的精度、平稳性和跟随性方面的技术难题，减速器控制精度明显提高。

（2）具有追钩判别和处理功能，防止车辆在减速器区段因追钩而引起的超速冲撞，保证作业安全。

（3）能实现雷达及系统的自检，并采用了参数、硬件及软件冗余技术，提高整机的可靠性，防止失控。

（4）采用模块化、标准化结构，具有较完整的故障监视和报警功能，有利于设计、施工和维修。

（三）测阻设备

车辆的走行阻力是影响溜放速度的重要因素。车辆在溜放过程中所受的阻力包括：基本阻力、曲线阻力、道岔阻力、空气和风阻力。

车辆在平直道上运行所产生的阻力称为基本阻力，它主要由轮轴与轴箱的摩擦、车轮与钢轨的摩擦、车轮在轨缝处的撞击等原因产生。它与线路状况、车辆类型、车辆速度、温度等因素有关。要把各种因素所产生的阻力分开是困难的，表现出来的走行阻力是各阻力的合成，均包括在基本阻力内。

曲线阻力主要是由于曲线部分内外轨长度不同，使车辆在钢轨上滑行所产生的。曲线半径越小，阻力越大。

道岔阻力是由于道岔的尖端、辙叉部分与车轮的冲击所产生的阻力。

空气和风阻力与气候条件、车速、受风面积和角度有关。

除了空气和风阻力外，其他三种阻力的测量方法是一样的，现以基本阻力的测试设备为例加以介绍。

如前所述，车辆运行的加速度是由运行阻力决定的（线路坡度除外），因此测阻是通过测加速度来实现的。如图 6.17 所示，在测阻区段上（一般长度为 50 m 左右）装有为测速用的 4 个电磁踏板（电磁感应器）。踏板①、②为一组，③、④为一组，组成两个短测试区段，它们的安装距离如图 6.17 所示。踏板①、②为入端测试区段，踏板③、④为出端测试区段。当车辆经过电磁踏板时，由于车轮切割磁力线，使踏板有信号输出。记录车轮经过①、②的时间 $t_入$和经过③、④的时间 $t_出$，就可以得到在小区段（长 5 m）①、②和③、④上的平均速度。

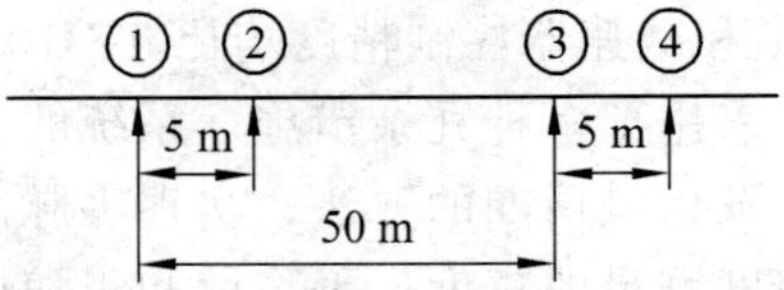

图 6.17　测阻区段

$$v_入=\frac{5\text{ m}}{t_入},\quad v_出=\frac{5\text{ m}}{t_出} \tag{6.3}$$

按车辆近似作匀加速运动，计算加速度 a：

$$a=\frac{v_{入}-v_{出}}{t}=\frac{v_{入}-v_{出}}{\frac{l}{v_{均}}}=\frac{v_{入}-v_{出}}{\frac{l}{\frac{v_{入}+v_{出}}{2}}}=\frac{v_{入}^2-v_{出}^2}{2l} \tag{6.4}$$

式中　l——测量区段长度，一般为 50 m。

得到车辆加速度后，可按下式求出阻力系数：

$$\omega_{基}=\frac{a}{g'}=\frac{v_{入}^2-v_{出}^2}{2g'l} \tag{6.5}$$

车辆的走行阻力 $\omega_{总}$ 应为：

$$\omega_{总}=\omega_{基}\pm i_{坡}\pm\omega_{风} \tag{6.6}$$

由上述测阻原理可得出如图 6.18 所示的测阻设备方框图。

为了使测阻和测风同步，在开始计时时打开风速风向仪，在计时结束时关闭风速风向仪，最后将测试结果送入计算器，算出基本阻力 $\omega_{基}$。

在调速自动化中，阻力是确定调速工具出口速度的重要依据。但测阻必须在调速前进行，由于阻力与车速有关，这将造成“前测后用”的误差。

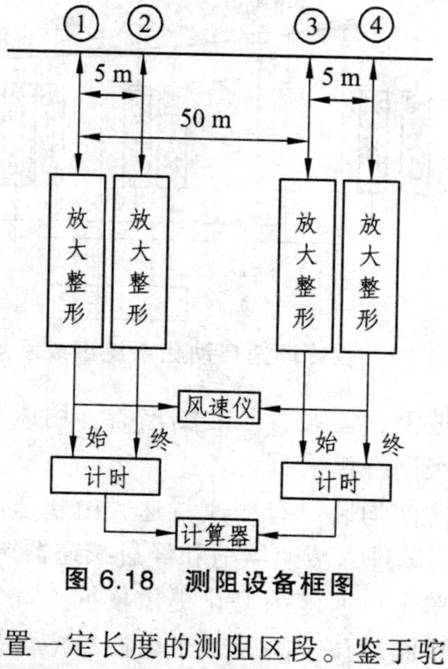

图 6.18　测阻设备框图

为了测阻，需要设置一定长度的测阻区段。鉴于驼峰场的具体条件，有的减速器前没有足够的长直线段，如果在弯道或短距离上测阻，将加大测量误差。尤其对于长钩车组，误差更大。在这种情况下，可考虑用重量代替阻力，参与出口速度的运算和判定工作。

（四）测长设备

测长设备又称测距设备，用于完成编组线空闲长度的测量。即用测长设备来了解编组线被车辆占用的情况，从而准确地了解编组线上车辆的停留位置。

测长设备是编组场现代化的重要设备之一。这是因为，编组线的空闲长度为自动调速提供了车组的走行距离这个重要参数，而且半自动调速或人工调速也需要知道这个长度。此外，它还为自动或人工编制解体作业计划提供依据。

三、驼峰调速自动化概述

（一）驼峰调速自动化系统的组成

驼峰调速自动化系统设备组成如图 6.19 所示，主要包括测重、测速、测阻、测长设备，轨道电路及电子计算机等。

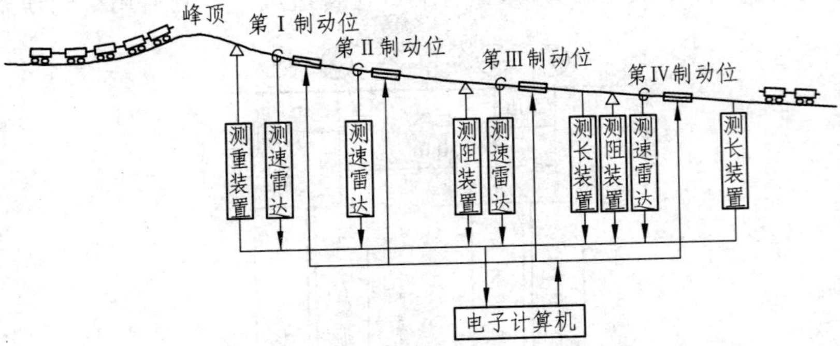

图 6.19　驼峰调速自动化系统组成示意图

（1）在驼峰加速坡上，装设有压磁测重器，用以对溜放钩车的重量进行测量，为减速器控制级别提供依据。

（2）在每一制动位前均装设有测速雷达，由轨道电路控制雷达开机和关机。测速雷达对溜放钩车进入减速器前和经过减速器调整后的速度进行测量，为电子计算机计算钩车走行速度的变化提供依据。

（3）在第Ⅲ、第Ⅳ制动位前均设 4 个电磁感应器，用以测量钩车溜放阻力，作为调速控制的阻力依据。

（4）测量股道空闲长度的音频测长器。若测量 800 m 长的股道空闲长度，可以分为三个测试区段，即第Ⅲ制动位到第Ⅳ制动位间的 200 m 为第一段，第Ⅳ制动位以后再分为两个区段，每个区段各长 300 m。

（二）调速自动化的原理

溜放速度的控制可分为 4 个制动位，第Ⅰ和第Ⅱ制动位采用大型减速器（T·JK 型或 66-11 型），第Ⅲ和第Ⅳ制动位采用小型减速器（T·JY 型）。其Ⅰ、Ⅱ部位主要是对钩车实行间隔制动，Ⅲ、Ⅳ部位是对钩车实行目的制动。

当钩车脱钩下峰后，测重设备将钩车重量等级数据输入电子计算机，由电子计算机计算出第Ⅰ部位的出口速度 $v_{出}$，再与测速雷达测出的钩车实际速度 $v_{测}$进行比较。当 $v_{测} > v_{出}$时，控制减速器制动，使溜放钩车减速；当 $v_{测} \leqslant v_{出}$时，不需要控制减速器动作。再经测速雷达测得钩车实际速度后，自动控制第Ⅱ部位减速器动作。当钩车进入第Ⅲ部位前，经过测阻设备，将阻力变化数据输入电子计算机，计算出第Ⅲ部位的出口速度 $v_{出}$，再与测速雷达测出的钩车实际速度进行比较，由比较结果对第Ⅲ部位减速器进行控制，使钩车速度不超过第Ⅳ部位减速器的允许最大入口速度。当钩车从第Ⅲ部位出来，接近第Ⅳ部位时，经测阻及测长设备测出的数据，输入电子计算机，算出出口速度。再与测速雷达测出的钩车实际速度比较，控制第Ⅳ部位减速器的动作，使钩车接近停留车时符合安全连挂的速度。

实现驼峰溜放自动化，为保证作业安全、提高编组效率等方面都带来很大的技术、经济效益。

（三）调速系统分类

1. 点式调速系统（全减速器计算机过程控制系统）

该系统由车辆减速器、测速雷达、测阻设备、测重设备、测长设备，各类计轴器、轨道电路等基本设备和计算机及其外部设备、过程输入输出设备等构成。

该系统的主要技术性能有：

（1）有效控制距离在三个制动位以后不少于 500 m；

（2）有效控制距离内的溜放车辆的安全连挂率能达到 85% 以上；

（3）计算机控制系统应具有较好的稳定性，其连续维持正常运行的时间平均不少于 1 000 h；

（4）在硬件和软件方面，应具有确保系统可靠性和安全性的有效措施；

（5）车场内减速器实际出口速度与计算出口速度的均方差（即控制误差）不大于 0.6 km/h，溜放部分减速器的控制误差不大于 1.0 km/h。

2. 连续式调速系统

连续式调速系统分股道全减速顶连续调速系统和驼峰全减速顶连续调速系统两种。

（1）股道全减速顶连续调速系统。它的特点为：驼峰溜放部分不设减速顶，借助合理的平纵断面，保证溜放部分的纵断面各坡段与非机械化驼峰相同。溜放车辆通过调车线头部警冲标内方的减速区密集布置的顶群，将速度降至安全连挂速度而进入连挂区，使难、易行车保持以安全连挂速溜行，直到与停留车安全连挂。

该系统的主要优点有：

① 设备单一，施工快、见效快。

② 无须专人操作。

③ 对薄轮、大轮、油轮车均可得到较好的减速效果。

④ 取消了铁鞋制动，可减少制动人员 50%。

⑤ 对错溜车组有安全防护作用。

⑥ 系统内各顶能独立工作，个别损坏时不影响全局；设备维修时也不影响溜车作业。

该系统主要缺点是：

① 减速顶残余功过大，空车、轻车有时驶不出顶群，危及作业安全；有时造成堵门，机车下峰整理次数与时间增加，影响驼峰效率。

② 顶群占用股道有效长度长（68 m）。

③ 减速顶对机车轮缘磨耗较严重。

④ 尾部牵出时速度受限制，易造成守车脱线。

由于以上原因，该系统适用于重车流比重较大、大组车比重较小、平纵断面合理、股道有效长度较长的小能力驼峰。在速度为 5 km/h 以下时，安全连挂率达 85% 以上。

（2）驼峰全减速顶连续调速系统。它的特点是：从驼峰溜放部分开始即安装有减速顶，调车线头部设顶群区使整个驼峰线路纵断面和减速顶两者有机结合，对车辆进行连续调速，保证车辆在溜放部分的间隔并与停留车安全连挂。

该系统的优点是：取消铁鞋制动；作业安全程度高；不需外部能源；车

辆安全连挂率高，可减少机车下峰整理作业时间；系统设备单一，稳定可靠；可缩短驼峰头部咽喉区长度；减速顶安装简单，对运输干扰小。但该系统对大组车较多、空重混合的车流作业比较困难，实行变速推峰控制困难；顶群长度对调车组有效长影响较大；调机下峰作业及牵车上峰困难，影响效率；顶群固定低速出口，灵活机动性差；一般不适应旧场改造。

3. 点连式调速系统

点连式调速系统有以下几种形式：

（1）驼峰减速器-减速顶点连式调速系统。该系统的特点是：借助车场减速器进行短距离打靶（100～200 m），使溜放车组一般以 5～10 km/h 的速度进入打靶区段后方的减速顶连续控制区，使难、易行车保持连续速度溜行，直到与停留车安全连挂。该系统发挥了减速器与减速顶两种调速设备的优点，减速器可根据不同溜放车组走行性能进行变速控制，在减速顶控制的连挂区段，可使车辆自动地实现安全连挂，无需外部能源。该系统结构合理，安全连挂率高，峰顶停轮少；取消了铁鞋制动，作业安全，运营效果好。

该系统可缩短机车下峰整理作业时间，提高驼峰解体和尾部编组能力，速度为 5 km/h 以下时，安全连挂率 95% 以上，减少钢轨及车轮的磨耗。一般适用于各类大、中、小型驼峰。

（2）减速器-推送小车点连式调整系统。该系统利用半自动控制的车场减速器对溜放车组实行“允留天窗打靶”（打靶距离为 400 m），根据不同车组的走行性能进行变速控制，使溜放车组与停留车连挂时不超速，允许出现天窗，然后由设在减速器后的推送小车负责推送整理，直到全部安全连挂。

该系统的优点有：

① 车场减速器打靶变速出口，有利于难行车以较高的速度通过打靶区，有利于对大组车实行“让头拦尾”控制，能适应作业量较大的驼峰调车场。

② 由于场内采用了加速工具——绳索牵引推送小车，适用于车场坡度较缓，调坡又确有困难的既有调车场的技术改造。

③ 安全连挂率高，取消铁鞋制动，可减少制动员 70% 以上。

④ 控制距离长。

该系统的缺点是：

① 系统设备较复杂，施工、维修较困难，投资大。

② 对站场工作人员、押运人员的人身安全有影响。

③ 对小车控制由追车转推送须凭操作人员的手控制和瞭望。在股道多、作业繁忙、雾天、雪天等条件下作业，掌握困难。

④ 对油轮、薄轮车辆仍需用铁鞋制动，当溜放车辆在三个制动位出口超速时，不易控制。

实践证明：该系统有效控制距离不小于 800 m，速度在 5 km/h 以下时，安全连挂率在 95% 以上。

复习思考题

1. 简述驼峰解体车列的过程。
2. 试述调车驼峰的分类。
3. 半自动调速系统的运营效果有哪些？
4. 说明轨道电路保安区段长度的确定方法。
5. 试述驼峰溜放区分路道岔双区段轨道电路原理。
6. 驼峰机车信号系统有哪些作用？
7. 什么是驼峰机车遥控？
8. 什么是驼峰道岔自动集中？
9. 什么是自动化驼峰？
10. 自动化驼峰主要有哪些内容？
11. 试述雷达测速的原理。
12. 试述测阻设备的原理。
13. 试述驼峰调速自动化系统的组成及原理。
14. 说明调速系统的分类。

第七章　道口信号

学习指导

【学习目标】

（1）掌握道口接近区段长度的确定方法；
（2）了解列车接近信息检测轨道电路原理；
（3）了解连续式测速道口原理；
（4）掌握点式测速道口原理。

【学习建议】

（1）学习时间：8～10 小时
第一节建议学习时间：1 小时
第二节建议学习时间：3 小时
第三节建议学习时间：4 小时
（2）学习方法
① 点播学习网络课程第七章的内容；
② 参加在线导学直播；
③ 阅读教材列出的参考资料中有关道口信号和测速道口信号的内容。

【学习重难点】

（1）道口接近区段长度的确定；
（2）列车接近信息的检测；
（3）点式测速道口基本原理。

铁路与公路平面交叉之处称为道口。有人看守的道口，称为有人道口；无人看守的道口，称为无人道口。随着铁路和公路运量的不断增加，在道口处发生的行车事故也日益增多。为了确保列车运行和公路交通的安全，在道口处装设有防护道口安全的防护设备。道口安全防护设备一般有下列几种：

道口自动通知设备—将列车接近道口的情况自动通知道口值班人员及公路上的车、马、行人的设备；

道口自动信号—当列车接近道口时，自动向公路方向显示停止通行的信号；

道口遮断信号—当道口发生危及行车安全的情况时，用以向列车发出停车指示的信号。

除了上述道口防护设备外，还有手动或自动的道口栏木，用以阻止车、马、行人通过道口。

在有人看守道口处，一般装设道口自动通知设备及手动或自动栏木。在繁忙的道口也可加设道口自动信号和道口遮断信号。

在无人看守道口处一般装设道口自动信号,在繁忙处也可加设自动栏木。

在道口处装设哪种防护设备需要根据铁路和公路的运量来决定。图 7.1 所示的是有人看守道口防护设备示意图。当列车接近道口时，向道口值班员及车、马、行人发出音响报警信号，道口信号机用红色闪光形式向公路方向显示停止通过道口的信号。

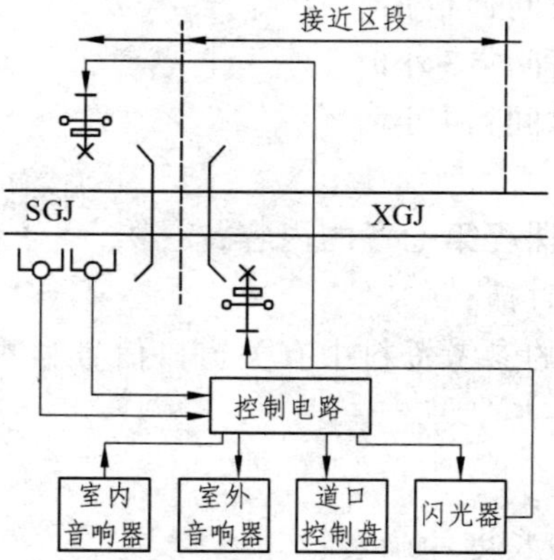

图 7.1　有人看守道口防护设备示意图

第一节　道口接近区段长度的确定

为了确保列车和公路上车、马和行人的安全，列车接近道口的信息一定要提前通知值班人员，以便使他们有充裕的时间关闭公路的通道，使列车能安全通过。当列车接近道口，道口防护设备开始动作时，列车所处的地点至道口间的线路区段称为道口接近区段。道口接近区段的长度直接影响列车运行安全和公路交通的通过能力，接近区段过短就会危及行车安全，过长则会阻塞公路，降低公路交通的通过能力。为此，必须综合研究在确保安全运行的前提下，确定合理的接近区段长度。

接近区段的长度不应小于下列路程长度的总和。

（1）列车在汽车通过道口的时间 t_1 内所走行的路程。t_1 可由下式确定：

$$t_1 = 3.6\frac{l_d}{v_q} \text{（s）} \tag{7.1}$$

式中 l_d——道口长度，即安装的栏木间的距离，m；在没有栏木时，为道口信号机至最远钢轨的距离加 4 m；

v_q——汽车通过道口的最低速度，一般为 5 km/h；

3.6——km/h 化为 m/s 的系数。

（2）列车在关闭栏木所需的时间 t_2 内所走行的路程，t_2 一般为 15 s。

（3）列车从紧急制动至道口前方安全停下的时间 t_3 内所走行的路程，t_3 一般为 20 s。

从道口防护设备开始动作到列车驶抵道口的时间称为列车接近报警时间（T），它应为上述三个时间的总和。

$$T = t_1 + t_2 + t_3 = \frac{3.6l_d}{5} + 15 + 20 = 0.72l_d + 35 \text{（s）} \tag{7.2}$$

目前我国规定接近报警时间 T 为：单线或复线区段的道口，T 不小于 40 s；三线及三线以上的道口，每增加一线，接近报警时间增加 5 s。

根据列车接近报警时间和列车在接近区段的运行速度，即可按下式求出接近区段的长度：

$$L = \frac{1}{3.6}vT \text{（m）} \tag{7.3}$$

式中 v——列车在接近区段内运行的最高速度，km/h；

T——列车接近报警时间，s。

由式（7.3）可见，在列车接近道口的接近时间确定后，接近区段的长度与列车的速度成正比。接近区段的长度是一个变量，故对不同速度的列车均能定时报警的道口必须要测出列车在接近区段内运行的速度，一般称为测速定时报警道口信号。这在通过道口的列车速度相差大时，对提高道口效率是很必要的。

为了列车在道口的运行安全，我国规定列车接近时间不能小于 40 s，按列车在接近区段内运行的最高速度来确定接近区段的长度。

第二节 列车接近信息的检测

列车接近信息可以采用轨道电路或其他传感器进行检测。由于区间道口常设在远离车站的地方，设备维修困难，在非自动闭塞区段还常缺乏可靠的交流电源。为此，我国研究了不同情况下使用的列车接近信息检测电路。

一、阀式轨道电路

阀式轨道电路与一般的轨道电路不同，它的接收端和发送端集中设置在道口旁，在远端设置二极管整流阀，其电路原理如图 7.2 所示。由图可见，阀式轨道电路是一种二次传递信息的轨道电路。当轨道电路在调整状态时，道口房的交流 50 Hz 电源向道口的远端传送，在远端通过二极管整流阀（二极管视为电流源）又向道口方向传递直流信息，动作道口旁的直流轨道继电器。

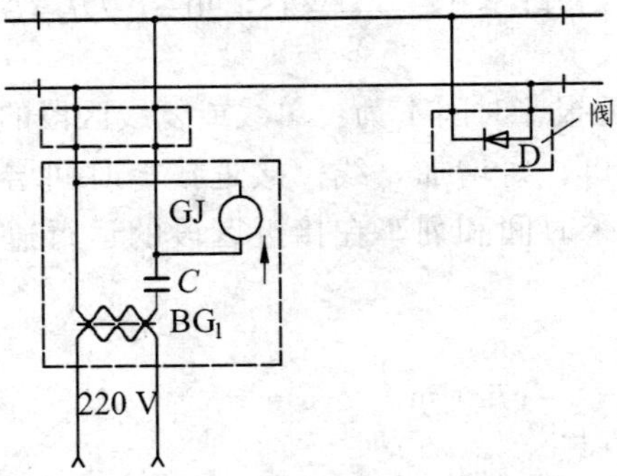

图 7.2 阀式轨道电路原理

当阀式轨道电路有车辆占用时，可视为有 0.06 Ω 的分路线。这分路线第一次分路了轨道变压器的次级，第二次又分路了部分流向整流元件的半波电流（经整流后的直流电流）。由于阀式轨道电路具有二次分路的特点，其分路灵敏度高于一般的交直流轨道电路。

由于阀式轨道电路接收、发送设备集中在道口处，远端只需要一个整流二极管，不需要电源线和信息线，故其节省了大量电缆，并便于施工和维修。

由于阀式轨道电路使用工频 50 Hz 交流电源，并具有二次信息的传输，因此功耗大、抗干扰能力低，不能在自动闭塞区段、电化区段及无交流电源地区使用。

二、点式无绝缘轨道电路

点式无绝缘轨道电路只能在设置点的一定作用距离内（约 50 m）检测到列车的信息，因此称为点式无绝缘轨道电路。这种轨道电路有开路式和闭路式二种。为了实现系统的故障-安全，闭路式设在道口的远端，用于检测列车接近道口的信息；开路式设在道口近端，用于检测列车离开道口的信息。点式无绝缘轨道电路由正反馈放大器、*LC* 串联谐振电路、带通滤波器、轨道继电器等组成。

用于道口的列车接近信息检测设备还有电磁感应器和计轴器等。在自动闭塞区段也可利用原有自动闭塞的轨道电路作为列车接近信息的检测。

第三节　测速道口信号设备概述

我国的铁路运输是采用客、货混运的运输方式，由于各种列车的用途、车体性能的不同，列车运行时速相差很大。例如，客车速度可高达 100～250 km/h，而货车速度仅为 60～100 km/h。目前设计的道口通知和信号设备，都是列车头部进入接近区段始端，设备即开始报警，直到列车完全出清道口为止。为了确保列车安全地通过道口，接近区段的长度都是按容许列车的最高速度设计的，即以最高速度的列车在接近区段的运行时间不小于 40 s 为根据而确定的，因此接近区段为固定的长度。这样就会造成不同车速的列车接近报警时间相差很大，快的为 40～50 s，慢的可达 10 min 以上。随着我国铁路和公路运输的发展，在列车速度相差很大的区段，采用列车接近报警方式的道口通知和信号设备就会造成公路交通的阻塞，并且容易造成人们心理上对道口报警和信号失去信任而抢过道口，直接威胁道口的安全。

为了改变这种情况，研制了定时报警的测速道口信号设备。这种设备不管列车速度高低，都采用较为准确的定时报警。

测速道口信号设备可以分为连续式和点式两种：连续式是连续不断地对列车速度进行检测，以确保列车接近道口时报警时间的准确性；点式是在接近区段的固定地点检测列车的速度，按照列车通过这一点的速度来确定报警时间。

一、连续式测速道口基本原理

连续式测速道口是利用连续不断地检测轨道阻抗变化来测量列车运行方向、运行速度和离道口的距离，从而动作报警装置，实现最小 40 s 的定时报警时间。连续式测速的原理如图 7.3 所示。

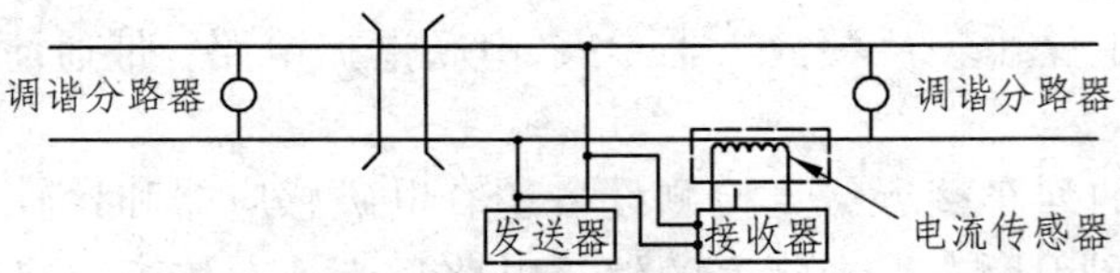

图 7.3　连续式测速原理

由图可见，发送器是利用类似于音频轨道电路的音频频率信号源，向轨道电路发送一定功率的信号电压，它的频率范围为 200 ~ 1 500 Hz。为了确定轨道电路的作用范围（接近区段），在道口的远端设置一个调谐分路器。该分路器对发送频率呈串联谐振，其阻抗为零，通过接收器接收轨道电流和电压，算出轨道电路的阻抗及其相角。当列车没有驶入接近区段，即轨道电路未被占用，或列车在接近区段内停车时，则轨道电路的阻抗和相角就相对地是常数。如果轨道电路被占用，并且列车以某一速度向某一方向运行时，接收器接收电流和电压，就可得出 t_1 和 t_2 时刻的轨道电路的阻抗和相角，若阻抗降低、相角减小则说明列车向道口方向运动，反之则说明列车驶离道口。列车在接近区段内的运行速度可以按如下方法测得：先测量在 Δt 时间内轨道电路阻抗和相位的变化值 $|\Delta Z|$ 和 $\Delta\varphi$，然后按轨道电路的阻抗和相位与轨道电路长度的关系，便可得出列车在 Δt 时间内所走的距离 ΔS，从而得出该列车在接近区段内的运行速度。再进一步可以计算出列车接近道口的时间。若大于 40 s 则不报警，再进行第二次检测，直到测出列车接近道口时间为 40 s 时，才动作报警设备。如果列车停下来或远离道口，则轨道电路的阻抗和相位保持一常数值或阻抗增加，这样道口报警系统就不工作。

这种测速定时报警的道口设备的主要优点是设备都集中在道口处，不需要传递信息的电缆，维修容易，测速的精度高，不影响原有自动闭塞设备的工作等。但是这种设备的接近区段长度受最小道砟漏泄电阻和发送频率的限制，设备比较复杂。

二、点式测速道口基本原理

点式测速道口是在道口的远端相隔 100 m 处设置两段点式无绝缘轨道电路或点式传感器，通过检测列车驶入第一个无绝缘轨道电路起到驶入第二个无绝缘轨道电路止的时间Δt，然后根据已知距离 $l_1 = 100$ m，就可直接计算出列车通过距离 l_1 时行驶的速度。对列车运行速度的检测，可以采用由分立元件构成的设备来检测，也可采用微机检测。下面介绍采用微机检测和控制的测速道口信号设备的基本原理。

（一）系统构成及工作原理

道口信号设备有单线和双线之分，现以双线单方向运行区段的微机检测控制的道口信号设备为例，阐述其基本工作原理。

系统由点式无绝缘开路式轨道电路（$SK_{Ⅰ}$、$XK_{Ⅰ}$、$SK_{Ⅱ}$和 $XK_{Ⅱ}$）、点式无绝缘闭路式轨道电路（$SK_{Ⅱ}$和 $XK_{Ⅱ}$）、光电隔离输入和输出接口、微处理机（CPU）、程序存储器（EPROM）、动态输出、道口音响器和闪光器等部分组成，其系统构成框图如图 7.4 所示。

当上行列车接近道口时，系统的动作过程如下：

列车进入道口接近区段，列车头部分别压入无绝缘轨道电路 $SK_{Ⅰ}$和 $SK_{Ⅱ}$的列车运行速度检测区的作用区段，通过轨道继电器接点由传输专用的有线通道和光电隔离输入接口，送到微处理机 CPU。CPU 算出列车头部通过 $SK_{Ⅰ}$和 $SK_{Ⅱ}$两点的时间，根据 l_1 的长度即可计算出列车通过该点的运行速度。微处理机根据列车速度确定开始报警时刻，即延迟多少时间，从而使列车接近报警时间控制在 40 ~ 50 s。延迟时间为 0 时，微处理机发出报警控制信号，经光电隔离输出，使动态继电器落下，控制道口音响器和闪光器，发出声和光的报警信号。列车尾部出清道口时，由无绝缘点式轨道电路的轨道继电器接点通过光电隔离输入接口向微处理机输入列车出清道口的信息，微机便自动取消报警，设备复原。

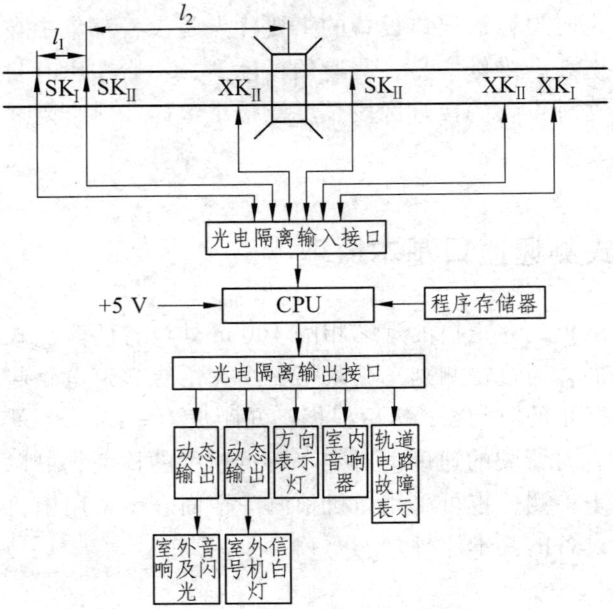

图 7.4　系统构成框图

（二）列车延迟报警时间的确定

图 7.4 中的 SK_I 和 SK_{II}、XK_I 和 XK_{II} 为上下的测速点，两点间的距离 l_1 是根据测速的精度，并考虑两无绝缘轨道电路之间互不干扰而决定的。本例中 l_1 为 100 m，基本上能满足上述两点要求。

图 7.4 中的 l_2 是道口接近区段长度，它可按下式确定：

$$l_2 = 0.277 t_d \cdot v_h \text{（m）} \tag{7.4}$$

式中　t_d——规定的定时报警时间，s；

v_h——线路行驶列车的最高速度，km/h；

0.277——化 km/h 为 m/s 的系数。

若取 $t_d = 40$ s，$v_h = 110$ km/h，则 $l_2 = 1\,222$ m。

列车运行的实际速度 v 可按下式计算：

$$v = \frac{l_1}{t_1} \text{（m/s）} \tag{7.5}$$

式中　t_1——两测速点间运行时间，s。

结合式（7.5），按列车实际运行速度 v，由 SK_{II} 点驶至道口所需的时间 t_2 可按下式计算：

$$t_2 = \frac{l_2}{v} = \frac{l_2}{l_1} \cdot t_1 \text{ (s)} \tag{7.6}$$

由于 $v < v_h$，所以 $t_2 > t_d$。为使道口接近报警时间等于 t_d，微处理机应作一定的延迟后再进行报警。其延迟报警时间 t_s 可按下式计算：

$$t_s = t_2 - t_d = \frac{l_2}{l_1} \cdot t_1 - t_d \tag{7.7}$$

这样，微处理机 CPU 就可根据式（7.7）计算出实际车速时的延迟报警时间 t_s，经延迟 t_s 时间后开始报警，使列车到达道口的时间基本上保持恒定值，实现道口定时报警功能。

点式测速道口信号设备虽然采用了微机检测列车速度，t_1 的精度很高，但是无绝缘轨道电路的作用点并不是固定在 SK_{I} 和 SK_{II} 两点，而是距中心作用点有 10～30 m 的误差，这样就会使 l_1 和 l_2 发生变化，延迟报警时间也会产生误差。若采用点式传感器，则 l_1 和 l_2 的误差就能大大减少，测速的精度也可以达到很高。

点式测速道口由于采用了微处理机控制，因此对计算机控制系统中的故障-安全也作了仔细的考虑。

复习思考题

1. 道口安全防护设备有哪些？
2. 简述道口接近区段长度的确定方法。
3. 试述点式测速道口原理。

第八章 通信设备

学习指导

【学习目标】

（1）掌握铁路专用通信业务的组成；
（2）掌握铁路专用通信设备的构成及原理；
（3）掌握铁路调度通信业务分类；
（4）了解区段调度通信网络的组成及其特点；
（5）掌握 GSM-R 的组成及原理；
（6）了解 GSM-R 系统终端及用户类型。

【学习建议】

（1）学习时间：8 ~ 12 小时
第一节建议学习时间：2 小时
第二节建议学习时间：2 小时
第三节建议学习时间：4 小时
（2）学习方法
① 点播学习网络课程第八章的内容；
② 参加在线导学直播；
③ 阅读教材列出的参考资料中有关铁路专用通信、铁路调度通信和铁路综合数字移动通信的内容。

【学习重难点】

（1）铁路专用通信业务的组成；
（2）铁路专用通信设备的构成及原理；
（3）铁路调度通信业务分类；
（4）GSM-R 系统的组成及原理。

铁路运输系统是一个在运输生产上实行高度集中与统一指挥的庞大的综合性系统，它的各个部门、单位分布在全国辽阔的土地上。为了有效地指挥列车运行，发布有关命令，以及使路内各业务部门、单位职工密切配合与协同作业，将铁路各级机构联系成一个整体，从而保证行车安全，提高运输能力和工作效率，必须设置一整套完善、先进的铁路通信设备。

铁路通信按传输方式可分为有线通信和无线通信两大类。按服务区域可分为长途通信、地区通信、区段通信和站内通信等。按业务性质不同可分为公用通信、专用通信及数据传输等。

传统的铁路专用通信业务包括干、局线通信，区段通信，站场通信，无线专用通信，应急通信和列车通信等，最近铁路正在大力发展 GSM-R 数字移动通信系统。具体分类见表 8.1。

表 8.1　铁路专用通信业务

干线通信	区段通信			站场通信	无线专用通信	应急通信	列车通信
	区段调度通信	区段专用电话	区段数据通信				
干线各种调度通信	列车调度通信	车务、工务、水电、供电等电话	各类MIS信息通信	站内调度电话	列车无线调度电话	救援指挥系统电话	列车广播
干线会议电话	货运调度通信	桥隧守护电话	电力远动通道	站场内部电话	列车无线防护报警	图像传输	列车电话
干线会议电视	电力调度通信	道口电话	红外线轴温检测通道	扳道电话	站场无线电话	数据传输	闭路电视
	其他调度通信	区间电话	信号控制信息通道	客运广播	铁路数字移动通信系统		旅客电话
			其他控制信息通道	客运信息系统	公安、工务对讲		列车安全告警系统
				站场扩音对讲	道口无线报警		

第一节　铁路专用通信设备

（一）列车调度电话

列车调度电话供列车调度员与其管辖区段内所有的分机进行有关列车运行的通话用。在列车调度回线上，只允许接入与列车运行直接有关的车站值班员、车站调度员、机车调度员等的电话。列车调度电话的显著特点是调度员可以对个别车站呼叫，称作单呼；也可以对成组车站呼叫，称作组呼；或者对全部车站集中呼叫，称作全呼。列车调度员可以与车站互相通话，任何车站也可以方便地对列车调度员进行呼叫并通话。

（二）无线调度电话

1. 列车无线调度电话

列车有线调度电话仅供列车调度员和车站值班员之间进行通话，而列车无线调度电话则可供列车调度员、机车调度员、车站值班员等调度指挥人员和列车司机进行通话。这对于提高运输效率，缩短运行时间，及时掌握和调整列车运行状况都有重大作用。同时，列车在运行过程中发生临时故障，或区间线路、桥梁出现不正常现象时，司机可以及时报告调度员或临近的车站值班员，也可直接通知邻近区段的司机，以便及时采取措施，更好地确保行车安全。列车无线调度电话的组成如图 8.1 所示。

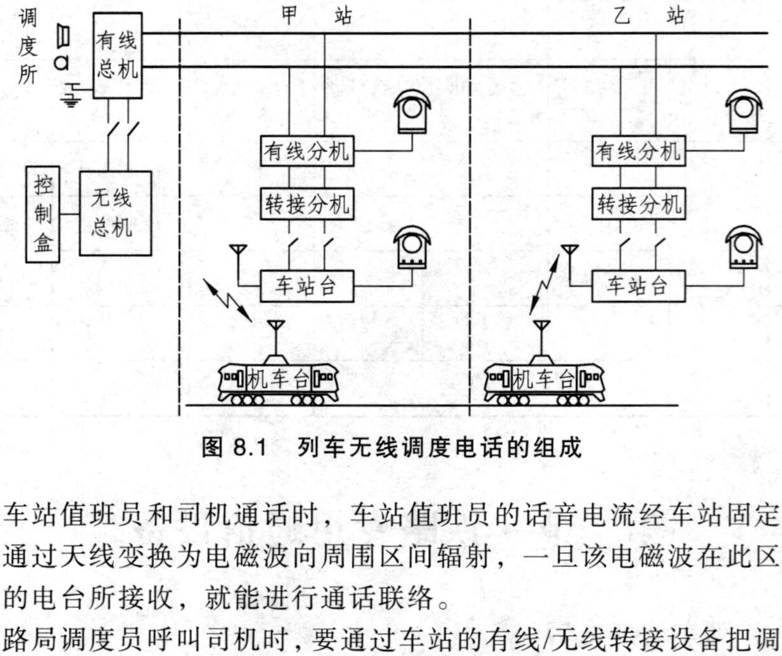

图 8.1 列车无线调度电话的组成

当车站值班员和司机通话时，车站值班员的话音电流经车站固定电台调制后，通过天线变换为电磁波向周围区间辐射，一旦该电磁波在此区间内被机车上的电台所接收，就能进行通话联络。

铁路局调度员呼叫司机时，要通过车站的有线/无线转接设备把调度控制台和车站天线连接起来，发出电磁波，进行通话。

司机呼叫铁路局调度员时，一种方式是自动转接，另一种方式是征得车站值班员的同意后，由车站值班员按下专门的按钮，将车站的固定电台与调度所的通信线路接通，然后司机才能和调度员通话。

需要注意的是，机车电台只能在某区间内呼叫邻近车站电台，若机车在第二站与第三站间运行，只能和第二站或第三站的车站电台通话，而不能和第一站或第四站或调度所直接通话。

2. 站内无线调度电话

站内无线通信是为车站调度员、驼峰值班员等站内编组和解体作业的指挥人员和车站调车机车司机相互通话而设置的。采用站内无线调度通信时，在车站调度员室和驼峰值班员室装有固定无线电台，在调车机车和驼峰机车司机室内装有机车电台，如图 8.2 所示。

通过站内无线通信，车站调度员可以直接和调车机车司机取得联系，及时了解现场作业情况及存在的问题，并向有关人员提出解决问题的措施。特别是在天气不良，辨认信号比较困难的条件下，依靠无线通信可以更好地防止事故的发生，确保调车安全。因此，采用无线通信后，站内的调车工作更加方便、灵活，能够更充分地发挥调车机车的效率，缩短车辆停留时间，加速货车周转。

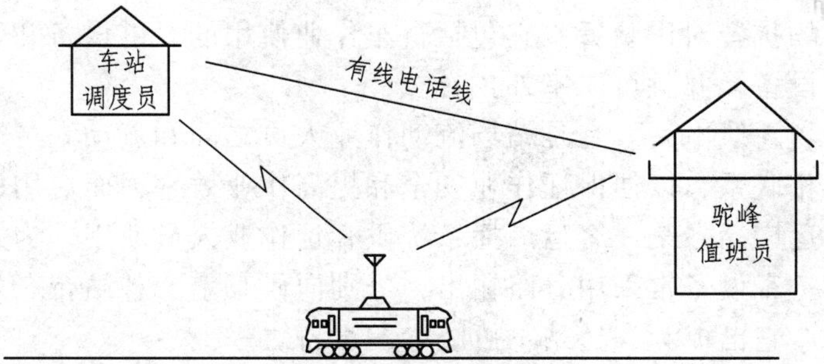

图 8.2 站内无线调度电话组成

（三）专用电话系统

铁路专用电话系统是供铁路沿线各基层单位如车站、工区、领工区等相互间联系以及与基层系统的上级机构相互间联系使用的。如车务专用电话、电务专用电话、工务专用电话、会议电话等。

（四）地区电话

地区电话是供同一城市中各铁路单位相互之间进行公务联系用的电话，即铁路部门的市内电话。

（五）局线和干线长途电话、电报

局线长途电话、电报是供铁路局范围内各单位相互之间进公务联系用的通信设备。干线长途电话、电报是供铁道部和铁路局及铁路局相互之间进行公务联系用的通信设备。

（六）列车确报电报、电话

列车确报电报、电话是供相邻编组站及编组站与区段站之间及时传递有关列车编组顺序的资料，以便对方站能准确、及时地掌握车流的情况，而使用的通信设备。

（七）铁路站场通信系统

铁路站场通信也是铁路专用通信的一部分，它是主要解决站场工作人员相互通信的设备。它包括站场电话系统、站场扩音对讲系统、站场无线电话系统和客运广播系统。

（1）站场电话。站场电话供站内运输人员指挥站内行车和调车作业，以及联系车站日常运输组织工作之用。

（2）站场扩音对讲装置。它包括行车作业使用的对讲设备和供调车作业使用的对讲设备，并且可向室外扩音。

（3）站场无线电话。它是站场流动作业人员之间和流动人员与固定作业人员之间互相联系，以便保证作业安全和提高作业效率，而使用的设备。

（4）客运广播系统。客运广播系统供客运作业人员使用。为了便于客运服务，客运扩音设备常采用分路输出，分别向候车室、各站台、站前广场等处进行广播。它已成为客运站不可缺少的设备之一。

第二节　铁路调度通信网

（一）铁路调度通信业务

为了指挥列车运行，保证运输安全，铁路上历来有一套完善的调度指挥系统。铁路调度系统按机构可分为铁道部调度和铁路局调度两级。

铁道部调度是指铁道部指挥各铁路局，协调完成全国铁路运输计划的工作。按调度业务性质，分为行调、客调、军调、特调、车流调度、集装箱调度、机车调度、车辆调度、电力调度、工务调度、电务调度等。其调度通信网络结构是以铁道部为中心对各铁路局呈一点对多点的星形复合网络，我们习惯上称之为干线调度，简称干调。

铁路局调度是指铁路局指挥局内相关站段，协调完成全局铁路运输计划的工作。铁路局调度有两种类型。一是路局运输指挥中心对全局相关站段的调度指挥，与相邻铁路局也有业务往来，同时接受铁道部的调度指挥。按调度业务性质分客调、军特调度、篷布调度、计划调度、车流调度、机车调度、车辆调度、工务调度、电务调度等。它们有的归属局总调室，有的归属相关业务处，各铁路局不尽相同。这一类调度既是干调分机，又是局线调度，仍简称局调。其调度通信网络结构，有的用专线组成星型调度通信网络，有的用铁路自动电话拨号呼叫进行联络。二是铁路局总调室（或业务处）调度员仅指挥一段铁路线上的各车站（段、所、点）。按业务性质分列车调度、货运调度、电力牵引调度（供电调度）、红外线调度等，列调、货调隶属于局总调室，电调、红外线调度隶属于相关业务处。对这一类调度，我们习惯上称之为区段调度。其通信网络结构取决于业务性质和地理位置，基本上是以共线型为主的调度通信网络。

此外，还有以站段为中心组成的调度系统。在大型车站及站场内车站调度员对各值班员之间调度通信，称之为站调。车务、工务、电务、水电等段调度员对所辖各工区（站）之间通信，统称为公务专用电话系统。其通信网络结构，站调采用星型通信网络，公务专用电话系统有共线型和自动电话两种方式。

综上所述，铁路调度通信业务的分类见表 8.2。

表 8.2　铁路调度通信业务分类

通信类型	按机构分	按调度业务性质分	调度通信网络组成方式
干线通信	铁道部调度	总调度长、行调、客调、军调、特调、车流、集装箱、机车、车辆、电力、工务、电务等	以铁道部为中心，对各铁路局及相邻铁路局之间相连，组成星型复合网络
局线通信	铁路局调度	总调主任、客调、军特、车调、篷布、机车、车辆、工务、电务等	（1）以铁路局为中心，对相关站段及相邻局，用专线组成星形网络。 （2）利用铁路自动电话网，相互拨号呼叫联系
		区段调度：列调、货调、电调、红外线调	以局调度员为中心，按管辖范围对所属调度对象以共线方式组成调度网络
区段通信	站段调度	公务专用电话：车务、工务、电务、水电	（1）以段调度员为中心，按管辖范围对所属调度对象以共线方式构成专用电话电路。 （2）利用铁路自动电话网，相互拨号呼叫联系
站场通信		站调	以车站调度员为中心，对相关值班员用专线组成多个星型站调通信网络

（二）干线调度通信网络

干线调度通信网络以设在铁道部的 Hicom 382 数字调度交换机为汇接中心，与设在各铁路局的 Hicom 372 数字调度交换机或其他型号数字调度交换机用 2M 数字中继通道相连接，相邻铁路局的数字调度交换机之间也以 2M 数字中继通道相连作为直达路由，从而构成一个复合星形网络的干线调度通信网，如图 8.3 所示。

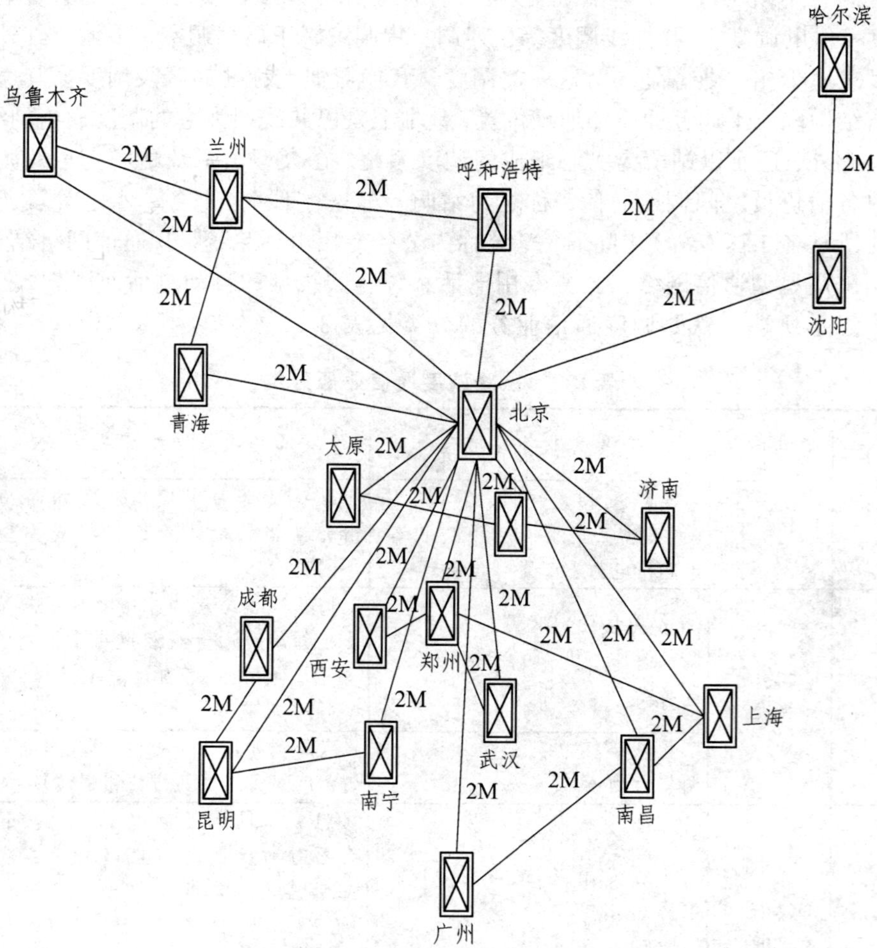

图 8.3　干线调度通信网络图

（三）区段调度通信网络

1. 区段调度通信网络的特点

铁路区段调度通信网络是根据调度通信业务性质、地理位置以及安全可靠性的特殊要求等多方面因素来组建的，概括起来有两大特点：

（1）数字共线型的通信网络。

区段调度的通信方式有：调度所调度员→车站值班员为指令型，车站值班员→调度所调度员为请示汇报型。

根据调度业务性质，其为一点对多点的调度指挥，地理位置又呈链状结构。为有效利用传输通道，仍沿用模拟通信时的共线方式。

（2）以 2M 自愈环组成区段调度通信网络。

区段调度业务包括了列车调度、货运调度、电力调度，每一类调度分别只占用一个时隙，一个 2M 传输通道的通信容量，完全可以容纳多个区段的各类调度业务。组网时，一个 2M 数字通道从始端站至末端站按上下行逐站串接，末端站又从另一层传输网中的一个 2M 通道返回至主系统，从而构成一个 2M 数字环。逐站串接的 2M 通道为主用，末端站迂回的 2M 通道为备用。当区段通信线路在某一点中断，从断点至末端站可由迂回的 2M 通道接通主系统，所以称之为 2M 自愈环。尽管通信传输网络也具有自愈功能，区段调度通信网的 2M 自愈功能为安全可靠运用多了一层保护，即使大通道全部中断，只要从主系统至末端站从异网沟通一个迂回 2M 通道，仍能保证调度通信的正常使用。

2. 区段调度通信网络的组成

区段调度通信组网时，必须根据数字传输通道和铁路运输区段的实际情况，综合考虑如何组成 2M 自愈环。

在保持同步和呼叫响应时间不大于 50 ms 的要求下，可以稳定串接 50 ~ 64 个分系统。50 个车站之间的线路长度不会小于 500 km，至少有 4 个行车调度区段，这对安全可靠性来说是不可取的。在实际运用中，运输繁忙的主干线路上以一个行车调度区段为一个 2M 自愈环，其他线路上以两个行车调度区段合用一个 2M 自愈环，如图 8.4 所示。图中 AB 站为两个调度区段的分界站，必须同时纳入 A 列调台和 B 列调台。

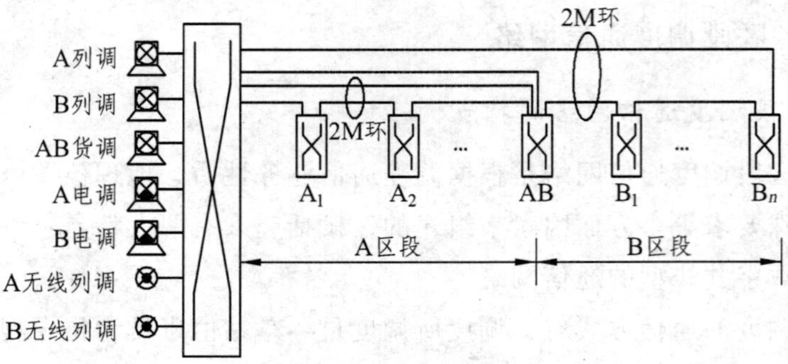

（a）一个行车调度区段用一个 2M 自愈环组网

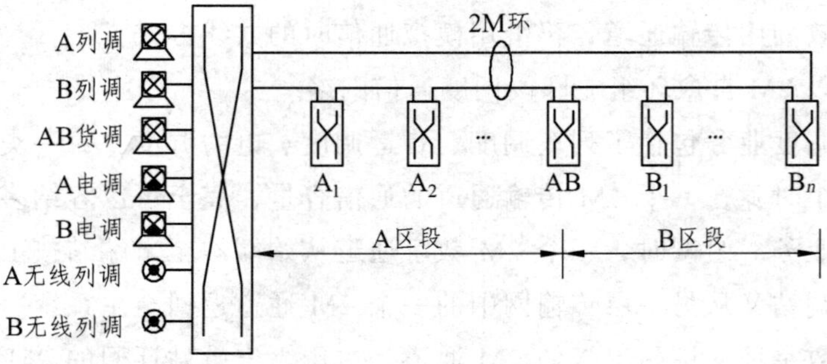

（b）两个行车调度区段合用一个 2M 自愈环组网

图 8.4　区段调度通信网络组网图

第三节　铁路综合数字移动通信系统

铁路综合数字移动通信系统（GSM-R）是在数字蜂窝移动通信系统（GSM）上增加了调度通信功能和适合高速环境下使用的要素，能满足国际铁路联盟提出的铁路专用调度通信的要求。在 GSM-R 网络上实现中国铁路无线列调需要增加一个车站台，而车站台既要具有调度业务又要具有站内通信、站间通信、区间通信等各类通信业务。

（一）GSM-R 的组成

GSM-R 是以移动交换中心（MSC）为平台的移动通信网络和以固定用户接入交换机（FAS）为平台的有线通信网络互联互通，是移动通信网络和有线通信网络的结合体，是有线调度通信与无线调度通信的融合，实现站车通信一体化，从而形成现代化的调度通信、公务移动、信息传输、列车传输一体化的通信系统。

如图 8.5 所示，GSM-R 由三大部分组成：GSM-R 陆地移动网络、FAS 固定网络、移动终端和固定终端。

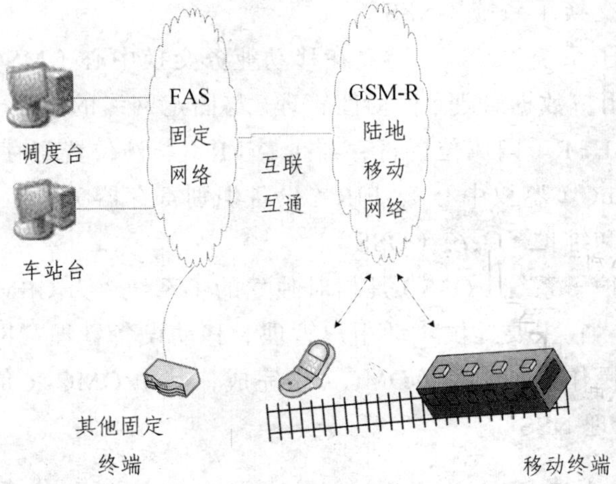

图 8.5 GSM-R 组成示意图

1. GSM-R 陆地移动网络的基本结构

GSM-R 陆地移动网络由三个子系统组成，如图 8.6 所示。

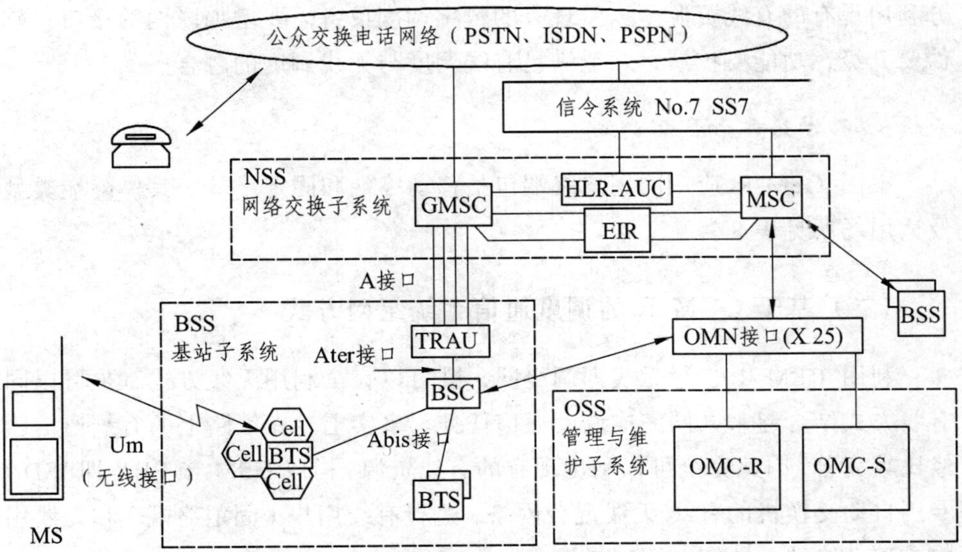

图 8.6 GSM-R 陆地移动网络的基本结构

（1）基站子系统（BSS）。

基站子系统（BSS）由一个基站控制器（BSC）和若干个基站收发信机（BTS）组成。BTS 主要负责与一定覆盖区域内的移动台（MS）进行通信，并对空中接口进行管理。BSC 负责管理 BTS 与 MSC 之间的信息流。

（2）网络交换子系统（NSS）。

网络交换子系统（NSS）建立在移动业务交换中心（MSC）上，负责端到端的呼叫、用户数据管理、移动性管理、与固定网络的连接。它包括 GMSC（网关 MSC）、HLR（归属位置寄存器）、VLR（拜访位置寄存器）、GCR（组呼寄存器）、AuC（鉴权中心）、EIR（设备识别寄存器）等。

（3）操作和维护子系统（OSS）。

操作和维护子系统（OSS）是相对独立的子系统，为 GSM-R 网络提供管理和维护功能。它主要提供移动用户管理、移动设备管理、网络操作和控制三类功能，由操作维护中心（OMC）来完成，其中 OMC-R 负责管理 BSS，OMC-S 负责管理 NSS。

2. 固定调度通信网络（FAS）

固定调度通信网络实际上是一个以专用交换机为平台的有线调度通信网络。干、局线区段调度网络所采用的数字调度设备也是以电路交换为平台。干线调度网络和正在逐步改造中的区段数字调度网络已经比较完善，可以充分利用现有的有线资源。当然现有的数字调度设备需要增加联网的接口，软件要升级，功能要扩展，才能满足有线调度与无线调度的融合。

3. 移动终端和固定终端

中国 GSM-R 应用的用户终端包括移动终端和固定终端。具体终端类型及适用场所见表 8.3。

（二）基于 GSM-R 的调度通信系统组网方式

利用 GSM-R 进行无线列调组网，既可以完全利用无线方式，也可以同有线方式结合起来共同完成调度通信任务。事实上，在铁路上的有线通信已经比较完善，因此完全可以利用现有的有线资源，构成 GSM-R+PBX 即 ISDN 专用自动交换机的有线/无线混合网络，进行有线用户（固定终端）和无线用户（移动终端）的统一调度指挥。

表 8.3 GSM-R 系统终端类型及适用场所

终端类型		适用场所
移动终端	作业手持台（OPH）	用于列车上以及车站、编组场、沿线区间及其他铁路作业区的各工种地面工作人员话音和数据通信
	通用手持台（GPH）	用于铁路工务人员、与铁路业务相关的人员话音和数据通信
	调车手持台（OPS）	用于编组场调车作业话音和数据通信
	机车综合通信设备	用于运营机车、维修检测机车、编组场调车机车、轨道车等机车司机话音通信和通用数据传输
	列控机车台	用于运营机车、维修检测机车、编组场调车机车、轨道车等机车与地面控制中心之间的安全信息传输
	汽车车载台	用于各工种维护维修用车辆的话音和数据通信
	列尾通信设备	用于列车尾部风压、GPS 及控制信息传输
固定终端	调度终端	用于各种调度所调度员、值班室值班员的话音和数据通信
	车站终端	用于车站值班员、其他工种值班员的话音和数据通信
	固定无线电	用于区间、站场各类信息点、业务点通用数据传输
	有线电话	需要纳入 GSM-R 网络的固定电话用户

根据铁道部运输局公布的《GSM-R 调度通信系统主要技术条件（V3.0）》，系统构成及组网方式如图 8.7 所示。

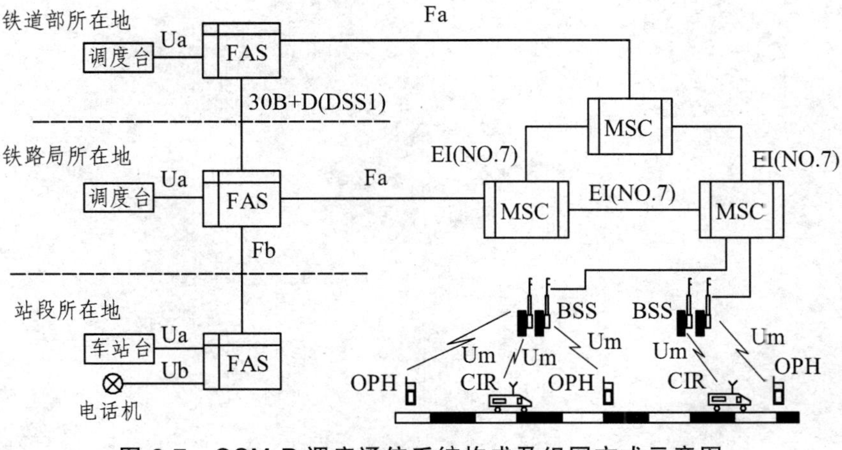

图 8.7 GSM-R 调度通信系统构成及组网方式示意图

参考文献

[1] 佟立本．铁道概论[M]. 北京：中国铁道出版社，2006.
[2] 陈广存．铁路信号概论[M]. 北京：中国铁道出版社，1995.
[3] 林瑜筠．新型移频自动闭塞[M]. 北京：中国铁道出版社，2003.
[4] 铁道部运输局．既有线提速 200 km/h 行车组织[M]. 北京：中国铁道出版社，2007.
[5] 杨志刚．LKJ2000 型列车监控记录装置[M]. 北京：中国铁道出版社，2003.
[6] 董昱．区间信号与列车运行控制系统[M]. 北京：中国铁道出版社，2008.
[7] 沈尧星．铁路数字调度通信[M]. 北京：中国铁道出版社，2006.
[8] 王邠等．铁路通信技术[M]. 北京：中国铁道出版社，2008.
[9] 林瑜筠等．铁路信号新技术概论[M]. 北京：中国铁道出版社，2005.
[10] 林瑜筠．铁路信号基础[M]. 北京：中国铁道出版社，2003.